はじまりの哲学

アルチュセールとラカン

伊吹浩一 著

PHILOSOPHIE
DU
COMMENCEMENT

Louis Althusser
Jacques Lacan

社会評論社

ルイ・アルチュセール　Louis Althusser（一九一八〜一九九〇）

アルジェリア生まれ。フランスのマルクス主義哲学者。パリ高等師範学校講師。硬直したマルクス読解に自由性をもたらすことで、マルクスの新たな可能性を開くとともに読むことの地平を一変させた。また、「国家のイデオロギー装置論」は、マルクス主義の領域では等閑に付されてきたイデオロギーの存在の重要性を強調し、その後様々な研究領域で多大な影響を与えることになった。共産党に所属し続けることにこだわった活動家でもある。

著書に『マルクスのために』『資本論を読む』『再生産について』『哲学・政治著作集』『マキャヴェリの孤独』『フロイトとラカン』『哲学について』など多数。

ジャック・ラカン　Jacques Lacan（一九〇一〜一九八一）

パリ生まれ。フランスの精神分析家。歪曲されたフロイト像が流布する中、真のフロイト理論をよみがえらせ、その革命性を世に知らせるためには、今一度フロイトそのものに回帰せねばならないと唱える。そこで生み出された精神分析理論は、多くの者を魅了し、精神分析の領域を越えて影響を与えることになる。だが、いくつもの独自な概念と特異な文体で織りなされたその理論は、読む者の接近を容易なものとしない。しかし現代に至ってもなお人間・社会・文化の考察におけるラカン理論への参照はたえることがない。

著書に『エクリ』、『パラノイア性精神病』、セミネール講義録に『精神病』、『精神分析の倫理』、『精神分析の四基本概念』など多数。

はじまりの哲学　アルチュセールとラカン

＊目次＊

第4章　国家と国家イデオロギー——国家とは支配階級の道具である　223

第5章　理論と実践をめぐって　257

第6章　いま、ここにあるコミュニズム　297

［序］はじまりは困難である

「はじまりは困難である」。マルクスによって書き残されたこの言葉を何度か引用することになったアルチュセールにとっても、「はじまり」はやはり困難なものであった。

レーニンたちによって達成された壮大な企て、マルクス主義の名の下で史上はじめて打ち立てられた社会主義国家は、世界の貧しき労働者たちにとって希望だった。あるいはまた、世界の進歩的知識人にとっても、平等社会の実現を標榜し、机上の知的遊戯から解き放たれ、その物質化へと力強く前進する現実の社会主義国家の姿は、人類の進むべき道を指し示すものとして輝きを放っていた。二度に渡る世界大戦を経験した後、戦争の惨さと無意味さをいやというほど体験してしまった時代にあっては、帝国主義戦争の元凶をも封じるマルクス主義は多く者にとってまさに「救い」であった。

しかし、歴史は人間たちに都合よく展開してはくれない。「スターリニズム」という言葉に象徴される社会主義国家の現実は、理想とはかけ離れた状態にあることが明るみに出る。レーニンの後を引き継いだスターリンの時代において、密告と粛清が繰り返される誤った政治が横行し、ソ連全土は強制収容所の様相を呈する。当時のソ連書記長であったフルシチョフによる一九五六年の「スターリン批判」は、社会主義はユートピアとして単純には掲げられないことを人々につきつけた。もちろん、東西冷戦体制のもとで西側諸国と軍拡競争に明け暮れ、ときに他国に軍事介入するソ連の姿を見せつけられるにつけ、安直に支持することはできないことは誰もが分かっていた。

とはいえ、マルクス主義に代わって、資本主義と帝国主義に対抗する思想は他にはない。では、どうすればよいのか。ロシア・マルクス主義とは別の仕方で共産主義を展望することである。そのとき注目されたのが、若きマルクスが『経済学・哲学草稿』の中で主張した疎外革命論であった。ソ連の正統派マルクス主義の政治が『資本論』に依拠するならば、疎外革命論によってそこに欠落したものを補い、これによって正統派マルクス主義とは根底的に異なるマルクス主義を構築することである。

例えば、サルトルである。「マルクスはわれわれの時代ののりこえ不可能な思想である」と喝破したサルトルは、他方で実存主義の旗手として当時の思想界をリードしていた。

実存主義は言う。マルクス主義も含めたこれまでの哲学思想は、「普遍」の名の下に、個人を「人間」という種の一つとしてしか見なさない。だが、「私」は一回かぎりの生を送る、他とはとりかえ不可能なかけがえのない存在であるはずだ。「私」は、抽象的な世界ではなく、「この現実」を生きる「この私」、実存者である。戦後の退廃的な空気の中で、こうした実存主義を掲げることで、サルトルは一躍世界の思想界の巨星となって人々を照らした。しかしその実存主義さえ、サルトル自身はマルクス主義の添え物にすぎないと言った。

サルトルは、スターリニズムの問題は、過度の工業化とスターリンに対する個人崇拝にその元凶があると総括した。ソ連を中心とする正統派マルクス主義が主張する唯物史観は、下部構造による決定という図式にすべてを押し込み、経済に還元してしまう。そのときサルトルは、察知した——そこには人間に対するまなざしが欠落している、人間についての真理が存在しない、それゆえマルクス主義を人間の手に取り戻さねばならない。抽象化され、統計の対象でしかない人間ではない、具体的な現実を生きる「この私」を救い出すマルクス主義である。そのとき実存主義の登場が要請される。実存主義とマルクス主義が結合することで、人々に希望と真理をもたらすマルクス主義を示すことができる。「人間の顔をしたマルクス主義」、いわゆる実存主義的マルクス主義がここに誕生する。そこでサルトルがマルクス主義の刷新を目指して依拠したのが、疎外革命論である。

若きマルクスは言う。労働とは本来、人間の本質的な営みであり、生産活動の中で自己の能力を発揮し、自分がつくった生産物の中で自己の存在を確認する活動である。しかも、人間の労働はつねに社会的関係の中で他者との結びつきながら行われる。これこそ人間の本質であり、こうした人間の本質を類的存在と言う。ところが、私有財産制を基礎とする資本主義の中では、労働は生活手段となり、強いられた苦役となってしまう。これが「労働の疎外」である。労働疎外には、労働者の労働の成果である生産物が労働者の手を離れて資本家の手に渡ってしまうという、生産物からの疎外、そして労働そのものが自分自身のためではなくなってしまう、労働そのものからの疎外、そして労働者の社会的な連帯が失われる類的存在からの疎外、最後に人間が人間本来のあり方から疎外される人間からの疎外がある。これを克服するために革命を成し遂げ、私有財産制を廃止し、労働手段を国有化せねばならないというのが疎外革命論である。もちろん、革命後の世界には労働疎外はあり得ない。疎外革命論とは、要するに人間の本質を取り戻すこと、まさに人間主義的な革命論であるのだ。

アルチュセールの哲学者としての理論活動は、片方で人々の期待を裏切ることになった正統派マルクス主義のソ連があり、もう片方ではそれをのりこえるべく誕生した疎外革命論に依拠するマルクス主義、実存主義によって補強されたマルクス主義、「人間の顔をしたマルクス主義」があり、両者が対峙する、こうした状況の中ではじまった。しかしアルチュセールは両者に与しない第三の道を選択する。

アルチュセールは「人間の顔をしたマルクス主義」を「社会主義ヒューマニズム」と呼んだ。これもまたヒューマニズム（人間主義）の一つにすぎないということである。そう、アルチュセールはヒューマニズムでは現代革命を達成することは難しいと考えるのだ。それゆえ、アルチュセールは反ヒューマニズム（反人間主義）の立場をとった。なぜか。マルクス主義者たらんとすれば、それは当然のことである。「マルクス、エンゲルス、レーニンだけをあげてみても、彼らはたえず、マルクス主義の理論を脅かす観念論的、ヒューマニズム的なタイプのイデオロギー解釈とたたかった[1]」からである。

言うまでもなく、マルクス主義は資本主義と闘い、打倒し、新しい世界を樹立することを目指す。そのとき主要な敵となるのはブルジョアジーである。ヒューマニズムはまさにマルクス主義者が敵と定めるブルジョア階級が打ち立てた思想、支配階級の思想、要するに敵の思想である。自由、平等、友愛の実現を望んだのは、まずはブルジョア階級であり、資本主義体制の確立にはこれらが権利として認められることが必要だったからである。そしてブルジョア階級はみずからの革命を成し遂げた。自由と平等を人間の不可侵の権利として高らかに謳う市民社会を樹立し、資本主義体制を確立した。そして自由と平等というイデオロギーを世界中に普及、定着させることで、世界を資本主義で覆い尽くしたのである。

ことフランスにおいては、ブルジョア階級は強靭かつ狡猾であった。言うまでもなくフランス市民革命を

（1）Louis Althusser, *Pour Marx*, Maspero/La Découverte, 1965/1996.（ルイ・アルチュセール『マルクスのために』、河野健二・田村俶・西川長夫訳、「日本の読者へ」、一四頁、平凡社、一九九四年）

成し遂げた歴史的偉業は普遍的な正統性と真理を彼らに賦与していた。

ブルジョア階級は革命的であった。ブルジョア階級は、ずっと前から、知識人を、ブルジョア階級が行った革命に結びつけ、権力の奪取とその強化ののちには、知識人を全体としてブルジョアの側にひきとめることを知っており、またそれができたのである。（略）ブルジョア階級は、彼らの権力機構と彼らが過去において獲得したあらゆる資格とを同時に利用することを知っていた。その結果ブルジョア階級は、知識人にかなりの未来と活動場面、かなり名誉ある役割と、自由や幻想を満足させる余裕を与えることができ、知識人を彼らの方のもとに従え、さらには彼らのイデオロギー支配下にとどめておくことができた[(2)]。

やはりフランスにおいては、ブルジョア・イデオロギーは揺るぎないということであろう。今度はマルクス主義の領野に、社会主義ヒューマニズムという形でよみがえったのだ。マルクス主義の名を借りてヒューマニズムが再び自由と平等を掲げ、人間に威厳を取り戻すことを人々に呼びかける。人間は生まれながらに自由で平等であり、そして理性をその本質として有する地球上でただ一つの存在である。ところが資本主義はこれらの権利を奪い、疎外する。だからいま一度理性の力によってこの疎外状況を克服せねばならない、これが革命の指針である、と。再び一人一人の人間が歴史の主人公となって歴史そのものをつくっていくのだ、と。ブルジョア・イデオロギーはここによみがえった。やはり強靭である。

（2）*Ibid.*,p.15.（同前、一二三頁）

マルクス主義は当時人々の希望だった。その希望は「教条主義」を生み出すことにもなったが、しかし、実在する社会主義の現実は人々の思いを失望へと変えることになった。教条主義の終焉がはじまる。「教条主義の終焉は、探求の現実的な自由と同時に、一種の熱狂を生み出した。熱狂のあまり、ある人々はやや性急に、彼らの解放感と自由尊重の気持ちをイデオロギー的に解釈することが哲学であると主張している。だが熱狂は石が落ちるのと同じように確実に衰える(3)。」

たしかに資本主義は人間の自由と平等を奪う。自由と平等の尊重が唱えられながらも、資本主義社会においてはこれに矛盾する事態が現れる。自由と平等が権利として確立され、人間性は尊重されるとされながらも、しかしそれは形式的なものにすぎない。自由と平等の権利が認められるのは一部の人々だけであり、残りの人々は脇に追いやられ、いわば人間扱いされないのが資本主義社会の実情である。欺瞞である。自由と平等は現代に生きる人間とってけ価値そのものであり、これが剥奪されている事態はやはり許しがたい。それゆえこの事態そのものが人々をして社会変革運動へと駆り立てることになる。

しかし、だからといって再び自由と平等を掲げ、当然認められるべき権利を認めろと主張するのみでは、歴史が繰り返し示してきたように、変革が成し遂げられないどころか、支配階級を利することにしかならない。「自由と平等の実現」という領野では人民はブルジョアジーに勝つことはできない。この領野では、彼らは絶大な力を持ち、ありとあらゆる手練手管を用いて、民衆を篭絡し抑えつけることが可能だからだ。ヒューマニズムを掲げ、その実現を獲得目標にすることに終始している闘争は、結局はブルジョア階級に吸収され、馴致され、敗北をなめる運命にある。なぜならブルジョア階級こそ、ヒューマニズムを尊重し愛し

(3) *Ibid.*,p.21.(同前、四四頁)

てやまない者であると自認しているからである。ヒューマニズムが温存されるかぎり、資本主義も存続する。だから、ブルジョア・イデオロギーとは別の領野へと飛躍することなのだ。資本主義が諸悪の根源だと言うなら、資本主義のメカニズムを解明する理論、歴史を進展させるための理論を基盤にした革命運動へと移行せねばならない。これが、アルチュセールが選択した立場、「(ブルジョア・)イデオロギーから科学へ」である。そもそも、それはマルクス、エンゲルス、そしてその後彼らに続くレーニンらマルクス主義者たちのとった立場である。原点に帰ること、「マルクスへの回帰」である。

それと同時に、アルチュセール自身は言及しないが、疎外革命論は理論としては脆弱であると廣松渉は言う。疎外革命論は人類史を三段階に分けて考察を進める。まずは、私有財産制がまだ存在しなかった歴史段階、次に、私有財産制という〝疎外〟が存在するようになった歴史段階、そしてこの〝疎外〟が止揚され、私有財産制が存在しなくなる歴史的段階である。しかも第三段階を第一段階の高次的回復とみなし、これを正・反・合の図式にあてはめ考察するのが疎外革命論である。この構図は単に「(a)パラダイス、(b)失楽園、(c)失楽園の復帰、という構図」にすぎないのだが、問題なのは、しかし「現状(b)を止揚して状態(c)を実現すべきだというところにある[4]。」そもそも「疎外・回復」と言うにせよ、「正・反・合」と言うにせよ、そのような変化がなぜ生じたのか、あるいは、なぜ事実的に必然であるのかも、当為的に必然的であるかも、疎外革命論では実質的には説明されていない。「〝疎外態である以上は本来態へと復帰する筈だ〟という思い込み、これを〝論理化〟して〝疎外態は本来態へと必然的に自己回復する〟という公式をひそかな前提とするかぎりで、(b)は疎外態なりという指摘だけで(c)への移行が必然的に説けたかのように信じがちであるが、しかし、一体

(4) 廣松渉『物象化論の構図』、五八頁、岩波書店、一九八三年。

なぜ、疎外態であれば本来態への復帰が必然なのか？　一般に、〝非本来態〟だからといって〝本来態〟への復帰が必然的であるわけではないということ、このことは、敢えて卑俗な例で言えば〝割れた茶碗は非本来態だ、故に、割れた茶碗は割れていない状態を自己回復する内在的必然性をもつ〟というたぐいの命題の不当性を鑑みれば、あまりにも明らかであろう(5)。」

さらに付け加えれば、歴史展開の考察から導き出された「事実的必然」（〝はず〟）がいつの間にか「当為的必然」の一つである「倫理的な当為」（〝べき〟）の問題へとすり替わってしまうことである。こうした論理はマルクス主義の歴史に負の陰を深く落としてきた。マルクス主義者は歴史に忠誠を誓った者であるとされる。忠誠を誓おうが誓いまいが、人間が歴史に逆らうことは不可能であるゆえ、正しい歴史認識を持つマルクス主義者ならば必然的に歴史に服従せざるを得ない〝はず〟だ。これがマルクス主義者の「大義」である。少なくとも理性的判断ができれば、そうならざるを得ない〝はず〟だし、そうする〝べき〟だと判断することができる。歴史に関する正確な認識を行えない者、つまり共産主義への移行は歴史的必然であるにもかかわらず、これを認められない「反動」は、理性的判断も行えない鬼畜のような存在、人民の「大義」に逆らう謀反、革命の阻害物であるゆえ、粛清せねばならない、と。こうした論理がこれまでのマルクス主義の歴史の中でいたるところでどれほど繰り返されてきたことか。疎外革命論は、こうした粛清の論理の温床になりかねない――科学主義というイデオロギーも同様な理由でこれがあてはまる。

アルチュセールの理論活動はマルクス主義の二つ潮流と対峙する状況の中ではじまりを告げた。あくまでもマルクス主義の陣営の中にとどまりマルクスの先進性を唱えながらも、一方ではスターリニズムに対峙し、

（5）同前、六三頁

他方ではそれをのりこえんとしたヒューマニズム的マルクス主義、熱狂の中でヒューマニズムの復活を声高に叫び、人々の中に浸透してゆく「新しいマルクス主義」を批判し、両者をのりこえるという困難を背負いながらはじまったのである。はじまりは困難である。このような状況の中、しかしどのようにはじめればよいのか。

ジャック・ラカン、彼もまた、精神分析というみずからの現場で様々に闘争を繰り広げながら力強く理論活動を展開していた。フロイト主義者を自認するラカンにとって、フロイトをめぐる当時の状況は実に忌々しきものであった。歪められたフロイト理論が流布していたのだ。例えば、自我心理学である。フロイトによれば、自我は、快原理に支配されたエスから押しつけられる欲動につねに襲われながらも、現実生活の中で主体が円滑な暮らしを営めるようにエスからもたらされる欲動を制御しようとするが、それは同時に外界からの圧迫を受けているからである。そのとき重要な働きをするのが自我から派生した超自我である。要するに自我はエスと外界、そして超自我の三重の圧迫を受け、その葛藤に中で防衛機制を働かせながら主体の精神の安定を保とうとする。この防衛機制が過度に働く、あるいはそれに収まらないとき葛藤そのものが症状として現れ出る。

こうしたフロイトの見解に対し、自我心理学がとった治療の方向性とは、自我の内に葛藤なき領域を形成することで自我の部分を強化するというものである。葛藤そのものがなくなれば、現実と不調和をきたす症状が現れることもなくなり、患者本人も苦しみから逃れられるというわけだ。自我心理学は言う。たしかにフロイトにおいては、自我は防衛機制を働かせると言われるが、防衛的ではない機能も自我の中に含められるべきだったのであり、そちらに拡張すべきなのだ、と。精神というものはそもそも葛藤的なものではなく、自我においても非葛藤的領野があるはずであり、この領野を発展・強化させることで、外的現実への適応と内的現実の統合状態との関係を均衡のとれたものにすることができる、これが自我心理学の主張である。

しかしフロイトに即して考えれば、そもそも葛藤なき自我など存在するはずがない。精神はむしろ、つねに葛藤を抱えているものなのだ。さらに言えば、神経症は自我が強固なほど生み出されるのであり、防衛機制を強力に働かせるから神経症を発症させるのである。

自我心理学は米国で誕生し成長を遂げた。「アメリカ的な」生活様式とこれを担う人間の規範を強固に有したイデオロギー空間の中で受け入れられ、このイデオロギーと結託しながらみずからを発展させた理論である。およそフロイト理論とは無関係な、いやそれと対立するような歪曲された「フロイト理論」がそこに現れ出た。自我と主体とを同一視する自我心理学には、人間に対する天真爛漫な信頼と人間の精神の透明性への信仰に満ち溢れている。

ラカンはこうしたフロイト理論の歪曲と闘った。彼の理論活動は「真のフロイト理論」をよみがえらせることであり、そのために「フロイトへの回帰」を断固として行うことである。

アルチュセールは、フロイトの革命性を人々に知らせることに果敢に挑戦するラカンを媒介にして、フロイト精神分析に出会った。いや、むしろラカンその人に出会った。ラカンは精神分析を再開しようとしている。フロイトに回帰することで、精神分析をもう一度「はじめる」ことを企てている。どんな困難に遭遇しても、どんな妨害があろうとも、孤独の中で決然とわが道を突き進むラカンの姿をアルチュセールは目撃したのだ。

アルチュセールもまた、マルクス主義をマルクスに回帰することでもう一度はじめようとしていた。「同志」、ラカンの姿を当時目の当たりにしていたアルチュセールの脳裏には、こんな言葉が去来したに違いない。

精神を病み、職場兼自宅であるパリ高等師範学校と精神科の往復を日常生活で余儀なくされていたアルチュセールにとって、精神分析理論は個人的なレベルにおいても何らかの「救い」としてあったのかもしれない。しかし、ラカンを媒介にすることで、精神分析は個人的な思いをはるかに超え、理論的レベルでの革新性を備えたものであるとの洞察がアルチュセールを捕らえた。事実、アルチュセールの創出した概念——徴候的読解、矛盾の重層的決定、想像的なものとしてのイデオロギー等々——は精神分析から概念を借用することで生み出されたものである。しかし単なる借用ではない。マルクスが基盤とするプロブレマティックとフロイトが基盤とするそれは同じものであるとの直観が、この借用を説得力あるものにしたのだ。同時代のマルクス読解をのりこえるために別の新たなマルクス読解を創出すること、マルクス主義の陣営にとどまりながらも、同時代のマルクス主義の諸潮流とは異なるマルクスの姿を大衆に知らせること、マルクスの革命性を損なうことなく、現代によみがえらせること、そのためにはまずはマルクス読解に自由性をもたらすことである。これを自己の使命として引き受けたアルチュセールにとって、精神分析理論は最高のパートナーとみなされたのだろう。ここに「はじまり」が開始されることになる。

アルチュセールは「はじまり」にこだわった。いや、アルチュセールの理論活動の軌跡を振り返ると、むしろアルチュセールには「はじまり」しかないとも言える。アルチュールはマルクス主義者としてマルクスに回帰することを呼びかける。だが、マルクスの主著である『資本論』について何か具体的なことを語っているのか。マルクス主義者であれば、「世界を解釈することではなく、変革することが肝心である」と誰もが肝に銘じているはずだが、では変革の具体的問題についてアルチュセールは何か語っているのか。拍子抜けするほど、アルチュセールの著作にはマルクス主義者であれば誰もが問題にするようなことについての具体的言及はない。そこに通じるであろうとば口に理論はとどまり、前に進み出ようとしない。まさに「はじまり」だけが語られる。いや、むしろアルチュセールはこれを積極的に自己に課したのかもしれない。「はじまりの哲学」を創出することである。市田良彦は言う。

「始まり」が一切であり、哲学そのものも哲学の「始まり」に凝縮されており、なおかつ哲学は「始まり」というものの凝縮である、というのがアルチュセールの言っていることです。（略）アルチュセールの哲学には「始まり」しかない、「本文」がないのですから。つまりアルチュセールは「始まり」に踏みとどまろうとする。彼の哲学は「門」の外のどこかに向けて「始まって」はいけない哲学です[(6)]。

アルチュセールは、みずからが哲学者としてマルクス主義の発展にどのような寄与ができるのか、あるいは哲学においてマルクス主義者であることにはどのような意味があるのかを問うた。その答の一つが、『資本論』等の著作の背後にいまだ潜在的な状態にとどまっているマルクスの哲学を白日のもとにおくことである。しかしそれと同時に、いやそれ以上に重要なのは「はじめる」こと、「はじまり」をどのように告げるかにこだわることである。「なぜなら」、アルチュセールは言う。

はじまりは、言ってみれば、ことがらの本質の中に根を下ろしている。というのも、それは、当のそのことがらのはじまりなのだから。はじまりはことがらのすべての規定にかかわり、時とともに移ろうことなく、ことがらそのものとともに持続する。はじまることがら、はじまるがゆえに新しいことがらに

（6）市田良彦「アルチュセールのアクチュアリティ」（今村仁司との対談）『現代思想』（一九九八年一二月号）、九一頁、青土社、一九九八年。

ついて考えると、そのことがらの前には、他のことがらがあり、そのことがらはまったくない。はじまりの新しさはこのように、ひとを二重に魅惑する。前と後、古いものと新しいもののコントラストによって、そしてそれらの対立、両断によって、断絶によって[7]。

「はじまり」は新しい。新しいから「はじまり」なのだ。だから、ひとを惹きつけ、魅惑する。新しくなければ魅惑することもなく、そもそもそれは「はじまり」とは言わない。こうした「はじまり」を創出することこそ、哲学の役割であり、それは哲学しか成し得ないことである。古いものと新しいものとを一刀両断に切り離し、古いものを葬り去る。そして、ここに「はじまり」が開始されたことを宣言する。たしかに、アルチュセールのやったことと言えば、これである。哲学者として、「はじまり」を創出したのである。マルクス主義者として、マルクスの新しさを人々に示そうとしたのである。マルクスの新たな「はじまり」を告げることで、人々を魅了しようとしたのだ。

本書は、アルチュセールのこうした「はじまり」をめぐる思索と実践の軌跡を、様々な角度から検討していくことを目的にする。困難な状況の中、精神分析はアルチュセールの理論活動の「はじまり」の駆動力となり、その後のアルチュセールの理論活動全体を通じて大きな参照軸として据えられ、着想の源泉となっていたが、そこにおけるラカンからの影響は特筆に値する。それは同時に、精神分析は臨床のために開発されたものではあっても、他の領域でも大きな力を発揮する、驚異的に射程の広い理論であることを証している。

(7) Louis Althusser, *Écrits philosophiques et politiques, TomeII*, p.46-47, STOC/IMEC, 1995.（市田良彦・福井和美・宇城輝人・前川真行・水島一憲・安川慶治訳『哲学・政治著作集Ⅱ』、六六八頁、藤原書店、一九九九年）

しかし、アルチュセールの理論はその「はじまり」を示すことしかしなかった。そこからの前進はなされることがなかった。それゆえ、本書の目的の一つはアルチュセールが開いた端緒から、それを引き継ぎ、さらなる展開へと歩みを進めることである。とりわけアルチュセールが提起し、解明し切れなかったイデオロギーに関する問題を再度精神分析理論に接合し、徹底的に究明する企てを敢行する。

第一章では、言うまでもなく、理論活動は先行するテクストの批判検討を通して行われるが、そのとき自明すぎるあまり見すごされてしまう「読む」という行為をめぐる考察である。アルチュセールはこの「読む」という行為にこだわった。なぜなら、ここに定位しないかぎり、真の「はじまり」はないからだ。そのとき模範となったのがラカンである。ここにアルチュセールとラカン、マルクス主義と精神分析との出会いが実現する。アルチュセールは、精神分析の力を借りて、みずからがおかれている困難な状況を突破する「はじまり」の契機をつかんだのである。

第二章は、アルチュセールのイデオロギー論についての考察である。アルチュセールは独自のイデオロギー論を展開することでマルクス主義の地平に金字塔を打ち立て、その後多くの思想家に影響を与えることになった。とりわけ「イデオロギーは物質的な存在を持つ」というテーゼの中で示された、精神に対する身体的行為の優位性はこれまでのわれわれの心身観を根本から覆すものになった。イデオロギーは身体的な反復行為によって主体に宿る、或るイデオロギーを信じられなくとも、信じているふりをして、ひたすらイデオロギーに沿った行為を繰り返せば、いつの間にかそのイデオロギーを信じられるようになる。たしかにそのようなことは現実には起こり得る。事実はアルチュセールの言っていることが正しいことを示しているが、しかしなぜそのようなことが起こるのか。これを解明するために、アルチュセールがその「はじまり」しか示さなかったイデオロギー論と精神分析理論との接合を再度行い、さらなる前進を試みる。アルチュセールのイデオロギー論は、いかに主体が誕生するのかを論じたもの、まさに主体の「はじまり」を考察するものであったとも言える。それゆえ、この章での試みは、主体に関する「はじまりの哲学」をさらに深化させることになるだろう。

第三章は、前章で身体‐行為における行為の問題について考察したことを受けて、身体の問題へと重心を移す。前章で行為のシニフィアン化によってイデオロギーが主体に宿ることが示されるが、しかしなぜ精神ではなく身体を入口にするのか、快感や苦痛を覚えるこの生身の身体でなければならない必然性はどこから来るのか、これを解明することである。これを進めるために再び精神分析理論に依拠し、さらにその深部へと入り込む。これは同時に、アルチュセールのイデオロギー論の行き詰り、つまり彼のイデオロギー論は人々を現状に縛りつけるイデオロギーの強靭さばかりが強調されることになってしまったことの原因の解明にもつながる。それゆえ、この章の議論はアルチュセールが踏み出した「はじまり」から、さらなる先への展開であり、アルチュセールが踏みとどまり、進むことができなかった領野への前進である。

精神分析において身体の問題を考えるならば、欲動の問題を経由せざるを得ない。欲動とは精神的なものと身体的なものとの境界概念であるからだ。欲動に直接触れることができる場が、身体であり、欲動はまた精神的なものへとつながっている。欲動という概念を通して、観念的なものであるイデオロギーが身体的行為を通して主体に宿る機制を見ていく。

第四章は、アルチュセールの国家論について考察する。アルチュセールは「国家のイデオロギー装置」という概念を創出することで、マルクス主義国家論に新たな地平を切り拓いたが、それはあくまでもマルクス主義の基本原則を前提にしていることを確認せねばならない。正しい構えなしでは社会変革の真の「はじまり」はあり得ないからである。国家とは支配階級の道具である、古色蒼然としたマルクス＝レーニン主義の基本的な国家観でありつつも、しかし現代にいたってもなお、この国家観は有効であることを見失ってはならない。

法は社会秩序の維持には不可欠なものであるが、しかし法は守られねば機能しない。そこで必要になるのが、国家の抑圧（暴力）装置であるが、しかし抑圧装置に頼っているのみではあまりにも効率が悪い。そのとき注目すべきなのがイデオロギーの存在である。さらに、社会構成体は日々生産と再生産を続けねばみずからを維持させることができないが、ここでもまたイデオロギーが重要な役割を果たす。生産活動は人々が労働に従事し得る能力を身につけていなければ不可能であり、こうした能力を身につけさせるのがイデオロギー装置なのである。そして資本主義体制が確立・維持されるためには、自由と平等というイデオロギーが自明のものとして人々に共有されていなければならないが、それを実現するのが国家のイデオロギー装置である。

第五章では、マルクス主義において古くからある問題、理論と実践について考察する。社会変革を標榜するなら、人々の意識を根底から変えるだけの力を持った理論が必要になる。そこで問題になるのがまたしてもイデオロギーである。いまあるイデオロギーが人々の視界を遮り、未来への跳躍を阻んでいるからである。こうした事態を突き破っていくのが、科学による理論革命である。ひとの認識はつねに科学によって切り拓かれていくのであり、それを促進していくのが哲学である。しかし問題なのは、そうたやすくひとはいま自分が有するイデオロギーから逃れられないということであるが、それにはしかるべき理由がある。だが、アルチュセールはその理由をつきとめることができなかった。それゆえアルチュセールのイデオロギー論はイデオロギーの閉鎖性と強靭さばかりを強調する結果となり、イデオロギーからの離脱の契機をつかむことを困難にしてしまった。したがって、ここでもまたアルチュセールに代わり、イデオロギーの執拗さの理由を精神分析に依拠しながら解明していくことを試みるが、しかし、これによってイデオロギーからの離脱は難しいことが一層確認されてしまう。だが、そのとき、期せずしてアルチュセールのイデオロギー論に、アルチュセール自身も気づかなかった、突破口を見出すことができるのだ。

第六章では、まさにアルチュセールのマルクス主義活動家としての「はじまり」に遡り、その可能性を追求する。その「はじまり」は第二次大戦中の捕虜時代にあり、大戦終結直後、解放された収容所には「コミューン的なもの」が実現されていた。アルチュセールはそこから共産主義に関する最初のインスピレーションを得たのである。しかし、これは何ら特異なことではなく、マルクス＝エンゲルス以降、実在したコミューンの一つであるパリ・コミューンはつねに未来社会の参照軸となってきた。また、これまで様々な時代、地域で大衆叛乱が生起するとき、そこには必ずコミューン的なものが産み出されてきた。そしていま、世界各地で民衆による叛乱が巻き起こり、そこにもまた再びコミューン的なものが出現しているのだ。社会変革運動にはつねにコミューン的なものが内蔵され、コミューン的なものは人々を惹きつける。なぜか。

コミューン的なものは祝祭的であり、祝祭がひとを魅惑するからである。それでは、なぜ、祝祭は魅力的なのか。これを解明するためにバタイユの思想を経由する。これを受けて、コミューン的なものの現代的な可能性について模索していくが、ここで注目すべきは、近年世界各地で巻き起こる民衆闘争である。そのどれもがコミューン的なものを内包しながら展開されているのだ。われわれの前に出現したこの事態を契機にして、コミューン的なものの現代的な可能性と社会変革の展望について、ネグリ＝ハートの現状分析を踏まえながら考察していく。

もちろんこうした考察は、アルチュセールがこの世を去った後の現代に視点を置くゆえ、アルチュセールにはなし得なかったことではあるが、アルチュセールの理論全体に漂うトーンとは異なる傾向を持つことではじめて可能となるものである。それは現代に生きる民衆たちに対する圧倒的な信頼とその存在の肯定である。

このように本書の要となっている議論は、アルチュセールがマルクス主義の刷新を図るために行ったマルクスの理論とフロイトの理論との接合、とりわけ、社会思想の画期となったアルチュセールのイデオロギー論を中心に据えた精神分析的展開の再検討と深化である。繰り返しになるが、アルチュセールがその端緒を開くことのみに終始した理論的地平から、さらにこれを大胆にその先へと展開することである。そこには、アルチュセール自身が見ることができなかった可能性に満ちた大地が広がっていることだろう。この未曽有の領野を切り拓くことに挑戦することが、本書の目的である。

第Ｉ章　模範的読み方
――マルクス主義と精神分析との出会い――

読むことの宗教的神話と手を切ること

アルチュセールは「読むこと」にこだわる。「読むこと」というありふれた行為にこだわる。そして、マルクスを読む。マルクスを読むことによって歴史に革命を招来させるのだ。過去と決別し、未来という新たな地平へと跳躍すること、しかし、いまあるマルクス主義ではそれは不可能である。スターリニズムは解放を願う人々の思いを裏切り、それをのりこえようとした人間主義的マルクス主義も、おそらくは期待に応えてくれることはないだろう。だから、新しいマルクス主義を、真のマルクス主義を打ち立てねばならない。それゆえ、もう一度マルクスを読む。

しかし漫然と読んでいても未来への扉は開かれない。読む能力のない者にテクストは何も語ってくれない。読み手とテクストの間に想定された透明性は、所詮「宗教的神話」でしかない。客観的と言われる解釈も、一つの信念に裏打ちされた過信にすぎず、事実、ときを経ればそれは一つの無邪気な思い込みであったとみなされる。それゆえ、「読むこと」自体を問題にせねばならない。だから「読むこと」にこだわる。「読むことの宗教的神話と手を切ること[1]。」

では、「読むこと」とは何か。どのようにして読めば良いのか。あわてる必要はない。われわれには模範がある。すでにして理想的な「読み方」を実践している者がわれわれの目の前にいるのだ。

ジャック・ラカン。彼こそが「読むこと」の地平を一変させた。いままさに、ラカンは、フロイト精神分析の革命性をわれわれに示し、後戻りできない認識の地平に誘い、到達させた。ラカンはただひたすらフロイトを読んだ。そして人々に、フロイトを再度読み返すことを呼びかける。ここで行われた「読み方」、これに倣わねばならない。アルチュセールはそう考えた。「われわれのフロイトの読み方を一変させたこの成果を現在われわれが享受できるのは、ジャック・ラカンの、長い間孤独であったが非妥協的で明晰な理論的努力のおかげである。ラカンがわれわれに与えてくれた根本的に新しいものが公的領域に入りはじめて、誰もが自分なりの仕方でそれを使い利益を得ることができたが、そうしたときにこそ、私は模範的な読み方の教訓を得た恩義を心から承認したい[2]。」

では、その「模範的な読み方」とはどのようなものなのか。ラカンはフロイトをどのように読んだのか。どのように読めば、それは模範的とみなされるのか。

（1）Louis Althusser, *Lire le Capital*, p.8, Maspero/Presses Universitaires de France, 1965/1996.（ルイ・アルチュセール『資本論を読む』今村仁司訳、上・一二六頁、ちくま学芸文庫、一九九七年）
（2）*Ibid.*, p.7.（同前、一二四〜一二五頁）

イデオロギーから科学へ

イデオロギーから科学へ——これはマルクス主義の基本であり、アルチュセールの理論活動もこの標語のもとで展開される。そこで提示された考えが、「二つのマルクス」である。ヘーゲル左派から出発し疎外論に依拠しながら世界の転覆を企てようとした青年時代のマルクス、そして『ドイツ・イデオロギー』を分岐点にして、この初期のマルクスをのりこえ科学の地平に到達した後期のマルクス、このような二つのマルクスが存在する。真のマルクスとは、後期マルクスであり、成熟したマルクスこそ革命を目指すわれわれが注目せねばならないものである。スターリニズムをのりこえんとした人間主義的マルクス主義は初期のマルクスを顕揚するが、それでは革命を成就させることはできない。科学的マルクス主義こそ、革命のための武器となる。

そのように唱えるアルチュセールの理論活動は、フランスにおいて展開されてきたエピステモロジー（科学認識論）に依拠する形で進められる。エピステモロジーは、科学の歴史を直線的な連続的発展の過程とは捉えない。支配的な科学理論が君臨する中に別の科学理論が新たに誕生し、新しい科学理論はやがて先立つ理論を駆逐しのりこえていく、これが科学史の推移過程である、と。しかし、エピステモロジーはこれを直線的・連続的な発展過程としては捉えない。新しい科学理論が先行する科学理論をのりこえていくとき、新旧の理論の間には断絶と跳躍があり、科学史とは非連続的連続の過程、絶えざる変革過程である、と。

この科学の歴史を説明するにあたり、アルチュセールは「認識論的切断」という概念を提示する。新たな科学理論は先行する科学理論とは異なる概念によって織りなされた理論的地平を切り拓き、もはや後戻りできない形で先行する理論から切断される。新しい科学理論はわれわれの認識を根底から刷新し、それまで得られなかった認識の領野へと誘う。それゆえ、まさに革命的である。

新しい科学理論が先行する科学理論をのりこえようとするとき、先行する科学理論はイデオロギーと化している。新しい科学理論は科学的認識を一変させるほどの衝撃を持って人々に受け入れられるとき、支配的な科学理論となる。そのとき、科学的認識だけではなく、イデオロギーを含めた同時代の人間の認識全般も一新されるが、しかし同時に、科学理論はイデオロギー的汚染にさらされることにもなる。例えば、一つの科学理論が他分野へ適用される、あるいは「解釈」されることによってである。その解釈者の代表に哲学がある。「科学は自分のことを知らない」のに対して「哲学は自分のことしか語らない」。饒舌な哲学が寡黙な科学に代わって語るとき、科学はイデオロギー的汚染を被るのだ。それゆえどんな科学理論も裸の状態では存在することはなく、つねにイデオロギー的な外皮をまとう。そもそも人間は「イデオロギー的動物である[(3)]」かぎり、それは当然の帰結である。

だが、そのことによってイデオロギー化した旧い科学理論は、新しい科学理論が芽吹くとき、その成長を阻むことになる。アルチュセールの師であるバシュラールは、こうしたイデオロギー化した支配的な科学理論を「認識論的障害物」と言った。つまり、イデオロギーが科学の展開における「障害」となっているということである。だが、新しい科学理論はこうした逆境をものともせず、イデオロギー的障害をのりこえ、新しい認識の地平を切り拓いていく。

（3）Louis Althusser, *Sur la philosphie*, p.70, Gallimard, 1994.（ルイ・アルチュセール『哲学について』今村仁司訳、八四頁、筑摩書房、一九九五年）

このように、新たな科学理論の誕生は「イデオロギーから科学へ」という推移過程をたどることになる。人々の認識を刷新するのは、つねに科学である。それに対してイデオロギーは人々を現状に縛りつける。

アルチュセールの言うイデオロギーとは、しかしマルクス主義においてはきわめて標準的なものである。彼の念頭にあるのは、まさに『ドイツ・イデオロギー』で批判の対象として掲げられたもの、第一に哲学、しかもヘーゲル哲学、疎外論である。もちろん宗教もイデオロギーの一つであり、ヘーゲル哲学はキリスト教と分かちがたい形で展開されたことは言うまでもない。

さらにはイデオロギーとは、人間たちの現実の生活諸過程の「反映と反響」でしかなく、「幻想」、「虚偽意識」にすぎず、現実の諸関係を覆い隠す効果を持つ。きわめて標準的なイデオロギー観ではある。

だが、それだけで終るならアルチュセールは凡庸な理論家でしかない。イデオロギーはたしかに「幻想」「虚偽意識」でしかない。科学史全体から見れば、前科学的なイデオロギーから科学への跳躍の過程は、先行する誤謬からの離脱の歴史、たえざる新たな「真理」への到達の歴史であるのだから、イデオロギーはつねに「誤った認識」であるのかもしれない。しかし、イデオロギーはその時代その地域では誤謬どころか、そのような疑念を一切抱かせない、まったく自明なものとして存在する。「イデオロギーは外部を持たない」[(4)]のである。イデオロギー内にある者はみずからがイデオロギー的存在であるとか、自己が所属するイデオロギーに「外部」があるなどとは決して思わない。だから、前科学的なイデオロギーは「認識論的障害物」と化してしまうのである。イデオロギーは、人々を現行のイデオロギー空間の中に閉じ込め、外部への開けを

(4) Louis Althusser, *Sur la reproduction*, p.306, Presses universitaires de france, 1995.（ルイ・アルチュセール『再生産について』西川長夫・伊吹浩一・大中一彌・今野晃・山家歩訳、下・二三四頁、平凡社、二〇〇五年）

一切閉ざしてしまう効果を持つ。アルチュセールが再三強調するように、イデオロギーはその特性として「閉鎖性」を持つ。

こうしたことを踏まえれば、たしかにイデオロギーは現実の諸関係を隠蔽する効果を持つが、しかし虚偽意識と言い切ることはできない。その時代・地域で受け入れられるイデオロギーは、ときに「真理」として信奉され得るからだ。

新たな科学理論が誕生するや否や、必ずイデオロギー的な汚染を受けるが、それは同時に新たな科学理論に影響され触発された哲学が誕生するということでもある。「われわれの知る科学はすべて、いくつかの大きな『大陸』の上に築かれている。マルクス以前に、二つの大陸が科学的認識に開かれていた。〈数学〉の大陸と〈物理学〉の大陸である。前者はギリシャ人（タレス）によって、後者はガリレイによって開かれた。マルクスは科学的認識に、第三の大陸を開いた。〈歴史〉の大陸だ。（略）〈数学〉の大陸の開闢に伴って、哲学は生まれた（プラトンのもとで）。〈物理学〉の大陸の開闢によって、哲学は変形された（デカルトのもとで）。今日マルクスが〈歴史〉の大陸を開いたことで変革されようとしている。この変革はこう呼ばれる。弁証法的唯物論[5]。」

マルクスの科学は歴史の科学、すなわち史的唯物論である。これによってひきおこされたマルクスの哲学とは弁証法的唯物論であり、それは新たな科学の誕生を促す哲学である。なぜなら、それは革命のための哲学であるからだ。マルクスは自力で新たな科学と哲学を創出した。だが、マルクスの哲学はマルクスの科学

（5）Louis Althusser, *Solitude de Machiavel*, p.151, Presses universitaires de france, 1998.（ルイ・アルチュセール『マキャヴェリの孤独』福井和美訳、一九三頁、藤原書店、二〇〇一年）

の下に潜在的なものにとどまったままである。それゆえ、これを白日の下におくことを自己の任務として引き受けねばならない、アルチュセールは、そう考える。

われわれの認識の地平を切り拓くのはつねに科学である。それに続き哲学(=イデロギー)がひきおこされ、科学はそれによって再び汚染される。しかし再び新しい科学理論が誕生し、イデオロギー空間を食い破り、人々を新しい認識の地平へと導く。このように科学とイデオロギーの格闘過程は永遠に続くことになる。われわれは完璧な科学の世界には到達し得ない。なぜなら、科学が新たな地平を拓いた途端にイデオロギーがそこに待ち構えているからだ。だから科学の歴史は永続的な変革過程、終わりなき非連続的な連続の過程としてあり続ける。

精神分析を襲う諸困難

さて、アルチュセールの科学観を見ていくにあたって注目すべきことがある。アルチュセールは言う。これまでの人類史において主要な科学の大陸は三つしかない。一つは数学の大陸、二つには物理学の大陸、そしてマルクスが切り拓いた歴史科学の大陸である。そして、さらにいま、われわれの目の前でもう一つの科学の大陸が切り拓かれようとしている。精神分析の大陸である。ここにアルチュセールの精神分析に対するただならぬ思いを垣間見ることができる。

しかし、とりわけフランスにおいては、フロイトによって打ち立てられた精神分析の歴史を拓く革命性、そしてそれの持つ科学性が人々に十分に伝わっておらず、さらには誤解と歪曲がつきまとっているとアルチュセールは感じていた。さらには、現在においてもなお、精神分析は科学の資格を有するか否かという問題は結論を得ていない。アルチュセールの精神分析をめぐる最初の思索はその原因をつきとめることに傾注される。

フランスに精神分析が導入された当時、ある困難が待ち構えていた。「並はずれた抵抗を受けた」のである。しかし、これはフランス特有の現象ではなく、フロイト自身もみずからの理論を公にした当時、同様の「抵抗」を受けていたのである。その状況とそこでの「抵抗」とは何か、フロイトはこれを精神分析的に説明した。「私たちの文化は（略）神経症的である、つまり歴史的な主体――もはや個人ではなく、歴史的な主体――は対象であり得る、あるいはむしろ神経症の形態の病的な疾患の住処である得ると想定しました[6]。」

フロイトが受けた「抵抗」とは、われわれの文明が持っている特質から表出する必然的なものであり、しかもそれは分析の臨床現場で見られる、治療作業を妨害し、主体の無意識的な原因への接近を妨げる「抵抗」と同種のものであるということをフロイトは見抜いていた。その「抵抗」は、いわば「イデオロギー的抵抗」であり、フロイトもこれに直面したのである。具体的にいえば、性的なものを中心にして人間存在を考察する性一元論、さらには幼児にも性欲があるとした幼児性欲論に対する既存の宗教・道徳からの抵抗、そして無意識という当人には意識されない心的現象を措定し、それによって人間存在そのものが形成されていることを説く精神分析理論そのものに対する人間中心主義あるいは意識の哲学からの抵抗、等々であろう。それらが精神分析の受容を妨害するものとなっていた。まさに、認識論的障害物となっていたのだ。

（6）Louis Althusser, *Psychanalyse et sciences humaines*, p.24, STOCK/IMEC, 1996.（ルイ・アルチュセール『精神分析講義』信友建志・伊吹浩一訳、二九頁、作品社、二〇〇九年）

また、フランスにおけるアルチュセールらにとっての困難は別の形態をとっても現われた。その一つが「フロイトの諸概念とその内容の不釣り合い」である。「フロイトがみずからの著作の中で使用している諸概念と、諸概念が思考するようしむけている内容の不一致です。この不一致はきわめて正確な仕方で次のように表明されるでしょう。すなわち、フロイトが私たちに提示した諸概念は、カント的な意味で、持ち込まれた諸概念であるということです。ご存じのように、カントは科学に関する自前の諸概念を持ち込まれた諸概念に対置します[(7)]。」

フロイトは独力で精神分析の地平を切り拓いた。「孤独」の中で、新しい理論、すなわち精神分析を打ち立てたのである。フロイトは日々の臨床実践を通して、そこで発見したものを基礎にして未曾有の理論を産み出そうとしたのである。ところがそのとき、フロイトは「理論上の先例を、理論における父親を自分のために探しても、そういうものをほとんど見つけられなかった[(8)]」のである。

フロイトは「自分自身に対してみずからの父親になること[(9)]」を強いられた。フロイトは無から理論を打ち立てねばならなかった。もちろん、自前の概念も持ちあわせていない。したがって、他の領域から概念を借用するしかなかったのだ。「フロイトは、一方では生物学から、他方では物理学のエネルギー理論から、そして最後には経済学から借用された諸概念によって自分の分析理論を説明するのです[(10)]」だが、それに

（7）*Ibid.*, pp.24-25.（同前、三一頁）
（8）Louis Althusser, *Ecrits sur la psychanalyse*, p.26, STOCK/IMEC, 1993.（ルイ・アルチュセール『フロイトとラカン』石田靖夫・小倉孝誠・菅野賢治訳、二九頁、人文書院、二〇〇一年）
（9）*Ibid.*, p.26.（同前、二九頁）
（10）Louis Althusser, *Psychanalyse et sciences humaines*, p.25.（ルイ・アルチュセール『精神分析講義』、三一〜三二頁）

よって「不釣り合い」が生じてしまい、それが一つの困難として精神分析を襲ったのである。フロイトが示そうとした内容とはひとの心的現象に関するものであったにもかかわらず、それを表現する概念は物理学や生物学などの他領域の概念であったのだ。当然、混乱が起こる。

こうした「不釣り合い」を抱えるフロイト理論がわれわれに送り届けられ、われわれがそれに接近しようとするとき、もう一つ別の困難を生じさせた。「われわれとフロイトを隔てているイデオロギー的偏見のとてつもなく大きな空間を批判的ならびに理論的な大変な努力のはてに横断していかねばならない[11]。」

科学はつねにその時代のイデオロギーに汚染され、イデオロギー的外皮をまとったものとしてわれわれに送り届けられる。精神分析理論も例外ではなく、それゆえ、精神分析の真の科学性に触れるためには、まとわりついた「イデオロギー的偏見」をはぎとらねばならない。さらにアルチュセールは続ける。

単にフロイトの発見は（略）これまでその本質においてフロイトとは無縁な学問領域（生物学、心理学、社会学、哲学）に還元されてきただけではないからである。多数の精神分析家（とりわけ、アメリカ学派の属する者たち）が、このような修正主義の共犯者となってきただけではないからである、そればかりか、この修正主義自体が、精神分析を対象にもし犠牲者にもしてきた驚くべきイデオロギー的搾取に客観的に奉仕してきたからでもある。（略）事実、イデオロギーへの失墜は、精神分析が生物学主義、心理学主義、そして社会学主義への失墜によってはじまった[12]。

（11）Louis Althusser, *Ecrits sur la psychanalyse*, p.22.（ルイ・アルチュセール『フロイトとラカン』、二五頁）
（12）*Ibid.*,p.22.（同前、二五頁）

ひとは既存のイデオロギーの中でしかものごとを理解することしかできない。それゆえ精神分析もまた、既存の学問領域の一派生物、一分野としてみなされ、理解されてしまった。人間存在を生物の一種とみなし、その延長線上で心的現象を器質的な問題として理解する、あるいは「意識」を中心において捉えようとしたのである。例えば、自我心理学などは人間の心的現象を既成の人間学的イデオロギーの延長線上で捉えようとする。こうした行為が「イデオロギー的搾取」となる。なぜなら、既存のイデオロギーが新たに登場してきた精神分析を内部に抱摂し、利用することで、その支配領域をさらに拡大していくことになるからである。

だが、このようなイデロギー的偏見、あるいは修正主義は、フロイトそのひとにも原因がある。前述した他領域からの概念の借用によって、かえって他領域からのイデオロギー的搾取を招くことになったからである。これによってフロイトは、みずからの科学の革命性を弱体化させることになってしまった。

しかし、アルチュセールは「借用」一般が正しくないと言っているのではない。それもまた新たな科学が生まれるときには当然のことである。「科学の歴史においては一科学は、他の科学、それもその科学の洗礼時に現存する諸科学にかぎらず、生まれ出るためには時間を要するような新しい遅れてきた科学の助けやそれを迂回することによって、はじめて科学となる場合が多いのである[13]。」

「借用」一般が正しくないのではなく、問題なのは、諸概念を自前のものにするための理論的な加工が施されているかどうかなのである。理論的加工を欠如させた理論は内部に不均衡を抱え、そのことによって人々の受容に困難を生じさせる、すなわち開かれたものにはならない。

(13) *Ibid.*,p.35.（同前、四〇頁）

そして、さらなる困難がアルチュセールらの前に立ちはだかっていた。「精神分析的実践と精神分析の理論を生み出すことができないことの不釣り合い」である。「フロイトの借用された諸概念が示している現実性とは、誰でもその点は同意するのだが、それは分析実践そのものである[14]。」

フロイトが示す概念がその内容を伝えるに十分な力を発揮していない以上、われわれはフロイトが伝えようとしたことをつかむためには分析実践の現場へと赴かねばならない。しかし、われわれは精神分析家ではない。精神分析的経験の固有性、フロイトが直面した事態、「精神分析的な療法は、治療の経験を引き起こし、精神分析的な療法は種差的で還元不可能な経験を引き起こす[15]」ということを日々全身で感受している者は、やはり精神分析家たちなのだ。だが、現状においては、「精神分析の現実性そのもの、精神分析のステイタス、精神分析的実践の科学的ステイタスを省察する申し分のない精神分析理論はありませんし、治療に関する理論に還元され得る申し分のない科学理論はありません[16]。」

フロイトに代わり精神分析理論をもう一度鍛え上げ、理論的加工を施こそうとするなら、それを担えるのは、唯一、分析家自身なのである。われわれには代わりはできないのだ。

ラカンの登場である。

理論的反省の後のこの理論的加工は、ラカンが登場するまで、それはなかったということを私たちはしっかりと確認しなければなりません。ラカンの登場まで、つまり、借用された概念を自前の概念へと加工

（14）Louis Althusser, *Psychanalyse et sciences humaines*, p.26.（ルイ・アルチュセール『精神分析講義』、三三頁）
（15）*Ibid.*,p.26.（同前、三五頁）
（16）*Ibid.*,p.30.（同前、三八頁）

する試みまで、フロイトの読者には、一方ではフロイトの諸概念と、他方では精神分析が示すものの具体的内容との間には矛盾が存在しているのです[17]。

ラカンの登場によってこれまで存在してきた精神分析の困難が克服されようとしている。ラカンがフロイトの精神分析の理論的加工を施そうとしている。アルチュセールは、このラカンなる人物に大いなる期待を寄せ、驚きを隠さない。これまで多くの者たちが精神分析へと接近し、これぞ真のフロイト精神分析であるなど言いながら示してきた。しかし、それらはみなまやかしにすぎなかった。しかし、ラカンだけは違う。ラカンこそが、真のフロイト精神分析を示すことができる人物である。アルチュセールはそのように考えていた。まさに、フロイトが無意識を「発見」し、ラカンが理論的な加工を施したのである。

いままさにラカンは、われわれの目の前でイデロギー的偏見を払いのけ、フロイトの科学性を白日のもとにおこうとしている。イデオロギー的偏見の巨大な空間を果敢に横断していく姿をそのひとに見たのである。「ラカンがまず言っていることは、フロイトはその原理において一つの科学を創設したということに尽きる。それも、新たな科学を、つまり、無意識という新たな対象に関する科学を創設したということに尽きる[18]。」

ラカンは精神分析の真の科学性に到達するために、精神分析にまとわりついた様々なイデオロギーを批判し、イデオロギー的外皮を次々に食い破り、前進した。それが「フロイトへの回帰」**retour à Freud** である。「フロイトへの回帰とは、フロイトそのひとにおいてはっきりと確立され、はっきりと固定され、はっきりと据

(17) *Ibid.*,p.26.（同前、三二一～三二二頁）
(18) Louis Althusser, *Ecrits sur la psychanalyse*, p.28.（ルイ・アルチュセール『フロイトとラカン』、三二一頁）

えられた理論への回帰、成熟し、省察され、支柱で支えられ、検証された理論への回帰、自分の住処を構築し、自分の方法を生産して自分の実践を産み落としてしまうほど生活（実践的な生活も含めて）の中で十分に前進し、設定された理論への回帰を意味する[19]。」

フロイトへ回帰せねばならない、イデオロギー的偏見の巨大な空間の向こう側へと横断し、フロイトが言わんとしたことを直接につかみ取り、フロイトの革命性に触れねばならない、ラカンはそう唱え、人々をそこへ導くことを自己の任務として引き受けたのである。断固としてフロイトを「擁護」する立場にみずからを立たせたのである。それは、「精神分析についての理論的な解釈の大部分を今日支配しているこうした『還元』ならびに逸脱にたいして、精神分析の非還元性、他でもないその対象の非還元性を擁護するためにである。この擁護には、さきほど列挙した諸学問領域からの、貪りくらうような艦隊のあらゆる襲撃を押しかえすことのできる並外れた明晰さと断固とした姿勢とが必要であるということは、誰にも疑うことができない[20]。」

ラカンにおける精神分析の第一原則は「フロイトへの回帰」である。アルチュセールがラカンから学んだのはこれである。様々なイデオロギー的偏見を払いのけ、科学的な冷徹な視線から精神分析を読み直すことである。「フロイトへの回帰」を宣言することによって、既成のイデオロギー的偏見に囚われずに、「正しい読解」を遂行することなのだ。彼が目指していたのは、この「読解」を通して、フロイト精神分析が持っている本来の科学性に触れることである。アルチュセールはそのような「読解」の方法をラカンから学び、みずからのマルクスの「読解」に応用したのである。マルクスのために、マルクスへの回帰を敢行したのである。

（19）*Ibid.*,p.29.（同前、三三二頁）
（20）*Ibid.*,p.32.（同前、三三六頁）

エピステモロジーの科学観――実在論の失墜、理論の優越

アルチュセールは、一つの科学は必ず一つの独自の対象を持つと言う。その科学は他の領域には還元不可能な対象を持つがゆえに独自性を有する。精神分析は「無意識」という独自の対象を持つゆえに、科学の資格を有するのだ。

しかし、ここで問題がある。この「無意識」なるものの扱いをめぐって、今日まで様々な議論が交わされてきた。例えば、アルチュセールが尊敬し、それゆえに批判の対象としてたびたび言及するポリツェルはこう述べた。「心理学、それは実在しない、心理学、それは抽象化であり、心理学、それは魂の理論である。なぜ、心理学は存在しないのか。魂を対象にする、つまり存在しないものを対象にすることを主張するのと同時に、他方では、抽象化でしかない諸概念を用いる学説だからである[21]。」あるいは、「抽象概念、無意識の理論、『エス』といった、『それ』といった、意識の内部にある現実といった、還元不可能な何かといった、無意識的な他の意識といったものから解放されねばならない[22]。」

ポリツェルは、「無意識」などという抽象的なもの、実在しないものなど相手にしてはならないと言い、ことあるごとに「具体的、具体的、具体的」と繰り返した。「無意識」など科学の対象足り得ない。したがって精神分析は科学ではない、と。たしかに無意識は感覚的対象でもなければ、事物でもない。

（21）Louis Althusser, *Psychanalyse et sciences humaines*, pp.35-36.（ルイ・アルチュセール『精神分析講義』、四四頁）
（22）*Ibid.*,p.39.（同前、四八頁）

こうした事情を検討するにあたって、まずはエピステモロジーの科学観を迂回してみたい。

バシュラールは次のように述べる。「われわれの考えでは、力、質量、加速度の三つの観念を関連づけて定義したそのときから、ただちにひとは、実在論の根本原理から遠ざかるのである。なぜなら、この三つの観念は、いずれも、さまざまな実在論的秩序を導入する代入によって評価しうるからである。さらに、相関性という事実によって、これらの観念のうちの任意の一つを他の二つの観念から演繹することができるだろう[23]。」さらには、「要するに、理論は健在なのだ。それはいくつかの基礎的な変更と引き替えに日常的な実在には根を持たないまったく新しい概念の現実化をためらわずに追求するのである。こうして、現実化が実在に優先する。この現実化の優先性は、実在の格下げをおこなう。物理学者が真に実在を認識するのは、彼がそれを現実化したとき、彼が事物の永遠のはじまりを支配し、彼の裡に理性の永遠の回帰を構築したときのみである。（略）理論とは、未だ完全な現実化を見出していない数学的な真理である。科学者は現実化を追求せねばならない。自然をわれわれの精神と同じくらい遠くにおしやらねばならない[24]」

科学の代表である精密科学は、以前では、直接手で触れ、見ることが可能なもの、経験できるものをその対象としていた。その中で実験‐検証が重視され、実在論がもてはやされるようになった。実在するものこそ科学の対象である、と。ところが近年の物理学の発展、相対性理論や量子力学の登場によって、実在論は失墜することになる。それらで扱われる対象は、直接見たり、手で触れることができず、専ら理論の地平でのみつかむことができるものである。理論的媒介を経てはじめて開かれる領域がそこにあるのだ。

（23）Gaston Bachelard, *La philosophie du non*, p.28, Presses universitaires de france, 1940.（ガストン・バシュラール『否定の哲学』中村雄二郎・遠山博雄訳、四頁、白水社、一九九八年）
（24）*Ibid*., p.36.（同前、五五頁）

つねに理論が先行する。バシュラールはこう述べる。「われわれは、原子物理学が日常的な対象をこえた対象を要請していることを証明する一連の論拠を確保している。したがって、少なくとも対象化においては切断が存在するのである。」[25]

科学の言葉は日常の言葉とは異なる。われわれが日常的に浸っているイデオロギー的偏見から「切断」された概念を駆使することによって、科学理論ははじめてその対象に迫ることができるのだ。アルチュセールも、「ひとつの対象は直接に目に見えるまたは感覚できる外観によっては定義されることはできず、それを把握するためにはその概念を作るという回り道をしなくてはならない」[26]と述べているように、こうした思考は、現存するイデオロギー批判並びにそののりこえという形でアルチュセールの認識論的切断の概念に内蔵されている。認識論的切断とは、先行する科学から新しい科学への移行のさいに行われる切断であると同時に、日常的・経験的なものからの切断をも指しているのである[27]。バシュラールの反実在論的傾向は、エ

(25) *Ibid.*,p.10-11.（同前、二〇頁）
(26) Louis Althusser, *Lire le Capital*, p.399.（ルイ・アルチュセール『資本論を読む』、下・二四五頁）
(27) ここに関係してくるのが精神分析における理論のステイタスである。アルチュセールはこう述べている。「真に構成されたあらゆる科学と同様、この実践も、この科学の絶対的なものではなく、理論に従属した一契機であり、方法（技法）となった理論がそこでその理論に固有な対象（無意識）と、理論的（認識）あるいは実践的な接触（治療）に入る契機なのである。（略）フロイトは（略）この実践（治療）と分析技法（方法）はそれが一つの科学的理論に基づくという理由でのみ正当なものであるということを強調している。（略）ラカンはフロイトの中に理論を求め、それを識別し取り出す――そうすれば残りは技法にせよ実践にせよ、すべては理論から正当に導き出されるであろう――ためにフロイトに回帰するという結論を引き出したのである。」（Louis Althusser, *Ecrits sur la psychanalyse*, p.28 ルイ・アルチュセール『フロイトとラカン』、三二頁）この発言は一見すると「実践は理論の応用」というようなプラグマティズム的な見解のようだが、しかし、アルチュセールは

ピステモロジーの伝統の中で確固たる位置を占め、それはアルチュセールにも引き継がれていく。

理論は実践に優越する、これがアルチュセールの考え方である。理論的な吟味がなされていない理論は、イデオロギー的に汚染、翻弄されているためにそれの持つ科学性が十分に発揮されない。だから認識論的切断を施さねばならない（理論なくして実践なし！）。

とはいえ、アルチュセールは実践を軽んじているのではなく、実践-理論の往復は必要不可欠なものであると考える。その理論の対象に「直に」触れる機会なくしては、理論それ自体が硬直してしまい、その有効性が減少する。アルチュセールの科学観は物理学に範を得ているのだが、実験（経験）-理論という循環性、

プラグマティズムの立場をとらない。ここに認識論的切断に関する議論が絡んでくる。認識論的切断は科学史上でなされる切断に限定してはならない。われわれの日常意識も、言うまでもなく一つのイデオロギーである。現代を代表する科学に影響を受けた、そこから生み出された一つのイデオロギー＝認識論的障害物である。心的現象に関して、生物学の延長で、あるいは人間学的イデオロギーの延長で捉えたり、意識に還元して理解しようとすることなどである。その端的な現れが、精神分析と心理学との同一視である。こうした無分別な理解によってわれわれの日常意識は影響を受けている。われわれはともすると、心的現象もこの日常意識から解釈する傾向を持っているのだ。それによって、心的現象に関する科学的認識はイデオロギー的汚染を受ける。しかし、理論と日常意識との間に認識論的切断が施されることによって、日常意識による解釈を防ぐ防波堤が築かれる。ラカンの行ったことは、まさにこの切断という理論実践であったのだ。ここから精神分析における理論の一つの役割が鮮明になってくる。心的現象に関する理解に対する日常意識の侵入を防ぐための防波堤という役割である。そこから、理論を臨床に杓子定規的に当てはめてはならないという精神分析の実践方針が出てくる。ここには理論の実践に対する優越性というアルチュセールの科学観の鉄則が関わってくる。理論的な吟味のなされていない、すなわち、認識論的切断が施されていない理論は、既成のイデオロギーに汚染されているため、真の科学性が体現されていないのだ。

つまり実験（経験）において見出された対象から差し出される抵抗によって理論は補正されるのである。

或る科学が存在するとき、必ずイデオロギー的汚染を受ける。そのとき現場に立つ実践家が日々眼にする対象と、イデオロギー的汚染を受けた「対象」との差異を感受する。それを可能にするためには認識論的切断という理論実践が不可欠なのだ。彼はこの実践によってイデオロギー的汚染を受けた似非「科学」を葬り去る。イデオロギーをのりこえ、科学的地平へと到達し、対象を認識する、このような意味で理論の実践に対する優越が唱えられているのである。

結局のところ、アルチュセールの科学観とはどのようなものであったのか。一言で言えば、「合理的なもの」であり、特定の人間によって担われることを前提とせず、相応の手続きと約束を踏めば万人に開かれる、つまりそれぞれの主観性が極限にまで削ぎ落とされ、その過程でよく定義された概念内容が一義的なものに収斂していくものである。その理想形は、形式化を極限にまでおし進めた数学である。数学は現象や実在を代理表象するものではなく、現象や実在そのもの、本体なのだ。アルチュセールは述べる。「数学は、物理学にとって、必要に応じて『利用する』単なる『道具』ではなく、また、『器具』（略）でもない。数学は理論物理学の存在そのものであり、実験物理学においても単なる器具をはるかにこえたものであります[28]。」数学は合理的なものの理想形であり、物理学などの精密科学は数学化されることによって飛躍的な発展を遂げてきた。数学こそが最も開かれた科学の理想形なのだ。

以上のような科学観を踏まえた上で、アルチュセールは「精神分析は科学である」と宣言するのである。

（28）Louis Althusser, *Philosophie et philosophe spontanée des savants*, p.31, Maspero, 1974.（ルイ・アルチュセール『科学者のための哲学講義』西川長夫・阪上孝・塩沢由典訳、三六頁、福村出版、一九七七年）

無意識もそれを対象とする理論の中ではじめてつかむことができるものである。そのさい彼が注目するのが、ラカンの「無意識は言語のように構造化されている」というテーゼである。アルチュセールは述べる。「『言語学』という新しい科学の出現なくしては、ラカンの理論化の試みは不可能であっただろうといっても、彼は反対しないであろう[29]。」実際、ラカンは言語学、すなわちソシュール記号学をみずからの理論に導入し、自前のものにすることによって精神分析の理論化を成し遂げた。ソシュール記号学を無意識という対象の理論化のために導入したのだ。

だが、アルチュセールは「シニフィアンの連鎖」というラカンの概念に注目しつつも、しかしそれ以上は進み出ようとはしない。精神分析がいかなる形で科学の地位を獲得しているのかということについては詳しくは説明していないのである。では、アルチュセールに代わって、この問題について検討してみよう。

ラカン自身による精神分析の科学化

フロイト自身は、物理学を代表とする精密科学に範を得て精神分析はいつかその位置に辿り着くだろうと考えていた。彼にとって臨床とは、無意識という仮説を引き出し、それを検証する一種の実験室であった。あたかも物理学などのように精神分析を仮説-検証の枠の中で打ち建てようとしていたのである。

しかし、残念ながらそれは不可能である。理由の一つは、分析経験というものは、元来個別的なものであ

(29) Louis Althusser, *Ecrits sur la psychanalyse*, p.35.（ルイ・アルチュセール『フロイトとラカン』、四〇頁）

り、他には還元不可能なものであるからだ。われわれはそれぞれ異なった環境に生まれ落ち、異なった生活史を有し、そして抱えている悩みも症状も異なっている、つまり無意識は個別的なのである。臨床を媒介にして普遍的な理論に到達することは、基本的には不可能なことなのだ。

無意識とは、本来、無-意識である、つまり、意識とは隔たっているということである。こうした無意識を、言語を基礎として論理的に演繹することもまた不可能であろう。なぜなら、言語は意識の領域のものであるからだ。無意識を認識するとは、無意識を意識化するということ、つまり認識主体の意識＝主観性の表明として表出されるということである。そのとき表明されたものは、もはや無意識とは言えない。例えば、医者が患者の無意識に対して、判断＝解釈を施すとき、その判断は医者の主観性＝意識が反映されたものとなっている。その判断をもって普遍的な理論へと繋げていくことはできるが、しかし、それはもはや無意識の理論ではない。医者の解釈＝意識の集合物である。

このような難問をラカンはいかにして克服し、精神分析を科学へと到達させたのだろうか。

無意識について考える前に、まずそれの対立物である意識、これが何かを考えることで無意識に迫ることができるとアラン・ジュランヴィルは言う。意識とは、一般に考えられているように知ではなく、また私に知を与えるものでもない。逆に私はすでにその知を持っているのだ。われわれが自覚＝意識化するとき、知覚によって与えられた感覚的多様と照らし合わせながら、すでに知っていたものを検証しているのである。一方、知は意識を構成する様々な感覚的多様に統一性を付与し、それを規定するものである。感覚的多様を貫いて同一なもの、これが意味である。与えられた感覚的多様をもとにして既得されている知を検証することが意識の作用であるなら、その前提には意味の割り当て assignation がなければならない。そうであるなら、意識には感性的多様の他に、意味の割り当て、意味の予料＝先取り anticipation があることになる。意識とともに生ずるものとは、予料されていた意味が「検証される」ことであるのだ。それでは、このような意識と対立する無意識とはいかなるものなのか。

「もし意識が、意味の予料があることを前提としているのならば、無意識があるのは、意味を持ちながら、その意味が予料し得ないような現象にひとが直面するときだ、と正当に主張することができよう[30]。」意識には意味の予料＝先取りがあるとするなら、無意識における「意味」は予料し得ない。言い換えれば、意識という領野において意味が生じている状態とは、つねに意味の予料＝先取りがあるということであり、無意識ではそれが存在しない、つまり別の「意味」の在り方が存在しているということである。

無意識についての実験的な検証が不可能であることや言語による論理的演繹が不可能なこと、あるいは他者による解釈が有効でないことはここに関係する。それらは結局、予料し得る意味の地平で無意識を扱おうとしているのである。無意識における「意味」は予料し得ない。

しかし、科学的検証というものは、予料し得る意味を前提として成り立つ。他者による認知は科学の最低条件であり、何らかの特定の条件に縛り付けられたままでいる閉じられた言説は科学の名に値しない。科学は、予料し得る意味という次元で語られねばならないのだ。しかし、無意識における「意味」は予料し得ない。

無意識とは、言うまでもなく、生理的秩序に属するものでなく、あくまでも「心的現象」である。そこでフロイトは、無意識を規定するために「表象」という概念を使用した。「表象」とは主体の中に感性的多様、つまり一種の像を産み出す作用である。そして感性的多様に統一をもたらす原理が「意味」である。意識は

(30) Alain Juranville, *Lacan et la philosophie*, p.37, Presses universitaires de france, 1984.（アラン・ジュランヴィル『ラカンと哲学』高橋哲哉・内海健・関直彦・三上真司訳、三二頁、産業図書、一九九一年）

諸表象によって構成されていることは言うまでもないが、無意識も同様である。われわれの世界はすべて秩序づけられた表象によって形成されており、この世界の領域が意識の領域である。それに対して無意識における諸表象は意識におけるような秩序を持たない。

フロイトはこのように述べる。「われわれは今、突然、何によって意識的な表象が無意識的な表象から区別されるのかがわかったという気がする。（略）意識的な表象は、物表象と、それに属する語表象とを含んでおり、無意識的表象は、単に物表象なのである。[31]」「物表象」とは、表象一般のことを指し、「語表象」とは表象の対象が語であるものを指す。意識においては、本質的に、物表象と語表象が結合しているが、無意識においては分離している。無意識の中には、例えば「言い間違い」などのように、語表象が引き入れられていることがあるが、そもそも意識においては語表象は物表象を表現可能にする「本来の場」を持っているのに対し、無意識においてはそれがない。端的にいえば、無意識においては物表象しか存在せず、語表象と物表象は結合していないのである。

このような条件を考慮に入れた上で、ラカンは、いかにしてこれをのりこえていったのか。つまり、いかにして無意識の科学理論を構築していったのか。いかにして、精神分析を或る種の秘境性から解放していったのか。

そこでラカンが行ったのは、ソシュール記号学の導入である。ソシュールは言語を一つの記号として捉えようとした。言語を記号とみなすことによって、既存の言語観＝イデオロギーの呪縛から言語を解放するこ

（31）Sigmund Freud, *Das Unbewußte*. Gesammelte Werke X, p.301, 1915.（ジークムント・フロイト「無意識」新宮一成訳、『フロイト全集14』、二五一頁、岩波書店、二〇一〇年）

と、言語を冷徹な科学的視点から見つめることを試みたのである。

そして、ソシュールは、シニフィエ（意味されるもの、意味そのもの）とシニフィアン（意味するもの）という概念をつくりだし、言語記号とは、本来、シニフィエとシニフィアンが結合したものであるとした。「本来」とは「意識においては」ということである。ソシュールはたしかに、言語記号は、本来、シニフィエとシニフィアンが結合して一つの単位として存在しているが、しかし、それらの間には合目的な関係はないと述べていた。これが言語記号の「恣意性」arbitraireといわれるものである。言語記号はある固定されたシニフィエが予め与えられているわけではなく、差異化によって意味がゲシュタルトされ、それが一つの言語記号の単位として立ち現われるのである。ラカンはそこに注目した。シニフィエとシニフィアンを完全に分離したのだ。

意識においては、たしかに言語はシニフィエとシニフィアンの結合したものとして存在するだろう。しかし、そこには合目的な関係はない。結合はいわば事後的なものなのだ。シニフィエはシニフィアン間の差異化によって産み出される。では、無意識においてはどうなのか。

フロイトは意識においては物表象（表象一般）と語表象（表象の対象が語であるもの）が存在するが、無意識においては前者しか存在しないとしていた。言い換えれば、無意識においては言語に結びつかない表象一般のみが存在するということである。つまり、本来の意味での意味を生じせしめることができない表象一般だけがあるということだ。これをソシュール記号学の言葉で言い換えれば、「シニフィエなきシニフィアン」が存在するということである。これがラカンの施したシニフィエとシニフィアンの分離である。そして、この「シニフィエなきシニフィアン」を、ラカンは「シニフィアン」として独自に言い換えた。本来は、シニフィアンはシニフィエと結合したものである。しかし、ラカンのいう「シニフィアン」、つまり無意識におけるシニフィアンはシニフィエを欠いており、それとは独自に、純粋な「シニフィアン」として存在しているのである。したがって、フロイトの物表象とは、ラカンのいう「シニフィアン」に他ならない。

無意識に到達する途はかぎられている。夢や症状、機知や言い間違い、失策行為などの無意識の形成物を通してしかない。しかし、夢や症候は「正常な」見地からは（他者、そして当人にとっても）、まさに意味不明である。症候は一般的な世界認識の規範を逸脱し、その調和と秩序を乱す。「正常な意味」を欠いている。まさに無-意味、〝意味〟が〝無い〟。ラカンがシニフィアンという概念を導入するのはここである。症状はシニフィアンなのである。シニフィアン（症状）はシニフィエ（意味）を欠如させている。

ところで、思考するということは一体何だろう。思考するとは、等価性を打ち立てること、つまり、別の仕方で考える、演繹し得ることである。とするなら、無意識においても思考は存在する。「無意識においても、ある表象から別の表象への、言い換えれば、ある表象と同じ意味及び同じ対象を持つ別の表象への移行が行われる[32]」のである。ただ、意識的思考と無意識的思考が異なるのは、「諸々の等価性の様態」である。「フロイトにとって『無意識的思考』とは、まさに『客観的』指示 référance の水準 を放棄するものとして特徴づけられるということ、言い換えれば、それは表象間の客観的関係（分類関係、因果関係等）を課してくる現実原理に従ってではなく、快原理に従って機能するものだということである[33]。」

意識的思考と無意識的思考の違いは、後者が「客観的」指示には従わずに、圧縮や置き換えという機制によって形成された別の「論理」に従っているということである。言い換えれば、「無意識に属するのは、い

（32）Alain Juranville, *Lacan et la philosophie*, p.21.（アラン・ジュランヴィル『ラカンと哲学』、一六頁）
（33）*Ibid.*, p.21.（同前、一八頁）

かなる予料的規定にも合致しないかぎりで心的だと規定された現象である[34]」ということである。

そして、ラカンはこの無意識的思考における意識とは別の「論理」を、「シニフィアンの連鎖」として説明した。シニフィアン、それはそれだけでは存在しない。シニフィアンが意味するのは純粋な差異である。「シニフィアンは、ただ、それが他のすべてのシニフィアンと異なっているということだけによってそれ自身である[35]」のだ。ラカンは、「シニフィアンとは、主体を他のシニフィアンに対して代理＝表象するものである」と述べている。主体はみずからの意味＝シニフィエを持たない。シニフィエはシニフィアン間の差異化によって産み出される「効果」である。シニフィアンの連鎖の差異によってしか自己のシニフィエ＝意味は表象され得ることはない。それゆえ、主体はシニフィアンの連鎖に回送され続けることになる。主体自身は諸シニフィアンの中に包摂されており、先行するシニフィアンと純粋な差異の関係にある一つのシニフィアンである。シニフィアン間の差異化によって意味されるもの（シニフィエ）が産み出される。これが「欲望すること」である。欲望とは欠如を埋めること、あるいは欠如の印そのものである。ラカン理論とは欲望の理論であった。ラカンは、主体が或るシニフィアンから別のシニフィアンに回送されていく様をここに描き出したのだ。

そしてラカンは置き換えを「換喩」で、圧縮を「隠喩」で説明する。圧縮は、無意識の形成物すべての中に認められるものであり、新たな統一性を形成することによって、脈絡のない思考を凝縮させ、一つの表象が数多くの連想を代表する連鎖を形成するものである。この機制があるために、夢などの読解を困難とさせるのだが、しかし検閲を欺くことによって無意識的欲望を出現させる。ラカンはこの機制に隠喩の機能と同

(34) *Ibid.*,p.40.（同前、一八頁）
(35) *Ibid.*,p.48.（同前、四二頁）

等のものを見る。隠喩とはあるシニフィアンへ他のシニフィアンを代入することであり、例えば「男性と女性」を「太陽と月」と表現することである。一方、置き換えは、ある表象への関心が、その表象を離れ、別の表象に移ることであるが、これが換喩で説明される。換喩とは、それの一部によってそれが意味しているものを指し示すことである。例えば、「船」を「帆」で表すことがある。隠喩も換喩もともに置き換えであるが、この機制がシニフィアンの連鎖において作動する。隠喩はシニフィアンの連鎖の間の等価関係におけるものであり、換喩は連鎖に属するあるシニフィアンが別のシニフィアンによって（あるいは、連鎖全体がその連鎖に属する一つのシニフィアンによって）とって代わられることであるのだ。

このようにラカンは、科学的な冷徹な視点から、無意識における「論理」をシニフィアンの連鎖として説明した。意識における意味には還元されない、システマテックに稼働する無意識の構造を記号学を媒介にすることによって論理的に演繹したのだ。これをもって「無意識は言語のように構造化されている」と言うのである。

このようにしてラカンは精神分析を科学の水準に引き上げた。他者による認知を受けられる状態へと到達させたのである。さらにその後、「マテーム」mathème を駆使することにより、数学化を克ち取ろうとした。こうしたことによって特定の言語や主観に縛られることなく、理論がより開かれたものになっていくだろうと期待したのである。

このように見てくるとアルチュセールが述べていたことは妥当する。たしかに、ラカンはシニフィアンの連鎖やマテームによって精神分析を科学としようとしたのだ(36)。

実際、ラカンは次のように述べている。「精神分析は科学から生まれたのだということは明白である。(略)精神分析を支えるものは科学以外にないのだということも、やはり自明のことである(37)。」

(36)だが、問題は当のラカン自身が精神分析を科学と考えていたかである。アルチュセールの「フロイトとラカン」が発表された翌年の一九六五年にラカンは、あたかもアルチュセールを当て擦るかのように、「科学と真理」(『エクリ』)で次のように述べた。「われわれが精神分析において取り扱う主体は、科学の主体でしかない。」つまり、精神分析が対象にするのは、「科学を信奉する」という症状によって特徴づけられる西洋の近代人であるということなのだ。ラカンは臨床において分析主体が示す心的構造と、近代科学を哲学的に基礎づけたデカルトの言説に同一性を見出した。後者にみられる症状こそ近代人の有する神経症的構造であると言うのだ。言うまでもなく、アルチュセールの「科学主義」はその典型である。そもそも「科学主義」にはすでにして「症状」が表出している。例えば、権利上、科学は客観的であり、特定の主体に担われることはないが、事実は違う。そこには特定の主体、「科学主義」というイデオロギーを担う主体が存在する(第5章参照)。それゆえ、ラカンは「科学の主体」と明確に言ったのである。したがって、ラカン自身みずからの精神分析理論を科学とみなすか否かということについては、両義的であったと言わざるを得ない。精神分析は科学「主義」をも対象にしていた、いわば「メタ科学」であったからだ。

(37)Jacques Lacan, *Ecrits*, pp.331-332, Seuil, 1966.(ジャック・ラカン『エクリI』佐々木孝次・宮本忠雄・高橋徹・竹内迪也訳、三一三頁、弘文堂、一九七二年)

マルクスとフロイトとの哲学的類似性

精神分析は科学であると宣言し、ラカンを絶賛した十三年後[38]、アルチュセールは「マルクスとフロイト」という論文において一瞬われわれを面喰らわす見解からはじめる。マルクスもフロイトもともに唯物論者である、と。たしかにマルクスは唯物論者である。しかし、そこにフロイトを持ち出してくるのだから違和感を持たざるを得ない。ただ、ここでいわれている唯物論とは至極当然な唯物論の大原則、つまり「思考や意識の外部に現実が存在する[39]」というものである。

さらにはマルクスもフロイトもともに弁証法的な思考をしているとアルチュセールは言う。ここでわれわれを再び驚かせるのは、「いわばマルクスの理論そのものによって期待されていたような弁証法の諸形態を

(38) この時期になるとアルチュセールはラカンから距離をとるようになっていた。「マルクスとフロイトについて」はもともとトリビシで開催される「《無意識》をめぐる国際シンポジウム」に参加するために準備された「フロイト博士の発見」と題された論文に代えて執筆されたものである。アルチュセールはエリザベート・ルディネスコら親しい友人らに「フロイト博士の発見」を送り意見を求めた。友人らの答えはほぼ同じであった。「出さない方がいい。」ラカンに対する批判で埋め尽くされているこの論文は、その批判自体が誤謬に基礎をおいているため、まったく説得力がない。だがこの論文はアルチュセールの承諾なしに公にされてしまった。アルチュセールのラカンに対する鬱積した思いに共鳴する者が公にしたのだろう。たしかに当時アルチュセールが感じていたラカンに対する「不満」は、現代のわれわれにも分からないわけでもない。ともあれこの論文に代わるものとして書かれた「マルクスとフロイトについて」には、案の定、ラカンという名前はほとんど出てこない。

(39) Louis Althusser, *Ecrits sur la psychanalyse*, p.228.（ルイ・アルチュセール『フロイトとラカン』、二四八頁）

探究したという点で、奇妙にもフロイトの方が優っている[40]」と言っている点である。弁証法といえば、やはりマルクスであるが、そのマルクスと比べてもフロイトの方がより弁証法的であると言っているのだから、驚かずにはいられない。この唯物論と弁証法をもって、アルチュセールは両者には「哲学的類似性」が存在すると言う。

この「哲学的類似性」を証明するために、さらにもう一つの理論的共通性をアルチュセールは差し出してくる。「マルクス主義理論とフロイト理論にそなわる闘争性[41]」、この「闘争性」こそが、二者に共通する哲学的類似性を説明する。

アルチュセールは言う。「フロイト理論が闘争の理論であることは、経験的な事実である。フロイト理論はそれが誕生したときから強い抵抗、攻撃、批判を引きおこしてきたばかりでなく、それ以上に興味深いことには、併合や修正の試みまでも誘発した[42]。」「併合」とか「修正」とは前述した、その当時支配的な学問がイデオロギー的偏見によって精神分析を解釈し位置付け、みずからの内に抱摂してしまうことである。こうしたことは他の学問領域でもなされることであるが、しかしことさら精神分析に対してはより強力に行われた。なぜか。「フロイト理論にはその敵たちも認めるように何か真実で危険なものが含まれている[43]」からである。フロイトは独力で新たな科学を創設せねばならなかった。それゆえ、つねに自己の理論を修正する必要に迫られた。ただでさえそうであるのに加えて、彼の理論は支配的学問にとってはあまりにも「危険」

（40）*Ibid.*,p.229.（同前、二四九頁）
（41）*Ibid.*,p.229.（同前、二四九頁）
（42）*Ibid.*,p.229.（同前、二四九頁）
（43）*Ibid.*,p.230.（同前、二四九頁）

であったのである。だから、敵たちはフロイトの示した「真理を修正し、骨抜きにし」ようとしたのである。こうした敵からの批判と抵抗に対して、フロイトも自己の理論に修正を加えた。この一連の抵抗－批判－修正というサイクルをもって、「弁証法的」とアルチュセールは言うのだ(44)。

新たな科学が登場するとき、こうした抵抗や修正、イデオロギー的搾取はつねに行われる。その科学が新たに示す真理が、支配的学問によって支えられている支配的階級にとっては都合の悪いものだからである。「なぜなら、有機的な階級としてその役割は逆に真理を隠蔽することであり、階級闘争においては、搾取されている者たちの隷属にとって不可欠な幻想の体系に彼らを従わせることだったからである。『真理』のなかにマルクスが見つけたのは階級闘争、和解の可能性のない、無慈悲な闘争であった(45)。」マルクスがここで登場する。

マルクスにおける闘争――剰余価値と階級闘争の「発見」

やはりマルクスを迂回しなければ、フロイトにおける「闘争性」を説明することはできないだろう。「マルクス主義理論の形成と発展に不可欠な、プロレタリアートの理論的立場とは何だろうか。それは、ブルジョア・イデオロギーが必然的に隠蔽しているもの、つまり階級構造と一つの社会構成体による階級的な搾取を

(44) *Ibid.*,p.230.（同前、二五〇頁）
(45) *Ibid.*,p.230.（同前、二五一頁）

見きわめることを可能にしてくれる、唯物論的で弁証法的な哲学上の立場である。そしてこの哲学上の立場はつねに、必然的にブルジョアジーの立場と対立する[46]。」

マルクスの固有性とは何か。マルクスは先行する古典派経済学の遺産継承者にすぎないのか。そうではない。マルクスは一つの理論革命を成し遂げ、未曾有の理論的地平を切り拓いたのである。では、マルクスがやったこととは何か。マルクスは、『資本論』において、古典派経済学を批判する。その一つが「剰余価値」をめぐることである。

マルクスは剰余価値を「発見」した。しかし、古典派経済学も実はすでに暗黙裡に剰余価値の存在を知っていた。ただ、それを「説明する」ことができなかっただけである。なぜか。それは彼らの理論的「認識」の地平では剰余価値は「見えない」ものであったからである。

マルクスは古典派経済学のテクストを読んだ。しかしただ漫然と読んでいたわけではない。「徴候的読解」**lecture symptomale** を行っていたのである。これはテクストの上には顕在化していない潜在的なものを読み取る読解であり、「第二のテクストがすでに第一のテクストの中に、少なくとも可能態としてあり、見えないテクストがすでに読み得るテクストの中にそれ自身には見えないものとして含まれている[47]」状態で、この第二のテクストを読むことである。アルチュセールは、マルクス自身の行ったこの読解を、さらにマルクス自身のテクストに施すことを試みる。これによってマルクスの剰余価値の発見を説明するのである。

アルチュセールには「プロブレマティック」**problématique** という概念がある。プロブレマティックとは「問

（46）*Ibid.*,pp.232-233.（同前、二五二頁）
（47）Louis Althusser, *Lire le Capital*, p.23.（ルイ・アルチュセール『資本論を読む』、上・五〇頁）

いの体系」として特定の理論的体系の内的な参照体系であり、解決すべき問題とその解決方法を与え、ある理論がその認識をもたらそうとする対象に特定の定義を与えることによって特定の論述を可能にするものである。理論的論述はすべて或る特定のプロブレマティックの中で行われる。それによって問いを発し、それから問題の解決方法を与えられ、解答を見出す。したがって解答はすでに問いの中に含まれており、それに認識をもたらそうとする対象そのものが、すでにプロブレマティックの中で与えられたものでしかない。その対象を問題にする時点で与えられるであろう認識＝解答がすでに問いの中に含まれているのだから、解答を与える、すなわち問題を解決することとは、そのプロブレマティックの中で「見える」対象を「可視化」する、あるいは「認識」をもたらすことに他ならない。だからプロブレマティックの中で「見えない」対象はそもそも「問えない」。

古典派経済学は剰余価値という生産物の価値部分の存在に気づいていた。また剰余価値がどのように生まれてくるかも多少は説明していた。剰余価値は、資本家が等価部分を支払うことなしにわがものとする労働生産物から出てくるということは分かっていた。しかしそれ以上進まなかった。その結果、剰余価値という概念を生み出せなかったのである。古典派経済学は問いのない答えを生産してしまったのである。みずからの問いに見合わない答えを、別の問いに対する答えを生産してしまったのだ。なぜなら、古典派経済学は剰余価値という解答を導き出せるプロブレマティックの中にいなかったからである。

逆にマルクスは古典派経済学が見ることができなかった対象を見ていた。古典派経済学とは別の問いを立てていたからである。別の地盤、別のプロイブレマティックで思考していたのである。だから剰余価値を「発見」できたのである。

アルチュセールはその他にも、マルクス自身が行った「労働の価値」に対する徴候的読解をわれわれに示す。古典派経済学は「労働の価値とは何か」と問う。答えは「労働の維持と再生産に必要な生計財の価値に等しい」。一種の座り心地の悪さ、調和を欠いた答えが生じてしまった。労働とは機能であり、維持され再生産されるのは、本来機能させるものである。ここですでに何かが誘発されているのだ。そこでマルクスはこれを正した。「労働力の価値は、労働力の維持と再生産に必要な生計財の価値に等しい」。すると問いも変わる。「労働力の価値とは何か」。

結局、古典派経済学には「労働力」という概念が欠如していたのである。彼らのプロブレマティックにはその概念は存在しないからだ。それに対して、マルクスは別のプロブレマティックの上で思考していた。マルクスは読解を進めていく中で古典派経済学の欠陥を見抜くことができた。新たな地盤＝プロブレマティックの変更が彼をその地平へと導いたのである。彼のおかれていた場が彼に認識論的洞察力を与えたのである。では、プロブレマティックの変更とは何か。

マルクスは言う。「これまでの人類の歴史は階級闘争の歴史である。」この「階級闘争」、これこそがマルクスの理論における生命線であるとアルチュセールは主張する。

アルチュセールにとって階級闘争とは被支配者たちの支配者たちに対する闘争だけを意味しない。被支配者たちに対する支配者たちの闘争もまた階級闘争であり、彼らも日々階級闘争を行っているのだ。現状をたえることなく再生産し続けねば彼らの支配体制は崩壊する。被支配者たちを、体制を支える主体として存在せしめることこそ支配体制の維持には不可欠なのである。そして被支配者たちが自分たちに反抗することがないようつねに監視し、抑圧せねばならない。そのさい、被支配者たちからの反抗を前もって抑制する手段がある。階級闘争（もしくは階級という概念）の消去、あるいはそれを可視化させないことである。社会が一つの均一な全体として成立している、つまり階層なり分断は存在しないと被支配者たちに思い込ませることである。

それに一役買ったのが古典派経済学である。現実には階級闘争は古典派経済学の前で展開されていただろう。しかし古典派経済学はそれについて問わない、というよりも問えない。みずからのディシプリンの領域の問題としては問えないのである。しかし結果的には、そのことが現状を維持すること、つまりブルジョアジーたちに（意識的にであれ、無意識裡にであれ）貢献することになる。理論的には経済的な地平に階級闘争は存在しないとしてしまっているからだ。だから、古典派経済学はつねにすでに「俗流的」なのである。そのために剰余価値を発見できなかった。

それに対してマルクスは剰余価値を、つまり「搾取」があることを「発見」した。現状の資本制社会をブルジョアジー／プロレタリアートという二つの階級によって構成されたものとして分析し、その生産様式である搾取形態を析出し、剰余価値を「発見」したのである。搾取をめぐって展開される階級闘争を問題にしないかぎり剰余価値は問題にならない。古典派経済学とマルクスの差異はすでに問いの水準で生じているのである。しかし、なぜ、そうしたことがマルクスには可能となったのか。

「立場」を変えたからである。マルクスは、プロレタリアートの側へと身の置き場所を換えたからである。「プロレタリアートはいかなる困難も感じることなく、この理論を理解することができる。なぜならそれはごく単純に、彼らが日常的に経験していること、すなわち階級的搾取にかんする科学的理論だからである[48]」

この立場の変更によってマルクスは認識論的切断を行うことができた。つまり先行する科学理論である古

（48）Louis Althusser, *Positions*,p.52, Editions sociales, 1976.（ルイ・アルチュセール『国家とイデオロギー』西川長夫訳、一五五頁、福村出版、一九七五年）

典派経済学を、それが基盤にし、そこから問いを発し、思考し、答えを導き出すプロブレマティックを、イデオロギーを徹底的に批判する認識論切断を行ったのである。新しい科学の創設の条件は、自身が当初所属した先行するイデオロギーに対する徹底的な批判である。それによって問わねばならない対象にまとわりついたイデオロギー的外皮が剥がれ落ち「対象そのもの」が鮮明に立ち現れる。こうした「立場の変更」と「批判」という実践がマルクスを新たな科学の創設へと導いたのだ。

剰余価値、すなわち搾取という現実、そして階級闘争という歴史の原動力、マルクスはこれらを自己の理論の対象とした。こうしたことをマルクスに可能にしたのは、自己の立場をプロレタリアートのそれへと移行させたからである。「階級社会のように必然的に葛藤を含む現実の中では、ひとはあらゆる位置からすべてを見ることはできないし、葛藤それ自体の中である一定の立場を取り、それ以外の立場を取らないという条件のもとではじめて、葛藤を含む現実の本質を見いだせるのだ[49]。」

理論的反人間主義

アルチュセールは、マルクスに生じたこのような事情がフロイトにも生じていたと見ている。「フロイト理論は闘争性という面でマルクス主義理論と同じような状況に置かれているのだ。／実際フロイトは、無意識の理論を樹立することによって、哲学的、そして心理的そして倫理的なイデオロギーの大きな弱点に触れた

(49) Louis Althusser, *Ecrits sur la psychanalyse*, p.233.（ルイ・アルチュセール『フロイトとラカン』、二五三頁）

のである。無意識とその効果を発見したフロイトは、『意識』によって統一性が保証される、あるいは完成されいる『主体』としての『人間』に関する『自然的』で『自然発生的』なある種の考え方を批判したのだ[50]。」

フロイトは精神分析を打ち建てることによってそれまで存在してきた心的現象に対する素朴な観念を批判した。既成のイデオロギー（人間主義）が基盤にしてきた「意識の哲学」というプロブレマティックをその根底から覆す理論を提示したのだ。一方、マルクスは古典派経済学を批判することによって新たな地平を切り拓いた。両者の理論実践において共通する何かがあるとアルチュセールは考える。

実際は、この比較は一見そう思われるほど恣意的なものではない。意識によって統一性が保証される、あるいは完成される主体としての人間というイデオロギーは、いい加減な断片的イデオロギーではなく、とりもなおさずブルジョア・イデオロギーの哲学的形態にほかならない。このイデオロギーは五世紀にわたって歴史を支配してきたし、現在ではかつてほどの勢力をもっていないにしても、観念論哲学の広い領域においていまだに支配的であり、心理学、倫理学、そして経済学にいたるまでその暗黙の哲学を構成している[51]。

再度、マルクスに戻ろう。古典派経済学が基礎にしていたプロブレマティックとは何か。経済学という科学の対象は事実の自明さをもつ「経済的事実」の領域である。経済的事実の領域とは、等質的領域であり、

（50）*Ibid.*,p.236.（同前、二五六頁）
（51）*Ibid.*,p.237.（同前、二五七頁）

それは「直接に見たり観察したりできる」ゆえに「それらを把握するには、予めそれらの概念を理論的に構築するにはおよばない[52]」もの、つまり直接的な所与である。だからスミスとリカードは「価値の量ばかりを考慮して、価値形式の分析を犠牲にした[53]」のである。

さらには、ホモ・エコノミクス（経済的人間）という人間学的イデオロギーである。「経済学は、人間主体の欲求（または「功利」）があたかも経済的事実の起源であるかのようにみなす。だから経済学は交換価値を使用価値に還元し、使用価値（古典派経済学の言い回しを借りれば「富」）を人間の欲求に還元しがちである[54]。」

そしてもう一つは、人間労働を純粋な創造的活動とみなす人間主義、「労働はあらゆる富とあらゆる文化の源泉である[55]」というイデオロギーであり、アルチュセールはそれを「労働の観念論」と言う。

マルクスは、このような古典派経済学が地盤としていたものとは別の地盤で思考した。その現れの一つが、アルチュセールが強調する理論的反人間主義である。この立場をとることによって、労働も特別崇高なもの（人間の類的本質！）とはみなさず、物質的で経済的な実在形態として捉えることができたのである。その結果、「労働の価値」ではなく「労働力の価値」であるということを、そして剰余価値を発見することができたのだ。科学理論においては能うかぎりの形式化は必要なことである。数学はその見本である。形式化によってイデオロギーからの離脱が可能になるからだ。

マルクスが理論的反人間主義の立場をとる理由はもう一つある。実際のところ、人間は、資本主義的生産

（52）Louis Althusser, *Lire le Capital*, p.367.（ルイ・アルチュセール『資本論を読む』、下・一九八頁）
（53）*Ibid.*,p.367.（同前、一九九頁）
（54）*Ibid.*,p.368.（同前、二〇〇頁）
（55）*Ibid.*,p.380.（同前、二一八頁）

関係、つまり搾取関係においては、生産の担い手という単純な機能に還元される。マルクスはそのことを見抜き、人間を単なる物質的な経済的実在機能として認識したが、しかしそのような認識があろうとなかろうと、現実の資本主義においては人間はそのような扱いを日々受けている。だが、ブルジョア・イデオロギーの側からはその現実が見えない。ブルジョアジーは、階級なるものも存在しない、それゆえ階級闘争も存在しない、みな自由で平等な存在であるというブルジョア・イデオロギーを唱え、ふりまく階級闘争を不断に実践し続ける。学者たちはそれを補完し強化するために動員され、そしてプロレタリアートたちはそれが「真理」であると教え込まれ、洗脳される。ところが、事実として階級も階級闘争もつねにすでに存在し、搾取も行われ、その犠牲になっているのはプロレタリアートである。にもかかわらず、ブルジョア・イデオロギーの中にいるかぎりそれは見えない、見えなくさせられている。

しかし、マルクスはみずからの立場を変更し、そこからブルジョア・イデオロギーを批判し、突破した。これによって階級闘争と搾取の存在を白日のもとにおくことができたのである。

この意識ある主体というイデオロギーが古典的な《経済学》理論の暗黙の哲学だったこと、マルクスが「経済的人間」という観念を否定しながら批判したのがこの哲学の「経済的」解釈だった、ということをあらためて指摘しておく方がより重要であろう。「経済的人間」という観念においては、人間はみずからの欲求を意識する主体として規定され、この欲求の主体はあらゆる社会を構成する最終的な要素として規定されるのである。みずからの欲求の主体としての人間という観念によって社会が最終的に説明されるばかりでなく、同時にきわめて重要なことだが、主体としての人間、つまり自己と同一であり、自己によって同一化できる、とりわけ自己意識という典型的な「自己への依拠」によって同一化できる統一体としての人間もまた、その観念によって説明されうるのだという考え方をマルクスは否定した。人間をその自己意識によって判断するな！　というのが唯物論の黄金律なのだ[56]。

マルクスとフロイトには同じような事情が存在するどころではない。両者が批判し、のりこえていったその対象＝敵は、まさに同一のものだったのだ。「自己意識をもった主体という哲学的カテゴリーが、当然のことのように倫理学と心理学をめぐるブルジョア的な考え方のなかに具現化される[57]。」既存の倫理学や心理学は経済学が基盤にしていたプロブレマティック、人間主義的イデオロギーである。前述したようにフロイトにおいても、心理学は、彼が真正面から対決することになったものであったし、倫理学なども、例えば性理論や小児性欲論など既存の道徳を壊乱する説を打ち出した彼に対して、猛烈な抵抗を示した。しかし、「意識のイデオロギー的優越性については、フロイトは容赦しなかった[58]。」

あるいは、かつてフロイトに対し猛烈な抵抗を示した倫理学は、資本主義経済にとって不可欠なものとなっている。「倫理学にとっては、自己意識をもった主体、つまりみずからの行為に責任をもつ主体が必要だということは納得できる。それは、主体が諸々の規範に従うよう『良心において』強いることができるようにするためであり、規範は暴力で強制しない方がより『経済的』なのだ[59]。」アルチュセールはイデオロギー論の中で、支配階級が社会構成体を円滑に維持しようとすれば、軍隊や警察などの暴力（抑圧）装置を発動

（56）Louis Althusser, *Ecrits sur la psychanalyse*, pp.237-8.（ルイ・アルチュセール『フロイトとラカン』、二五七頁）
（57）*Ibid.*,p.238.（同前、二五七頁）
（58）*Ibid.*,p.244.（同前、二六四頁）
（59）*Ibid.*,p.238.（同前、二六七頁）

させるだけでは不可能であり、イデオロギー的な側面でも、体制を自発的に支える主体の再生産は不可欠であることを説いたが、ブルジョア倫理学もその役割を担ってきた。フロイトは、倫理学の根幹にある「責任を担う主体」が前提とした、中心と統一性のある自己意識を持つ主体というプロブレマティックを根底から覆してしまったのである。マルクスも経済学の領域を探究していく中でそれと対峙することになる。「マルクスがブルジョア・イデオロギーの空想的な統一性や、ブルジョア・イデオロギーが機能するために必要とする結果として意識のうちに生み出す統一性の幻想を解体したとき、彼の激しい批判が向けられたのがこの統一性ということだった(60)。」

このように、マルクスもフロイトも敵との格闘の中でみずからの理論を鍛え上げ、新たな科学的地平へと到達したのだった。「フロイト理論にそなわる必然的な闘争性に基盤にあるのは、この弁証法に他ならない(61)。」弁証法とは、このような闘争関係の中での理論の生成変化の様を指し示しているのである。フロイトはこの弁証法をマルクスよりもさらに激しく行った、とアルチュセールは言うのだ。

フロイトもマルクス同様、このような新たなプロブレマティックに到達した。では、なぜそれができたのか。マルクス自身は知識人というブルジョア的立場からプロレタリアートの立場へと移行することによって、である。「知識人は、彼のそれ以前の立場を変化させ、ものごとを見きわめることを可能にするプロレタリアートの階級闘争によって教育されてはじめて、プロレタリアートの有機的な知識人になれる(62)。」では、フロイトはどうなのか。アルチュセールは興味深い指摘を行っている。「フロイトが意識の諸問題

(60) *Ibid.*,p.239.(同前、二五九頁)
(61) *Ibid.*,p.237.(同前、二五六頁)
(62) *Ibid.*, pp.242-243.(同前、二六二頁)

にたいして立場を変え、生理学や医学と袂を分かったのは、彼がみずからのヒステリー患者たちによって教育されたからである[63]。」

新たなプロブレマティックへの到達は、別のプロブレマティックで思考する者たちとの出会いによって成し遂げられる。アルチュセールが強調するのは、フロイトもマルクスも行った、このダイナミックなプロブレマティックの移行、それを呼び込む立場の変更という実践である。この実践なくして新たな科学は創設され得なかったということである。この実践を通してフロイトは精神分析理論の創設へと導かれた。しかもマルクスと共鳴するような地平へと到達した。「主体の分裂と、意識や自我にたいする心的装置の脱中心化は、革命的な自我の理論と並行する[64]」一方、マルクスも独自の理論活動においてフロイトと同一の地平に立っていた。「あらゆる社会構成体を中心のない諸審級のシステムとして思考し得るために、社会の本質を統一され、中心化された全体と捉えていたブルジョア・イデオロギーの神話を放棄するであろうとき、その昔、マルクスによって導入された革命のことを思い浮かべざるを得ない[65]。」

マルクスとフロイトはきわめて似ている。何ゆえにこのようなことが起こるのか。最初に戻ろう。彼らはともに唯物論者である。二人は「思考や意識の外部に現実が存在する」という唯物論の大原則を貫いたのだ。「マルクスとフロイトは何も発明していない。二人が生み出した理論の対象は彼らの発見以前からすでに存在していたからである。ではいったい、彼らは何をもたらしたのか。それは対象、およびその限界と延長を定義したことであり、対象の条件と存在形態と結果を特徴づけたことであり、対象を把握し、それに働きか

(63) *Ibid.*,p.243.(同前、二六二頁)
(64) *Ibid.*,p.245.(同前、二六四頁)
(65) *Ibid.*,p.245.(同前、二六四頁)

けるためにどんな要件を満たさなければならないか定式化したことである。要するに対象に関する理論、あるいはそのような理論の最初の形をもたらしたのである[(66)]。」

マルクスもフロイトも何も発見していない。階級闘争も、搾取も、無意識も彼ら以前に存在していたのだ。彼らがやったことは、それらを対象にする真の意味での科学的な理論を打ち立てたことである。それまで存在してきたイデオロギー的偏見を批判し、打破する認識論的切断を経ることによって、新たな科学の地平を呼び込んだのである。科学的な対象はつねに思考の外部に存在する。ひとの自然な思考の中にある「対象」は科学的な意味で十全な対象ではない。それはイデオロギー的に汚染された「対象」にすぎない。だから真の対象に迫らねばならない。これが彼らに共通する唯物論的な立場である。

(66) *Ibid.*,p.227.(同前、二四七頁)

第2章 イデオロギーと行為

はじめに行為ありき

六八年五月の喧騒がその余韻を残す一九七〇年、アルチュセールはあらためて問う。イデオロギーとは何か、と。

「イデオロギーと国家のイデオロギー諸装置」はその時点での回答である[1]。六八年五月の叛乱は大学というイデオロギー装置から社会全体へと広がったのだった。

伝統的なマルクス主義は言う。イデオロギーは人間たちの現実の生活諸過程の反映・反響でしかないのだから、イデオロギーには歴史はない。真に歴史を持つのは人々の具体的な物質的な生産活動、すなわち経済的な下部構造である。これに対してアルチュセールは言う。上部構造は下部構造に対し相対的に自律してお

(1) Louis Althusser, *Sur la reproduction*,(ルイ・アルチュセール『再生産について』、下)ラカンとの「決別」(一九七六年)は、この段階ではまだなされていなかった。

り、ときとしてそれに影響を及ぼすことさえある。さらにはその時代にはその時代固有のイデオロギーが存在するのであり、それゆえイデオロギーにも歴史があると言える。だが、イデオロギーには歴史を貫いて変わることがないイデオロギー一般の構造がある。だから、イデオロギーには、やはり歴史はない。

伝統的なマルクス主義は言う。イデオロギーは幻想、虚偽意識である。人間に事物を正しく認識できる能力があったとしても、イデオロギーはこれを阻害し、現実を覆い隠す。そこでアルチュセールは述べる。「イデオロギーは諸個人が彼らの現実的諸条件に対して持つ想像的な関係の表象である[2]」と。イデオロギーはアルチュセールにおいてもやはり「想像的な関係の表象」、いわば間違った認識である。「『彼は想像的な世界に浸かっているのだ』と言うように、プラトンからスピノザにいたるまでの哲学的、神学的伝統によれば、想像的なものはわれわれを騙すものとされているだろう[3]。」事物のありのままの姿は想像的な認識の壁によって阻まれ、われわれにはその歪像だけが届けられる。

だが、われわれはイデオロギーから逃れられない。人間は「イデオロギー的動物である[4]」からだ。真理とてやはりイデオロギーの一種にすぎないが、とはいえ、どの時代においても人間たちは真理を必要とし、真理はそれを「真理」と崇める者たちにとって疑う余地なく真理である。だから、イデオロギーは虚偽意識であると単純に言い放つこともできない。

アルチュセールがイデオロギーについて語るとき、つねに念頭にあるのは――マルクスと同様に――宗教

（2）*Ibid.*,p.296.（ルイ・アルチュセール『再生産について』、下・二一五頁）
（3）Philippe Julien, *Pour lire Jacques Lacan*. p.48, E.P.E.L. 1990.（フィリップ・ジュリアン『ラカン、フロイトへの回帰』向井雅明訳、四一頁、誠信書房、二〇〇二年）
（4）Louis Althusser, *Sur la philosophie*, *p.70*.（ルイ・アルチュセール『哲学について』、八四頁）

や哲学である。それらはまさに観念的・精神的なものである。そのときアルチュセールはひときわ目を見張るテーゼを示す。「イデオロギーは物質的な存在を持つ[5]。」イデオロギーは物質的な性質を有していると言うのだ。イデオロギーは観念的なものでありながらも、物質的なものでもある、と。われわれを当惑させる中で、さらに畳みかけるようにアルチュセールは一つの例を示す。

パスカルはほぼこのようなことを述べた。神を信じられない者が、それでもみなと同じように神を信じられるようになりたい、どうすればよいかと尋ねてきたら、このように言ってあげなさい。「ひざまずき、唇を動かして、祈りの言葉を唱えなさい。そうすれば、あなたは神を信じるだろう[6]。」

宗教的イデオロギーであれば、神に祈るのは神への信仰があればこそ、である。宗教だけではない。人間の行為は、頭の中に何らかの観念が予めあり、それに従ってなされるはずなのだ。アルチュセールとパスカルは、こうしたわれわれの素朴な考えを逆転させる。観念は、むしろ身体的な行為から生まれる。はじめに行為ありき。アルチュセールの名を思想史に刻み込んだイデオロギー論において示された、観念（＝イデオロギー）に対する身体行為の先行性は、われわれの素朴な観念、すなわち「イデオロギーのイデオロギー[7]」を転覆する。とはいえ、アルチュセールの述べることは、われわれの日常を反省してみれば、さほど突飛ではない。

イデオロギーは家族、学校、教会、企業、マスメディア、政党、等々の各種のイデオロギー装置によってわれわれに住み着く。われわれはイデオロギー装置の中に投入され、その中でイデオロギーに則した行為を

（5）Louis Althusser, *Sur la reproduction*, p.298.（ルイ・アルチュセール『再生産について』、下・二二九頁）
（6）*Ibid.*,p.301.（同前、二二四頁）
（7）*Ibid.*,p.300.（同前、二二四頁）

繰り返すことで、そのイデオロギーを担う主体、イデオロギーの追従者となる。だが往々にして、新たなイデオロギー装置に入ったそのはじまりにおいては、イデオロギーに沿った的確な行為は容易くない。しかし、アルチュセールとパスカルとともにこう言うのだ。そのイデオロギーを信じられなくてもよい、ただ信じているふりをすれば。何も考えず、さも信じているかのように装い、行為しなさい。そうすればいつの間にかイデオロギーはあなたに住み着き、あなたはそのイデオロギーの信仰者となっているだろう。「イデオロギーはつねにひとつの装置の中に、さらにはその装置の実践、あるいは諸実践の中に、存在する[8]。」イデオロギーはむしろ身体的な行為という物質的なものの中に住み着き、そして精神に浸透していく。

意識せずに――まさに無意識裡に――遂行される身体的行為によってイデオロギーはわれわれに宿り、われわれはイデオロギーの主体となる。しかしなぜ、このようなことが起こるのか。

イデオロギーに対する身体的行為の先行性、ここにはどのような機制が働いているのか。この問題を探求していかねばならない。それには、イデオロギー論を展開するにあたってアルチュセールが着想を得たと言われるジャック・ラカンの精神分析理論、これに立ち戻ることである。ラカンは精神分析家として、日々の臨床において精神的病に苦しむ人々に接し、精神の病がときとして身体的症状として表出する事態に直面していた。彼にはこれを理解するための理論が必要だった。身体論を含むラカンの精神分析理論は、こうした要請に応えるために生み出されたのである。

ここからの議論は、アルチュセールが踏み込まなかった領野である。アルチュセールはたしかにテーゼを提示した、つまり「はじまり」は示したのである。そのことのみがアルチュセールが自己に課した任務であ

（8）*Ibid.*,p.299.（同前、二二一頁）

るゆえ、それ以上は進み出なかった。ならば、アルチュセールの示したテーゼを受けて、これを検証する作業をここで行ってみようではないか。アルチュセールがそうしたように、精神分析に依拠しながら、さらにその深部へと入り込み、アルチュセールが見ることができなかった領野を切り拓くことを企ててみよう。

身体イメージとしての身体

ラカンの身体論は、まずはラカンの代名詞ともなっている鏡像段階論の中で示される。鏡像段階論は自我の形成を論じると同時に想像的なもの（想像界）を説明する。

ラカン精神分析理論は人間のある特性に注目する。人間は他の動物に比べ完全な感覚的・運動的調和を持って生まれてこない。それゆえ、みずからのおかれている環境を感覚的につかむこともできなければ、自己の身体も統一性のあるものとして認識することもできない。「寸断された身体」、四肢がバラバラに切り離されたように知覚された状態である。また、自己の身体と周囲の環境との境界も曖昧であるゆえ、自分を保護する母の身体と自己の身体との区別もできない。ところが、生後六ヶ月から十八ヶ月の間に劇的な出来事が到来する。

鏡の前に置かれた子供は、当初、自己の鏡像と現実を混同し、鏡の背後や鏡を支えている大人をつかもうとする。しかし、やがてそれは鏡像であり、自分の特徴をいくつか備えていることを発見し、ついにその鏡像は自分自身のものであることを悟る。そのとき、それまで漠然としてつかむことができなかった身体は、統一性を有したまとまりへと一挙に飛躍をとげる。その瞬間、子供は歓喜の声を上げる。

注目すべきは、子供が鏡に映った像は自己像であると知るとき、「自我」が同時に形成されることである。一般的には精神の一部と考えられている自我は、自己の身体像、つまり身体イメージを認識することではじめて確立されるのだ。というよりむしろ、自我とは身体イメージそのものなのである。

人間はみずからの身体を器官的に支配するよりも先に、その全体像を視覚によって想像的に先取りする。生物学的支配に対する視覚による想像的支配の先行性、この鏡像段階で示されるイメージの捕獲こそ、想像界の特徴である。

確認すべきは、われわれにとっての身体とは何よりもまず身体イメージであるということである。人間にとっての身体とは、私の外部にある鏡に映った像、他のもの、他者なのだ。それゆえ、われわれが日々感じている内部から知覚される身体感覚も、この自己の身体イメージからもたらされたもの、外から到来したものである。「私」が確立されていない者が自分を外部に映し出すことなどできないからである。外部の像＝イメージが前主体的存在の場に到来し、そのイメージに同一化することで自我が構成され、身体知覚を有した主体が立ち現れるのである。ラカンは言う。「主体は自己感覚の中で他者のイメージに同一化する。そして他者のイメージは主体においてこの感覚を捕獲するのである[9]。」

鏡像に同一化することで自我が生起する、これによって伝統的な心理学的図式は二つの意味で転倒されることになる。一つには、この同一化は、意識が形成される以前であるゆえに無意識的であるということ、さらには因果関係の逆転である。自我の原因は鏡像という対象にあり、能動的なものであると見なされてきた自我は、実はそのはじめから受動性を本質としているということである。

（9）Jacques Lacan, *Ecrits*, p.181.（ジャック・ラカン『エクリ I』二四頁）

これはわれわれの一般通念を含めた伝統的哲学における心身観に対する根底的な批判ともなる。プラトンが「魂は肉体という牢獄の中に捕らえられている」と述べて以来、精神と身体は異なる属性を持ったまったく異なる領域のものであると考えられてきた。さらに精神に優位性を与え、それに従属するのが身体である、と。ところが、ラカンは、身体とはあくまでも自己の身体イメージであり、この身体イメージこそ、自我なのだと言ったのである。

外部にある鏡像によってはじめて自我が確立されるのであれば、鏡像こそが自己に対する支配権を有することになる。疎外である。自我の誕生は疎外に起源を持つ。疎外は永遠に克服されることはなく、自我が終生持ち続ける特性となる。

さらには、ここで形成された想像的関係は「お前か、私か」という双数的・敵対的な duel 関係がせめぎ合う不安定性がたえず支配する。だが、自我の形成は、みずからの鏡像によって魅惑され、疎外されることによってしかはじまらない。人間は自己の鏡像という他者に同一化し、他者をまとうことではじめて自己を認定できるが、しかしそれは自己の起源そのものが他者に奪われていることでもある。

寸断された身体と、みずからを同一化させている自律的な身体像との裂け目に基づく葛藤がつねに自我につきまとう。このような事態が、自我が生来もち続けることになるナルシシズムと攻撃性の源泉となる。ナルシシズムとは、全体性と自律性を持つ自己の身体像、あるいはそれらを与えてくれる理想像に愛着を持つことである。この像と理想像は自分であるゆえに、自分を愛することである。それに対して攻撃性とは、自己の主人性をめぐる鏡像＝他者との双数的・敵対的関係における争いを繰り広げる性質である。

当然のことながら人間の認識もまた視覚によって他者の空間に捕えられ、魅了されることによってはじまる。他者の空間にあるイメージに捕獲され、イメージになることで「私」になる。それゆえ人間の認識はその起源からパラノイア的（妄想的）なのだ。

鏡像段階は人生の一時期のみに生じるのではなく、ここで展開される構図が終生反復される。それゆえ、自己を認識するためにはつねに他者という鏡が必要となる。自己の鏡像はプレグナントな姿、「美しい形態」を有し、他者の場から私を魅了し、私を構成する。揺れ動く自我は、つねにこの他者の場を必要とし、その場で自己を構成し続けねばならない。

ただ、自我を構成するイメージは何でも構わないというわけではない。それらは憎悪や不快なものの無視といった情動をかきたてるイメージであり、そうしたイメージが次々と出現し、それらが層状に配列・構造化されたものが自我なのである。自我がその中でみずからの姿を認めることができるようなイメージ、自分と似た他者の人物像がその形姿を、熱情を伴って想起させるようなイメージが選択されるのである。

このような自己の鏡像の認識は実際の社会における他者の認識に重なっていき、自分に似た他者（同類）との比較、同定、競合、支配に投影されることになる。こうした確認作業の繰り返しによって自己の同一性が確保される。「私」の同一性が継続している間、他者への自己疎外も続いているということなのだ。それゆえ、自我は動揺に曝され続けることになる。ここに安定性をもたらすのが象徴界である[10]。

（10）鏡像段階論はエディプス・コンプレックスを別の角度から述べたものである。ここでエディプス・コンプレックスの構図を確認しておく。人間は完全な感覚的・運動的調和を欠いたいわば未熟児の状態で生まれてくるがゆえに、産み落とされるやいなや他者に依存せざるを得ない。その他者は、われわれの文化では多くの場合母である。母は、子供に対し誕生直後から食物を与え保護し救済してくれる他者、人間にとってのはじめての他者である。人間の生存の可能性は、母という他者とのやりとりにすべてかかっている。
例えば、空腹感等の内的緊張にみまわれた子供は、それを取り除くために泣き声を発するが、当初それは単なる物理的な音にすぎない。ところが、それを受け取る母は、子供からの何らかの「要求」であると、みずからの「欲望」に基づいて解釈し、子供に返答する。このやりとりが反復されると、それまで単なる音にすぎなかった泣き声が「意味」を帯びるようになる。子供は生物学的な必要性、すなわち「欲求」に迫られそれを充足するには、いったん言語を媒介にして他者に要求せねばならないことを学ぶのである。

この返答の中に書き込まれている「欠如」が「欲望」である。欲望とは欠けたものを補うこと、あるいは欠如の印そのものである。このように欲望はつねに他者を媒介にすることによってしか具体的な形は与えられない。それに対して欲求は生物学的な必要性であるから、言語を介してそれを充たす人間においては他の動物のようなものとしては存在しない。それゆえ人間には正確な意味での欲求は存在しないことになる。欲求は不足分を満たせば満足があり得るのに対し、欲望は限度を知らない。

要求は子供から母に対してだけでなく、排便の躾などのように母からもたらされることもある。要求と返答が一致しているとき、子供は母の欲望の対象は自分であると感じている。母の欲望の対象であるということは、子供が母の欠如を満たすものであるということだ。この時点で欠けているものを「想像的ファルス」と言い、ラカンはこれをφと表記する。それは、子供が想像する他者の欲望の対象である。子供はこのファルスに同一化し母の欲望の対象になる。そのとき子供の存在が確保される。この時点では、要求と欲望は混同されており、さらには、「母＝私」というように、その主語＝主体も曖昧である。ラカンは母と子供のこのような密接な結びつきを近親相姦的癒着関係と表現した。子供にとってはすべてが満たされた至福の時間である。

しかし、実際、母はみずからの生活のすべてを育児に捧げることはできないから、要求が期待はずれになるという、要求と返答の不一致は必ず起こり得る。しかし、この事態は子供にとって理解もできなければ、いったん確保されたおのれの存在が無に帰せられる危険に直面する事態でもある。そのとき子供は、母の欲望の彼方に別の次元があるのではないかと考える。母は自分以外のものを欲望している、母の欲望の対象は他にあることを察知するのだ。

しかし、母との癒着関係におかれている子供には、「母の欲望の対象とは何か」という問いに対する答えをこの次元では見出せない。答えを見出せないことが、子供を言語に誘うことになる。

言語の次元は母の欲望を充たす父の次元である。父は母の欠如を充たす「象徴的ファルス」（Φと表記する）

を所持する。子供は、母のファルスとしてはもはや消えゆくしかない自己の存在を確保するために、父を理想像として仕立てそれに同一化し、父のように象徴的ファルスを持つことを選択するしかない。だが、象徴的ファルスは母の欠如を示す印にすぎず、母との想像的な関係の次元において自分の存在の場所を示す印を置き換えた印でしかない。それゆえ内宰＝意味は依然不明である。この次元の父を〈他者〉Autre と言い、他者 autre のように子供との癒着関係の中に消え去らない絶対的な〈他のもの〉、その関係の彼岸にある〈他の場〉、言語の場である。この次元を「象徴界」と言い、象徴界はシニフィアンの宝庫であり、言語という象徴、契約そのものでしかない言語が織りなす領野である。

この場で示されている言語は何かを指し示しつつも、しかし言語記号ではない。言語記号は何らかの意味（シニフィエ）を持っているからだ。そこでラカンはこの印を言語記号ではなく、シニフィアンとした。通常の言語記号はシニフィアンとシニフィエが合一したものとしてあるが、象徴的ファルスというシニフィアンはシニフィエ（意味）を持たない純粋なシニフィアンである。

人間主体はおのれの存在が消失しかけようとしているとき、言語の領野へと飛躍する。言語は私の存在を象徴的に示してくれる。それゆえこの領域を象徴界と言うのだ。固有名詞でも、「僕」でも「私」でもかまわない。とりあえずその語にしがみつくことで主体の存在は、言語の領域では確保される。しかしなぜその語であるのか、あるいはその語が本当に私の存在を示すものなのかは主体自身には分からない、意味不明なのである。それゆえ象徴界には意味はない。主体にとっていつまでもよそよそしく疎ましいのが象徴界なのである。それゆえ、象徴界は結果的に主体を母との想像的癒着関係から引き離すことになる。

シニフィエを欠いている象徴的ファルスではおのれの存在は不確定なままである。そこには単に欠如しか印されていないからである。そこで主体は別のシニフィアンにそれを置き換えるが、それでも不確定なままで、さらなる置き換えを次々に繰り返していく。主体の存在の意味（シニフィエ）はこのように「シニフィアンの連鎖」に回送されることになる。しかし私の存在についての十全な意味は永遠に示されることはない。

このシニフィアンの連鎖に回送されていくこと、すなわち言語に置き換えていくことが、欲望すること、欠如を埋めようとすることである。それはまた、「思考すること」でもある。「母＝私の欲望の対象とは何か」、「私の存在、その意味はどこにあるのか」という問いに答えを与えようとすることなのだ。

この象徴的な次元は、精神分析のいう「去勢」（$-\varphi$）を主体に課す次元でもある。母との近親相姦的な癒着関係を断ち切り、子供が母のファルスであることを断念させ、ファルスを所持するのは父のみであることを主体に通告し、母からファルスを取り上げ、主体が母と結びつくことを禁じるのだ。

主体が出現するのは、ここである。みずからの存在の意味を失い、さまよい続けねばならなくなったそのとき、主体は現れ出る。「主体とは、一つのシニフィアンが別のシニフィアンに対して代理＝表象するものである」とラカンは言う。記号が誰かに対し何かを示すものであるのに対して、シニフィアンは他のシニフィアンに対して主体を表現するものである。それゆえ主体の意味（シニフィエ）はシニフィアンの連鎖に回送されていく間で束の間、垣間見られては消失するものでしかない。だが、このように象徴界に参入することによって主体の欲望は秩序づけられる。われわれが唯一生存できるこの世界は言語の世界である。言語を操ることができるとは欲望することであり、欲望することでわれわれはみずからが唯一経験できる言語世界の主体となる。

以上のような一連の過程がエディプス・コンプレックスであり、自我の一部がこれを引き継ぎ、超自我となる。超自我はエディプス的葛藤が解決されたことを示す心的審級である。超自我は自我に対し「おまえは父のようにあらねばならない」「おまえは父のようにしてはならない」という両義的な二つの命令を発する。前者の禁止の命令によって主体は、母と合一した状態、すべてが充たされた状態を断念せねばならない。そして、後者の命令は批判として自我が受け取り、罪悪感を持つことになる。超自我の命令に背こうとするがゆえに批判されるのである。フロイトはエディプス・コンプレックスが克服され、超自我からの命令を受け入れ脱性化されることによって、個人における良心や道徳が発生すると述べる。

自我理想

鏡の前に置かれた子供は、鏡に映った自己像を認める。そのとき自己の鏡像は「理想自我」と言われる。まさに私を魅了する理想として映し出された自己のイメージである。

この自己像を認めたとき子供は、背後にいる大人（例えば子育てに従事する母）の方に振り向く。みずからが認めた鏡像がたしかに自分の像（イメージ）であることを背後の大人から承認してもらうために、である。そのときこの大人は子供にとっては自己に癒着することなどない絶対的な存在、〈他者〉Autre であり、想像的な緊張関係を緩和し安定をもたらしてくれる絶対的な存在である。主体の想像的思考をはるかに凌駕し、その彼岸にあるものだ。だからこそ、〈他者〉は自分の存在を保証し、未来を開いてくれる。〈他者〉に対する子供の圧倒的な信頼があるからこそ、それは成り立つ。〈他者〉は自己の存在を確定してくれるはずのものなのだ。そして子供は私に対する承認の印を〈他者〉に要求する。〈他者〉に対し承認の言葉（パロール）を求め、あるいは〈他者〉のまなざしの中に承認の印を探すのである。

かくして、子供は絶対的存在である〈他者〉が存在する場に同一化することになる。そこから自分を見つめ、自分自身のイメージを獲得しようとする。〈他者〉の地点に立っておのれが愛される者なのか、欲望される者であるのかを評価するのだ。

〈他者〉のこの地点から与えられる印が「自我理想」であり、主体が、そこから自己を見るところである。ラカンは言う。「自我理想の点は、主体がそこから自分を見るようになる点です。それは、ちょうど『ひとの目から見るように』と言われるようなことです[11]。」一方、理想自我は主体から見た自己であり、これが想像的なものであるのに対して、自我理想は象徴的な領域に属する。この自我理想から自己の身体を見つめみずからの身体像を同定するとき、象徴界が身体に刻み込まれる。

例えば日々の生活の中で、親や常識、マスコミを盲信するわれわれの中では自我理想の機制が働いている。われわれは生を送る中で様々なイデオロギーの担い手となっていくとき、そこには自我理想に対する「信仰」が深く関わっているのだ。

おのれの存在の承認を求めて背後の〈他者〉の方に振り向く、ここで想起してしまうのは、アルチュセールがイデオロギー論で持ち出す一つの例である。街頭を歩いていると、背後から不意に警官に呼び止められ、そちらに振り向く。「このような一八〇度の単純な物理的回転によって、この個人は主体になる。なぜか。なぜなら彼は呼びかけが『まさしく』彼に向かってなされており、また『呼びかけられたのはまさしく彼である』（そして別の者ではない）ということを認めたからである[12]。」背後から国家権力を末端で担う警官から呼びかけられ、振り向く。振り向くという身体行為によって国家の主体へと変貌を遂げる。アルチュセールの議論とラカンのそれはここに類似以上の一致を示す。われわれは主体以前の行為を幼少から幾度となく反復するのだ。主体の再生産は日々の身体行為の反復を通して行われる。

ともあれ、自我理想の立場から自分自身を見るというのは、普遍的な立場から自分自身を見るということであり、それは自己を言語によって認識することにつながっていく。「私とは何か」という問いに対する答

（11）Jacques Lacan, *Le Séminaire XI.Les quatre concepts fondamentaux de la psychanalyse*. P.241, Seuil, 1973.（ジャック・ラカン『精神分析の四基本概念』小出浩之・新宮一成・鈴木國文・小川豊昭訳、三六頁、岩波書店、二〇〇〇年）

（12）Louis Althusser, *Sur la reproduction*, p.305.（ルイ・アルチュセール『再生産について』、下・一二三頁）

えを象徴的な次元で見出そうとすることなのだ。それは幼少期に意味も分らぬまま周りから聞かされ、見させられたことから構成されており、無意識の中に残存し、主体を支配する機制となって、自我を構成する。自我理想は複数のS1（第一のシニフィアン）で構成されており、S1は容易には意識化できないものとして主体の無意識の中に深く根を下ろしていく。S1は「主人（支配者）のシニフィアン」と呼ばれ、これによって主体はみずからの身体の支配を可能とする。また、身体だけではなく、あらゆるものの支配の根底にはこのS1がある。S1は「一の印 trait unaire」によってつくりだされたものである。

ここで確認すべきは、ひとは想像界から象徴界へと段階的に移行するのではなく、「最初から、象徴界はすでに想像界に重なり、想像界を決定する[13]」ということである。それゆえ、主体の身体イメージも最初から象徴界によって統制されており、象徴界がその骨格を形成する。つまり身体がシニフィアン化されることで自我＝身体イメージは構成されるということなのだ。鏡像段階における鏡の世界はすでに象徴的平面であり、ラカンはこれを「象徴的培地」と呼んだ。「主体は、もともと欲望のバラバラの寄せ集めです。これこそ『寸断された身体』という表現の本当の意味です[14]」とラカンが言うように、統一がもたらされる以前の身体イメージにも、すでにして象徴的なものが作用しているのだ。

これは当然の事態である。なぜなら、われわれは誰もが言語世界、すなわち象徴界に産み落とされるからだ。しかし、生まれた当初、象徴界はまったく理解不可能な意味のない世界である――その後も、象徴界そのものは主体にとって意味をもたらさない――が、生存のためにはこの世界に従属せざるを得ない。暗闇の

（13）Philippe Julien, *Pour lire Jacques Lacan*. p.67.（フィリップ・ジュリアン『ラカン、フロイトへの回帰』、六〇頁）

（14）Jacques Lacan, *Le Séminaire III. Les psychoses*, p.50, Seuil, 1981.（ジャック・ラカン『精神病』小出浩之・鈴木國文・河津芳照・笠原嘉訳、上　六三頁、岩波書店、一九八七年）

中、主体はみずからの生存を賭けて模索し、この世界を支配する法を想像的に予料＝先取りする。この段階から象徴界が主体の中に刻み込まれていくのであるが、しかしそれは主体の主観的な想像的予料＝先取りでしかないため、実に不安定な状態でしかない。ここに安定をもたらすのが象徴界を支える〈他者〉である。〈他者〉は主体の主観を超えているのと同時に、象徴的世界を主体にとって唯一生存可能な世界とする絶対的な他性を帯びたものである。

こうした〈他者〉に主体を導くのが自我理想であり、自我理想を構成するのが複数の「一の印」である。

一の印

「一の印」は、フロイトが臨床経験から得られた知見を基にしながら「集団心理学と自我の分析」において示した **einziger Zug** という概念に、ラカンがさらなる理論的練り上げを施したものである。「症状が突然現われて苦しむとき、以前も同じような苦しみを経験した過去をひとはすべて想い起こす。そして、周囲の状況がまったく違うにもかかわらず、それらの苦しみに共通した変わらぬ細部があることに気づく。この共通点は、個別の違いを超えて、いかなるシニフィアン的出来事の中でも反復される弁別的な印である(15)。」この弁別的な印が「一の印」である。

(15) J.-D. Nasio, *Enseignement de 7 concepts cruciaux de la psychanalyse*, p.187, Editions Rivages. 1988.（ジュアン＝ダヴィド・ナシオ『精神分析の7つのキーワード』榎本譲訳、一七三頁、新曜社、一九九〇年）

〈もの〉――子供にとって母と密接に結びついた至高の状態がかつてあったことを示すもの――が消失するとき、〈もの〉に向けられていた備給は同一化へと変換していく。この同一化とは、「部分的できわめて限定されたものにとどまり、対象となる人物のただ一つの特徴しか借りてこない[16]」ものであるとフロイトは言う。この「ただ一つの特徴」が一の印である。フロイトの患者ドラは父の咳を模倣していた。あるいは、恋人との別れを繰り返す者がかつての恋人たちのことを想起すると、相手の声の調子がどれもよく似通っていることに気づく。この特徴は無意識のものであるゆえ、主体には意識できない。このような自分では意識できない特徴が一の印である。

自己の身体像をみずからのものにするためには、一の印が〈他者〉の領野で捉えられねばならない。自己の鏡像を前にした子供は、承認の印を求めて背後にいる〈他者〉を振り返る。〈他者〉からもたらされる存在の承認は、愛される者としての承認である。〈他者〉からもたらされるこの印が一の印として機能する。

かつて自我の対象であった〈もの〉は、一の印が現れることでみずからは消え去りながらも線＝印traitとして刻印される。それゆえ一の印は現前のシニフィアンではなく、消去された不在のシニフィアンである。砂浜の足跡も「いったん消えるとシニフィアンに属するものになる。しかし（略）これがシニフィアンになるのは消されたからではなく、それが消された場所に私が×印を付けたり、消したことで私自身の痕跡を残したからである。現実には、三つの継起が区別される。痕跡、痕跡の消去、消去の印の三つである[17]。」

（16）Sigmund Freud, *Massenpsychologie und Ich-Analyse*. p.117, Gesammelte Werke XIII, 1921.（ジークムント・フロイト「集団心理学と自我分析」須藤訓任・藤野寛訳、『フロイト全集17』、一七五～一七六頁、岩波書店、二〇〇六年）
（17）J.-D. Nasio, *Cinq leçons sur la théorie de Jacques Lacan*, p.230, Editions Rivages. 1992.（ジュアン＝ダヴィド・ナシオ『ラカン理論　5つのレッスン』姉歯一彦・榎本譲・山崎冬太訳、二三三頁、三元社、一九九五年）

シニフィアンとは他のシニフィアンに対し主体を代理表象するものである。シニフィアンの連鎖の中で、ある特権的な位置を占めるのが「主人のシニフィアン」であり、それがS1である。S1とその他のシニフィアンであるS2との関係は示差的関係である。ところがこの示差性は一方の項の反対は他方の項であるというものではない。ジジェクは言う。「この最初の項の不在、すなわちこの項が登録されていた場所における空隙（この項が登録されていた場所に符合する空隙）なのである。そして他の対立する項の現前こそが、この最初の項の不在というこうした空隙を満たすのだ[18]。」

S1を構成する一の印は、消去され、失われた対象の場にもたらされる印である。つまり、〈もの〉が消去された後に、その場に到来する印なのだ。したがって一の印が表現するのは〈もの〉の消去されたその「痕跡」である。しかし、この痕跡は「主体」の存在根拠を示すものである。これを示すのは別の諸シニフィアンであるはずなのだが、別の諸シニフィアンによっても主体の存在は示されることはない。かくして、シニフィアンの連鎖は無限に続くことになる。

こうした機制によって主体には「数える」能力が与えられる。一の印は自然数列における0である。0は「0」と表記されるが、0は「何もない」ことである。0が一つの「何もない」という〈一〉として認められることで、数の連続が可能となる。「0とは、『自己自身と等しくない』という概念に帰属する基数である[19]」とフレーゲは言う。これと同様な事態が一の印にも起こる。消去という主体的行為によって〈一〉が

（18）Slavoj Žižek, *For they know not what they do*, p.22, Verso, 1991.（スラヴォイ・ジジェク『為すところを知らざればなり』鈴木一策訳、三五頁、みすず書房、一九九六年）

（19）Gottlob Frege, *Grundlagen der Arithmetik*, p.87, 1884.（G・フレーゲ『フレーゲ著作集2　算術の基礎』野本和幸・土屋俊・中川大・三平正明・渡辺大地訳、一三六頁、勁草書房、二〇〇一年）

刻印され、これによって主体は自分を数えることを可能にする。いや、むしろ「数え間違う」のである。0はやはり0なのだ。だが、本来数えられないものを数えてしまう、この数え間違いによって「主体」は生起する。

例えば幼児が「僕には三人の兄弟がいる。ポールとエルンストと僕」と自分自身を兄弟の数に含めて表現してしまうことがあれば、それは「考える主体、そこで自身を位置づける主体、そういう主体のいかなる形成よりも前に、何かが数え、何かが数えられ、その数えられたものの中に数えている人がすでに含まれている[20]」からである。

固有名詞は一の印の一つである。固有名詞が示すのは純粋な差異である。固有名詞は他言語に翻訳できない、言い換えられない何かを、他のシニフィアンでは表象できない何かを含む。主体は象徴界において名指される。しかし名指されることで主体そのものの存在は象徴界から消失する。だが、消去されることではじめて主体は名指されることになり、象徴界に住まうことができるようになる。

象徴的なものがもたらされないかぎり、主体の身体イメージは揺らぎ続ける。これに安定性をもたらすのが自我理想という〈他者〉の場であり、主体は自我理想から一の印を与えられ、これに同一化することで身体は象徴的な刻印を帯びる。「一の印の機能を決定しているのは〈他者〉の領野です[21]」とラカンは言う。一の印という象徴的な目印が想像的同一化を支えているのだ。身体イメージは子供が鏡像を認識する中でもたらされるが、子供が自己の身体イメージをわがものにし、内在化するためには一の印が現われ、〈他者〉

(20) Jacques Lacan, *Le Séminaire XI.Les quatre concepts fondamentaux de la psychanalyse*. p.24.（ジャック・ラカン『精神分析の四基本概念』、二五頁）
(21) *Ibid*.,p.231.（同前、二五頁）

の領域で捉えられる必要がある。背後にいる大人の方に振り向く中で与えられる印が、一の印として機能するのである。フィリップ・ジュリアンは言う。

> 主体はひとつのシニフィアンによって、〈他者〉の場に永遠に欠如したもうひとつのシニフィアンに対して表象されるものでしかないなら、どうして主体はみずからの場所を見出すことができるのか。両親の返答が与える印に頼る以外に、どうして彼はあの虚空を見出すことができるのだろう。実際、「原初の言葉は命令し、立法し、警告を発する。それは神託であり、現実的他者にその不可解な権威を与える」のである。
>
> こうしてこれらの権威と権力の徽章とか印は、欠けたシニフィアンによって残された起源的虚空を満たしにやってくる。そして主体はそこに同一化するのである。それらの印は主体を自我理想の形成へと疎外する。つまり一の印の全く潜在的で、可能な「存在する能力」の形成である。これが〈他者〉の裡にある主体の固有名詞、主体に独自なものである[22]。

一の印が臨床で具体的形象をもって現れるとき、咳、髭、表情、声の調子等といった、本人以外にとっては——いや、本人も意識上では——どうでもいいもの、つまり無意味なものである。なるほど、一の印には意味はない。そもそも象徴界だけでは主体に意味をもたらされることはない。意味は象徴界に想像界が重な

（22）Philippe Julien, *Pour lire Jacques Lacan.* p.158.（フィリップ・ジュリアン『ラカン、フロイトへの回帰』、一六二～一六三頁）

ることではじめてもたらされるのだ。言語によって織り成されている象徴界は、そもそも主体の理解を超えた世界である。なぜ「これ」を「この名」で呼ばねばならないのか分らぬまま投じられ、以後それを必然とする。「そうなのだから、そうなのだ」以上の理由も与えられぬまま、生が尽きるその日まで生きざる得ない世界、これがわれわれの生きる言語世界、象徴界なのだ。

こうした象徴界にわれわれを誘うのが一の印であるが、これは無意味なシニフィアンにすぎない。たとえ無意味なシニフィアンであろうとも、一の印との同一化がないかぎり身体には統一性が与えられず、また主体も誕生しない。無意味であるゆえ一の印はどのようなシニフィアンであってもかまわないのだが、しかし任意の何かを一の印として選択しこれに執着するところから主体の特異性、つまり症状が生まれ、主体を比類なき存在にする。「形象文字が一面に書かれた石を砂漠で見つけた、と考えてみてください。みなさんは、これらの文字を書くために、その背後に主体がいた、ということを一時も疑うことはないでしょう[(23)]」とラカンは言う。一つの印があれば、必ずその背後には印づけた主体が存在するはずなのだ。

結局、一の印は、われわれ自身に他ならず、主体が生の中で愛し失った諸対象の共通の特徴そのものである。愛される他者とは「私が愛する自分自身のイメージである。愛される身体の延長上にある一つの身体である。愛される他者とは、私が同一化する一つの反復的な特徴である[(24)]。」われわれは自我理想の場から自己を愛される者として見つめ、愛される他者に同一化することで、主体になるのである。

（23）Jacques Lacan, *Le Séminaire XI.Les quatre concepts fondamentaux de la psychanalyse*. p.181.（ジャック・ラカン『精神分析の四基本概念』、二六四頁）

（24）J.-D. Nasio, *Cinq leçons sur la théorie de Jacques Lacan*, p.181.（ジュアン＝ダヴィド・ナシオ『ラカン理論 5つのレッスン』、一一五頁）

「父親の咳」、「恋人たちの声の調子」というそこにある固有性こそは主体自身の固有性であり、主体の内奥に潜むアイデンティティであるが、主体はそれにまったく気づくことはない。主体は人生における様々な出来事を並べたて数え上げるとき、自分自身を考慮し計算に入れることができない。それらを数え上げる際、彼はおのれ自身のことは忘却してしまっているからである[25]。

このような一の印に同一化することによって、身体にシニフィアンが刻印され、シニフィアンとしての身体がここに誕生するのだが、それは身体が去勢されるということでもある。一の印は対象の消失、対象の断念を印すものであり、主体に象徴界を導入する。これによってわれわれは自分の主人（支配者）になるのと同時に、自分の身体を支配することが可能になる。そこに出現した想像的な身体イメージとしての身体はまとまりと統一性を有するが、それが形成されるのは「身体イメージの中の穴によってである。想像的なものは去勢が作用するかぎりで、そして想像的ファルスが差し引かれる（−φ）かぎりで一貫性を持つ[26]。」

幼児は、母との近親相姦的な癒着関係におかれているとき、自分を母の欲望の対象、すなわち想像的ファルス（φ）であるとみなしている。去勢とは主体に母の欲望の対象は他の地平にあることを悟らせることで、母とのこの関係を断ち切り、人間を自立した主体にするものである（−φ）。ここにおける母の欲望の対象が象徴的ファルス（Φ）であり、人間存在はこれを持つことを選択する。こうした象徴化能力を獲得したものこそ、主体である。

そもそも象徴化とは、あるものをそれとはまったく異なる別のものに置き換えることである。言うまでも

（25）Philippe Julien, *Pour lire Jacques Lacan*. p.164.（フィリップ・ジュリアン『ラカン、フロイトへの回帰』、一七〇頁）
（26）*Ibid*.,p.213,（同前、二二二頁）

なく、象徴化された事物はその事物自体ではない。「犬」という象徴（言語）は吠えない。それゆえ、象徴化することはそのもの自体の殺害に等しい――ヘーゲルは言語とは〈もの〉の殺害であると言った。おのれを象徴的なものによって表象することを決断した者は、（主体が存在すべき至福の場であると想定された）〈もの〉を断念し、〈もの〉を殺害した者である。私はここでいったん死ぬ。しかし死を受け入れた者が、主体として再生する。去勢である。語る者は去勢を受け入れた者なのだ(27)。

(27) これまで述べてきたことをまた別の側面から見てみよう。それは「判断」に関してである。フロイトは「否定」というテクストで、臨床において示される患者の「判断」について考察する。例えば、患者が見た夢について分析家が「夢に出てきたその人物はお母さんですね」と尋ねると、患者は「いいえ、それはお母さんではありません」と答える。夢の人物は確実に自分の母親であるにもかかわらず、患者はそれを「否定」する。この「否定」という「判断」はどこに由来するのか。またそもそもひとの「判断」能力はどのように形成されるのか。

フロイトは、抑圧された表象の内容や思考の内容は、それが否定されるという形をとってしか意識に上ってくることはないと述べる。まずは「母的なもの」は抑圧されたものとして無意識下に沈殿している。それを意識上で捉えるための一つの方途として採用されるのが、「否定」という行為である。否定は抑圧されたものを認識するための方法であると。

次にフロイトは判断機能には基本的に二種類あると述べる。一つは或るものの特性を認めるか、拒否するかというものであり、その特性とは、良いか悪いか、有益か有害かである。その原初的な形態は、最初期の欲動である口唇欲動の表現では「私はそれを食べる」あるいは「私はそれを吐き出す」であり、体内にとりこむものが良いもの、排出されるものが悪しきものである。原初の快感自我が良いものはすべてとりこみ、悪しきものは排出するのであり、みずからに対して異質なものを排除するのだ。その後のわれわれの判断はこれを基礎にしているとフロイトは言う。

そうであるなら、われわれの判断の基礎は生物学的レベルにあるということになる。だが、現にあるわれわれの判断は生物学的レベルを凌駕する。例えば食物摂取という領域に関しても、その趣向は各人様々であり、原初の段階から乳を吐き出し、幼児性食欲不振に陥る者もいる。また、そもそも良し悪しの起源が生得的に備わる生物学的レベルにあるなら、良し悪しは一義的に決定され、状況によって変わり得るようなものにはならないはずである。こうした事実は、それゆえ生物学的レベルとは異なるものがここに関わっていることを示している。

欲望である。原初の時点ですでにして象徴的次元が介入してきているのだ。子供はただ栄養摂取のためだけに乳を吸い味わっているのではない。そこで母の欲望を読み取っているのだ。母が子供の存在を考慮せずにただ生理的欲求の次元でのみ乳を与えれば、子供はそこに何の欠如も見出せない。欠如とは母の欲望の対象であり、子供の存在の可能性を見出す場である。欠如が見出せなければ、子供は乳を吐く。能動性を何ら持ち合わせていない乳幼児のなし得ることはただ一つ、乳を吐いて「否定」を表わすという行為のみである。

自己の内部にとりいれられるものは良いものとして「肯定」されたものであり、悪いものは否定され、排出される。主体は以後、おのれの存在の可能性を得るために言語的次元を肯定的なものとみなし自己の内へととりいれ、それと同時に〈もの〉が排出され、現実界と象徴界とが分離する。

しかし問題はここからである。フロイトが言うもう一つの判断は存在判断であるが、これは属性判断を基にした二次的判断であり、心の中で表象されたものが現実に存在するか否かの判断である。だがこれは思考の順番が逆転しているように思われる。存在が先にあり、その後に属性（性質）が付随すると考えるのが一般的であるからだ。しかしこれはこれまで述べてきた主体がおのれの存在を確保していくプロセスと同様の事態なのである。

主体は原初の満足体験を呼び戻そうと、それを幻覚的に再現しようとするが、それでは十全な満足を得られることはなく、現実に目を向けることになる。与えられた知覚が幻覚であるのか現実のものであるのかを判断するのである。原初の満足体験でなされた判断は良いものをとりこむ行為であるゆえ属性判断であり、ここでの体験が表象＝印として主体の中に記入される。その後にこの表象が現実に存在するかの判断を行うのである。〈他者〉から与えられる原初の満足体験の印をS1とすれば、これを幻覚によって再現することは、（S1－S1－S1…）と反復することであり、これでは意味の決定はない。そこで主体はここに述語（S2）を加え、文を成立させ（S1－S2）、意味を創出する（「S1はS2である。」）。これは、失われた対象を言語によって再現することであり、これによって存在判断が完成するということになる。存在判断は属性判断から生み出されるということである。

象徴的ファルスも自我理想も一の印も、実はみな象徴的同一化という心域を表現しているのだ。その「心域が制御する集合体がシニフィアンの集合である場合は、この心域は『一の印』と呼ばれる。イメージの集合体であるなら、それを制御する心域は『自我理想』と呼ばれ、また性がとる様々な様態の集合であれば、この心域は『ファルス』と呼ばれる[28]」。

パロール――確信の到来

アルチュセールの引くキリスト教の主体は教会に行き、ひざまずき、祈りの言葉を口ずさむ。祈ることでキリスト教的イデオロギーの主体となる。祈りは神に対して「語る」ことである。

精神分析においては、語ること、すなわちパロールは、それが「お話療法」としてあるかぎり特別な位置を占める。ラカンは言う。「ランガージュという領域からパロールを分かつものは何でしょう。話すこと、それは何よりも他者に話すことです[29]。」主体＝患者 sujet は話す、分析家という他者に向かって語ることによって精神分析の臨床は進行する。それゆえパロールは特異な地位を有する。

さらに、パロールが〈他者〉に向かってなされるとき一つの出来事が出来する。主体の確信、パロールによって主体はみずからの存在の確信を得るのである。それはパロールの中で主体が誕生するということであ

(28) J.-D. Nasio, *Enseignement de 7 concepts cruciaux de la psychanalyse*, p.191.（ジュアン＝ダヴィド・ナシオ『精神分析の7つのキーワード』、一七七頁）
(29) Jacques Lacan, *Le Séminaire* Ⅲ. *Les psychoses*, p.47.（ジャック・ラカン『精神病』、上・五七～五八頁）

る。アルチュセールのイデオロギー論においても同様のことが示されていたはずだ。

ラカンによる主体の確信の到来に関する考察は、デカルトを参照しながら行われる。たしかにデカルトのコギトは主体の生成について語っていた。デカルトは「私の存在」を証立てるための解答を示した。「われ思う、ゆえにわれあり」。私が思考するとき、そもそも思考を担う私がこのように存在しなければ私の思考そのものが成立しない。「われ思う」が「われあり」を導出し、私はそれを内側から直観する。

だが実際は、私の思考は私の存在の確実性を導き出すことはできない。「私は考える、ゆえに私は存在する」と私は考える、と私は考える……という無限遡行が思考の中で展開するのみで、「私の存在」を明示するものはここには決して現れない。しかし、われわれもデカルトとともにコギトのテーゼによって私が存在することの確実性を直観してしまう。

ところで、われわれの日常的なコミュニケーションでは、言表の「私」(「われ思う」の「われ」)と言表行為の「私」(「われ思う」と語る「われ」)の一致はなければならない。この一致があるからこそ、みずからの存在を確認し、それを確認し合う者同士で互いに相手を信頼し、言葉を交わすことができる。

では、「私は嘘をついている」という発話についてはどうか。言われていることを信じれば途端に論理矛盾をきたす。だが、たとえこの発話がなされたとしても、形式論理的には矛盾しているにもかかわらず、われわれは難なくこれを受容できてしまう。なぜなのか。言表の主体に言表行為の主体を一致させていないからである。

とはいえ原則的には、言表の主体と言表行為の主体の一致はどんな場合でもなければならず、さもなければ言表行為そのものが現実の中で効力を失ってしまう。

デカルトにおいても、思考することは思考する存在がなければあり得ないと考えているのだから、言表の主体と言表行為の主体は一致している。われわれはこのデカルトの見解に疑義を呈することはない。例えば、まだ思考能力を備えていない幼い子供は、思考できなくともまずは存在し、次第に思考能力を獲得していくことだろう。こうした他人の発達過程の観察を根拠にしながら、思考が成立するためには存在が先行することをわれわれは信じて疑わない。それゆえデカルトの推論を是認することができる。

ところが、自分自身がどのように思考能力を獲得したのかを検証するためにみずからの過去を遡行してみても、内側からそれを検証することは不可能である。記憶の糸はある地点で途絶え、それ以前には遡ることができない。その限界点とは私の思考の発生した時点である。思考は思考発生以前の私の存在には及ばない。

それゆえわれわれは自分自身の内的体験では存在よりも思考を先行させてしまうことになる。おのれが存在すると言えるようになるには思考能力を備えていなければならない。自己の内側からは直接触れられない「思考する以前の私」など思考の中にしか存在しないにもかかわらず、われわれはこれをみずからの土台としてしまう。思考の顚倒がここに生じる。これまたデカルト自身がそのことを示しているように。

思考がシニフィアンのおきかえであるかぎり、思考そのものは言語によってはじめて可能になるのだから[30]、思考の根拠は同時に言語活動の根拠ともなる。では、そもそもわれわれはどのようにして言語能力を獲得したのか。

言語を獲得する以前であっても、われわれは何らかの音声を発していたはずである。幼児が使用する喃語

(30) 丸山圭三郎は次のように言う。「『コトバによって世界が分節され、事物が生れる』というテーゼには、(中略)『言語記号が思考対象を生み出す』という認識・存在論的な働きに加え、『言葉が可能にした思考によって道具一般が製作され、その道具類が世界を分節し存在せしめる』という実践的レヴェルも含まれているのである。」(『文化のフェティシズム』、一〇二頁、勁草書房、一九八四年)

など、それは言葉のようではあれ通常使用されている言語、つまりシニフィアンとシニフィエが合一した言語記号ではない。通常の言語記号はシニフィアンとそれが指示する対象とが一致するが、言語獲得以前の存在が発する音声はシニフィアンであったとしても、特定のシニフィエとの結合を必然としない、いわば剥き出しのシニフィアン、「純粋シニフィアン」である。ラカンはこのような幼児の使う原初的言語を「ララング」(「言語もどき」)と言った。「ララングは他者とのコミュニケーションとは関わりがないので他者性は必要ない。構造化されているわけでもないので、ランガージュの最小単位であるS1－S2という構造を持たず、すべてS1で構成されている[31]。」

意味(シニフィエ)は最初のシニフィアンS1がもう一つのシニフィアンS2と結びつけられることによって生じる。つまり、S1はそれだけでは無意味なシニフィアンにすぎない。しかし主体がS2と出会うことで、S1は遡及的に意味づけられる。

このS1というシニフィエなきシニフィアンを用いて、主体は自分も含めた様々なものを指し示そうとする。主体がそれを繰り返し実践する中で、周囲の大人は或るシニフィアンとそれを発した主体とが一致することを喜びの顔をたたえながら主体に伝え、承認する。そのとき、主体は言語世界へと引き込まれていく。任意のシニフィアンによって表象される者が私であるとの承認を得ることで、主体はおのれの存在を象徴界で得るのだ。

しかし、そこで用いられたシニフィアンは言語世界で適切に用いられるものであるとはかぎらない。また用いる主体自身も意味も分からない、シニフィエを有さない「無意味なシニフィアン」にすぎない。ところ

(31) 向井雅明「ジャック・ラカンの理論的変遷(四)」、『思想』No1050、一三九頁、岩波書店、二〇一一年

が、この無意味のシニフィアンこそ、言語世界、すなわち象徴界へとわれわれを引きずり込むものであり、これに同一化することでわれわれは象徴界の住人となる。以後、周囲の者たちとの言語的コミュニケーションのやりとりの中で矯正されながら正常な言語活動を獲得することになるだろう。それと同時に無意味のシニフィアンは無意識の中に沈み込み、忘却される。言語獲得以前にみずからが発していた「言語もどき」がどのようなものであったかなど誰も覚えていない。

この事態は、主体の存在は〈他者〉という「他の場所」で成立することを示している。「主体はその原初においては、最初のシニフィアンが現れる場としての〈他者〉の場においてはじまる[32]」とラカンは言う。〈他者〉から任意のシニフィアンがおのれの存在を表象しているとの承認を得ることで象徴界における主体の存在は確立される。そのシニフィアンによって表象される者はそのシニフィアンを言表する主体に一致するということであり、しかもこの一致が〈他者〉という場でなされるということである。「私は私である」という自己意識の成立は〈他者〉においてはじめて可能となるということであるのだ。

疎外である。ラカンはこれを「剥奪 privation」と呼んだ。われわれは自分のことも自分で決定できず、つねに〈他者〉を必要とする存在、われわれの自己意識は自己と〈他者〉との間で引き裂かれ、分裂している。いや、究極的にはやはり私は私のことを自己決定しているとも言える。なぜなら、言表の主体と言表行為の主体との一致は、あくまでも主体がみなしたものであるからだ。この一致は〈他者〉によって保証されるはずだとの主体の〈他者〉に対する絶対的信頼によって成り立っているからだ。しかしそれは単なる主体の

(32) Jacques Lacan, *Le Séminaire XI. Les quatre concepts fondamentaux de la psychanalyse*. p.180.(ジャック・ラカン『精神分析の四基本概念』、二六四頁)

想像、主観にすぎず、客観的な根拠など何らない。「〈想像的なもの〉においては、他者性そのものが〈想像的〉でしかない[33]。」

「私は嘘をついている」という言表はそのことを白日の下に曝す。むしろ言表の主体と言表行為の主体とは一致させていないからこそ、われわれは「私は嘘をついている」という言表を難なく受容できるのだ。

幼児が「僕には三人の兄弟がいる。ポールとエルンストと僕[34]」と自分自身を兄弟の数に含めて表現してしまうのは、自我理想の場から自分を見ているからだ。自我理想とは、まさに「ひとの目から見るような地点」であり、自我理想と同一化する幼児はそこから自分自身を見ているのである。しかしそこに留まっているかぎり私の固有性は凍結したままである。その状態から離脱するためには、任意のシニフィアンによって自分を代理表象せねばならないが、しかし、これもまた〈他者〉による承認が必要になる。しかも、この承認もまた主体の主観的な想定、期待でしかない。主体は真に〈他者〉の場から自己を見ることはできないのだ。にもかかわらず、主体が任意のシニフィアンがおのれを代理表象すると想定できるのは、〈他者〉への信頼があればこそ、である。〈他者〉に対する圧倒的信頼が主体に確信を招来させる。そもそも言語を使用すること自体、〈他者〉への依拠がないかぎり成り立たない。言表行為も然り、言表行為の主体と言表の主体との一致は、この〈他者〉に対する主体の信頼によってはじめて可能になる。

言表行為の主体と言表の主体を一致させる客観的な必然性は存在しないにもかかわらず、われわれが日常世界でこの一致があると思い込めるのは、象徴界にわれわれを引きずり込んだ無意味なシニフィアンを無意

(33) Alain Juranville, *Lacan et la philosophie*, p.86.（アラン・ジュランヴィル『ラカンと哲学』、七九頁）
(34) Jacques Lacan, *Le Séminaire XI.Les quatre concepts fondamentaux de la psychanalyse*. p.24.（ジャック・ラカン『精神分析の四基本概念』、二五頁）

識の中に忘却してしまっているからだ。それゆえ無意識こそが言表行為の主体と言表の主体との一致を背後で支えていると言える。実際、私が何者であるかを主張し得るのは、私を含めた言語能力を有した存在がそのように認めると無意識裡に「私が思っている」からではないかとアラン・ジュランヴィルは言う。

ひとが実際に語るとき、彼の言うことは何かを意味し、この意義は対話者に向けられている。この場合この意義が、少なくとも可能的なものとして対話者の世界の中にすでに書き込まれているのでないとしたら、彼がそれを聞いてわかるということをいったいどう理解したらよいのだろうか。可能的なものとして規定された意義こそは、言葉の本来の意味で意義そのものである。なぜなら意義は、世界の中での意味の予料として、つまり〈企投〉として、本質的な可能的なものの秩序に属しているからである[35]。

われわれが他者に向けて語ることは、他者は私が語る意味を了解してくれるという予期があってはじめて可能となる。パロールは、他者も私と同一の言語世界、つまり象徴界に住まうはずだ、他者も私と同じ思考をするはずだとの信念が前提になっているということである。それゆえわれわれは語るたびにこの予期が正しかったことを確認することになるが、そのとき一つの「意義＝意味作用」が発生する。

パロールを交わす者たちの世界に共有される「意義」、あるいは意味＝通告されるものは欲望である。欲望は去勢を含む。「パロールの行為の中に『引き受けられて』いるのはこの去勢なのである[36]。」したがって

（35）Alain Juranville, *Lacan et la philosophie*, p.141.（アラン・ジュランヴィル『ラカンと哲学』、一三二頁）

（36）*Ibid.*,p.141.（同前、一三二頁）

主体がパロールを発するたびに現れる意義＝意味作用とは、みずからの去勢を取り上げ直し、「引き受ける」ことである。

しかもこの去勢の「引き受け」は、初発の象徴界への参画時のみではない。「デカルトにとって確信は、いったん越えれば獲得したものと見なしうるような契機ではありません。そのつど、各人によって反復されなくてはならない契機です[37]」とラカンが言うように、去勢の引き受けは原初の言語獲得以後もパロールを発するたびになされ、反復される。ジュランヴィルは次のように述べる。

この実際のパロールの中に現前する欲望の欲望は、根本的な主体の確信と切り離すことができないが、ラカンはつねにこのことを強調し、それによってデカルトにつながっている。この確信は何よりも、もし主体自身が欲望するならば、現前する他者も欲望するであろうし、しかも主体を欲望するであろうから、この他者は主体を世界に属する者として、この世界の一存在者として承認するであろうということを主体が確信しうることに由来する[38]。

主体が〈他者〉に対して語りかけられるのは、〈他者〉も欲望する、しかも自分と同じように欲望し、思考するということを予料し得るからである。したがって、そのとき引き受けられるのは〈他者〉の場と去勢である。去勢は〈他者〉から欲望されることを欲望することによって生じ、去勢を経ることで言語的存在と

（37）Jacques Lacan, *Le Séminaire XI.Les quatre concepts fondamentaux de la psychanalyse*. p.204.（ジャック・ラカン『精神分析の四基本概念』、三〇二頁）
（38）Alain Juranville, *Lacan et la philosophie*, p.141.（アラン・ジュランヴィル『ラカンと哲学』、一三二頁）

なると同時に、〈他者〉からおのれの存在の承認を得ることになる。それゆえパロールを発するときにはすでにして〈他者〉からの承認を獲得していることになる。この〈他者〉からの承認が主体に確信をもたらす。「この確信はパロールの具体的行為の中で構成されると言わねばならない。パロールはすでにある確信を言表するのではなく、パロールの行為によってこそ確信が確立されるのである[39]。」厳密に言えば、パロールを発する主体はすでに〈他者〉から承認されているのだから、主体の確信とは、みずからの存在が確認され、肯定されるということである。「私は世界の内にあり、自分の具体的なパロールの行為の中で私の存在、欲望するものとしての私の存在について私が持つ確信」[40]がパロールを発するたびにもたらされる。「真の確信は主体としての主体の確信[41]」であり、この確信がパロールという行為によってもたらされるのだ。

これをわれわれは生の終わりが告げられるまで繰り返すことになる。果たして〈他者〉は主体の期待に応えてくれるかどうか、あるいは〈他者〉が見ている私と自分自身が見ている私の姿が一致しているかどうか――言表の主体と言表行為の主体が一致しているのか――は基本的には主体には分からないことであるからだ。〈他者〉に対して「あなたは決して私があなたを見るところに私を見ない[42]」という不安がつねに主体につきまとう。確信がつねに揺らいでいるがゆえに、〈他者〉に向けたパロールが繰り返されるのである。確信は所詮主体の主観的な信念によってもたらされたものにすぎないのだから、主体はたえず〈他者〉に向

（39）*Ibid.*,p.142.（同前、一三二頁）
（40）*Ibid.*,p.148.（同前、一三八頁）
（41）*Ibid.*,p.147.（同前、一三六頁）
（42）Jacques Lacan, *Le Séminaire XI.Les quatre concepts fondamentaux de la psychanalyse.* p.95.（ジャック・ラカン『精神分析の四基本概念』、一三五頁）

けて語らねばならない。「このメッセージにおいて目指されていることは――それは見せ掛けの場合でもはっきりしていることですが――絶対的な他者（A）というかぎりでの他者がそこに存在しているということです[43]」とラカンは言う。

そしてラカンのパロールに関する有名なテーゼである。「主体はおのれのメッセージを他者からひっくり返った形で受け取っている[44]」。主体の発するパロールは〈他者〉を目指してはいても、しかしそのメッセージは〈他者〉から主体へと送られてくる。つまり、主体が発したパロールの内容が〈他者〉からの承認として返ってくるということであり、これによって主体は象徴界の中にみずからの住処を見出すことになる。

デカルトとフロイト

デカルトを参照軸にしながら確信する主体に関する考察を進める中で、ラカンは実に興味深い発言をする。「フロイトの歩みは、それが確信の主体という基盤から出発しているという意味で、デカルト的です[45]。」

デカルト的主体と言えば、言うまでもなく実体的なもの、みずからをみずからの力で存在せしめる積極的なものである。それに対しフロイト（＝ラカン）における主体があるとすれば、それは主体ならざる主体、

（43）Jacques Lacan, *Le Séminaire III. Les psychoses*,p.48.（ジャック・ラカン『精神病』、上・六〇頁）
（44）*Ibid.*,p.47.（同前、上・五八頁）
（45）Jacques Lacan, *Le Séminaire XI.Les quatre concepts fondamentaux de la psychanalyse*. p.36.（ジャック・ラカン『精神分析の四基本概念』、四五頁）

自己の同一性を欠いた、むしろ欠如そのものというような、きわめて消極的なものである。否、むしろ精神分析においては主体と呼べるものは存在しないとさえ言えるだろう。デカルトとフロイトはこのように相反する立場にあるにもかかわらず、人間主体の考察過程において同じ歩みを共有していたとラカンは言うのだ。もちろん結果的には各々異なる見解へと達するのであるから、その歩みはどこかで分岐する。ある地点に収斂し、そこから分岐するのである。

デカルトは確実な真理に到達するためにすべてを懐疑した。その結果「思考する私」は疑い得ない真理であることを発見し、「私が存在する」との確信を得る。他方、フロイトは、臨床において患者からもたらされる様々な話に耳を傾ける。夢、過去の思い出、幻想……そうしたものはすべて疑わしい。それらに徹底的な懐疑を持って臨んだとき、発見する。無意識的思考がそこにある、と。たとえ無意識的なものであっても、それもまた一つの思考である。無意識的思考がそこにあるという確信を得るのだ。

懐疑を経て確信へと到達する、この歩みをデカルトとフロイトは共にした。だが、やはり両者は違う。確信を得るのは、デカルトにおいては思考する主体本人であるのに対して、フロイトにおいては患者（＝主体sujet、分析主体）ではなく分析家である。あるいは、「私の思考がある」と確信するのは、デカルトにおいては思考する主体本人であるのに対して、フロイトにおいてはやはり分析家である。さらに言えば、デカルトは「私が思考する」ことを私が知っているのに対して、フロイトにおける患者（主体）はその無意識的な思考が自分のものであるとは思わない、というよりも、そもそも知ることができない。どうして自分がそのようなことを口にするのか、どうしてそのようなことを行ってしまうのか、そして、どうしてそのようなことを考えるのか、フロイトの主体はそれを自分が行い、思考しているにもかかわらず、知ることができない。両者が分岐するのはこの地点である。デカルトにおいては「私の思考」は私に帰属するが、フロイトにおける「思考」はそこにありつつも「不在の思考」、帰属を特定できない思考である。精神分析における無意識は分析的臨床という場にしか存在しない。「無意識が存在するとしたら、精神分析の領域の内部においてのみそれが可能であり、もっと正確に言うと、無意識は分析治療の内部においてのみ存在できるのです[46]」とナシオは言う。無意識は、患者（分析主体）のパロールを通して、それが精神分析家によって聞きとられ、解釈されることではじめて見出される。無意識とはまさに「分析的聴取の特権的対象[47]」なのである。それゆえ精神分析家を通して現れ出た無意識はもはや患者自身のものであるとは言えない。そもそも患者自身は、みずからの思考を「私のものではない」あるいは「分からない、理解できない」と思うがゆえに分析家の下を訪れていたはずである。この（無意識的）思考が精神分析家の思考を通して現れ出たときには、すでにその思考が誰のものであるのか、その所有が誰に帰属するのか判別できない。そもそもラカンが言うように、無意識とは〈他者〉のディスクールなのである。

他方デカルトは、私が思考しているとき、その思考は自分のものである、思考しているのは他ならぬ私であることを自明なものと信じて疑わない。思考をめぐるデカルト的主体とフロイト的主体の違いは、たしかに意識と無意識の違いとは言えるが、しかしフロイトが示した無意識は、失策行為、度忘れ、言い間違い、強迫観念などを通して現れるように、われわれの日常意識における意識という表面にも多大な影響を及ぼすものとしてあったはずだ。意識を形成するのは欲望であるが、そもそも欲望とは〈他者〉の欲望である。にもかかわらずデカルトは私が現に行っている思考が私のものであるのはあまりにも自明であるのだか

（46）J.-D. Nasio, *Cinq leçons sur la théorie de Jacques Lacan*, p.63.（ジュアン＝ダヴィド・ナシオ『ラカン理論　5つのレッスン』、六〇頁）
（47）*Ibid.*, p.64.（同前、六二頁）

ら、疑いようがないと考える。アルチュセールが言うように、しかし自明性こそがイデオロギーの特性であり、イデオロギーが首尾よく機能しているとき、イデオロギーに囚われた者はそのイデオロギーに沿った考えは疑う余地なく自明であると信じて疑わない。

思考しているのが本当に私であるのかどうかが分からないのだから、「われ思う、ゆえにわれあり」という命題においても、「私は嘘をついている」と同様に、言表の主体が言表行為の主体に一致しているとは言えないのである。

ところが、デカルトは「この思考は私のものである」とした上で、「思考する私」を実体化する。「『われ思う、ゆえにわれあり』という命題において、『われあり』は『われ思う』の実体化に相当し、『われ思う』を十分に自己現前的な、したがって絶対に確実な実在性にするのである(48)」とバースは言う。これが、フロイトが踏み出さなかったデカルトの決定的な一歩である。

ラカンはここにデカルトが犯した誤りがあると批判する。デカルト「の間違いは、それこそ知であると信じたことにある、と言えるでしょう。つまり、この確信について何か知っていると言ったこと、『われ思う』をたんなる消滅の点にしかなかったことにあると、言えるでしょう(49)。」

デカルトのコギト（「われ思う」）も幾多あるシニフィアンの一つでしかなく、さらには無意味なシニフィアンにすぎないとラカンは言う。「『われ思う』という境位も（略）『私は嘘をつく』という境位と同様縮小

（48）Bernard Baas(& Armand Zaloszyc), *Descartes et les fondements de le psycanalyse.* p.33, Navrin Osiris, 1988.（ベルナール・バース『純粋欲望』中村雄二郎監訳、中原拓也訳、一一四頁、青土社、一九九五年）

（49）Jacques Lacan, *Le Séminaire XI. Les quatre concepts fondamentaux de la psychanalyse.* p.204.（ジャック・ラカン『精神分析の四基本概念』、三〇二頁）

されたもの、最小のもの、点状のものです。そのうえそれは『何も意味しない』という含意を帯びていることさえありましょう[50]。」コギトも「私は嘘をつく」と同様に無意味なシニフィアンなのだ。たしかに「私が思考している」と言ったところで他人には何の意味も惹起することはない。しかしたとえ無意味であってもこれを言表することで私の存在が導出され、主体の確信が訪れてくる。

「私は嘘をついている」についても事情は同じであり、まったく無意味な言表であっても「私の存在」を招来させる。論理的に無意味なシニフィアンであっても、言表されることで「騙そうとする」意志を持った主体が象徴的世界に存在することだけは伝わってくる。ラカンは言う。「パロール以前には真実も虚偽もありません。パロールと共に真理は導入され、嘘もまた導入されます[51]。」パロールを発することで主体の確信がもたらされ、象徴的世界の中に主体の存在は保証される。それ以降主体は言語世界の中で真実を述べ、嘘もつくようになるだろう。それゆえ確信は言表内容の中にあるのではなく、パロールという行為によって生み出されるのだ。「確信が生じるのは、言表行為それ自体によってである[52]。」

だが、そのとき無意味なシニフィアンは消失する運命にある。コギトも消失点であるのだ。

（50）*Ibid.*,p.128.（同前、一八四頁）
（51）Jacques Lacan, *Le Séminaire I. Les écrits techniques de Freud*, p.254, Seuil, 1981.（ジャック・ラカン『フロイトの技法論』小出浩之・鈴木國文・小川豊昭・小川周二訳、下・一〇九頁、岩波書店、一九九一年）
（52）Bernard Baas(& Armand Zaloszyc), *Descartes et les fondements de le psycanalyse*. p.36.（ベルナール・バース『純粋欲望』、一二〇頁）

主体の存在がここにあります。そしてそのうちこの部分は、意味のもとにあります。われわれが存在を選んだとします。すると主体は消失し、われわれから逃れ、無意味の中に落ちます。われわれが意味を選んだとします。すると意味は、この無意味の部分によってくり抜かれた姿においてしか存在しません。はっきり言うと、この無意味の部分こそが主体の実現にあたって、無意識を構成する当のものなのです。いいかえると、こうも言えるでしょう。主体は、〈他者〉の領野の中に現われ出てくるものとしてのこの意味を、その本質としています。ただしその意味は、まさにシニフィアンの機能そのものによって引き起こされた存在の消失のために、その大きな部分を蝕まれながら、やっとのことで〈他者〉の領野に現われ出てくるような意味なのです[53]。

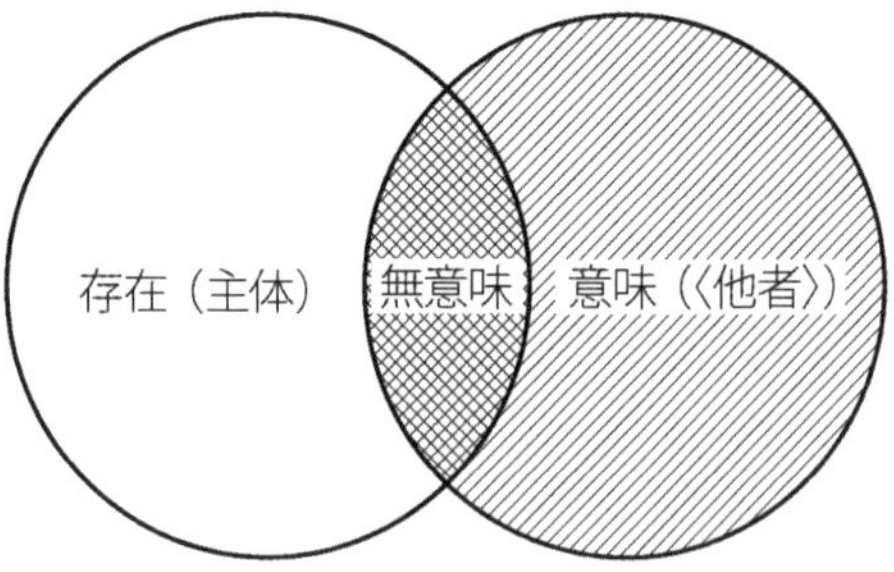

「疎外」

ラカンは次のような譬え話をする。強盗に襲われた者が両手を上げさせられ、こう問われる。「財布が惜しいか、命が惜しいか。」多くの者は「命が惜しい」と答えるだろう。財布をとれば命と財布の両方を失うことになるからだ。とはいえ、無一文でその後の生活を送るのも耐えかねる。どちらを選択しようとも望まれる結果にならないのだが、しかしわれわれは〈他者〉と出会うとき、これと同種の選択に迫られるとラカ

（53）Jacques Lacan, *Le Séminaire XI.Les quatre concepts fondamentaux de la psychanalyse.* p.192.（ジャック・ラカン『精神分析の四基本概念』、二八二〜二八三頁）

ンは言う。「意味か、存在か」という選択だ。

存在をとれば、意味を持たないものとして言語世界から消失してしまう。われわれが唯一生きていくことができる場である言語世界では、つねに意味が問われ、意味を持たぬものは存在する場を持たない。それゆえ言語世界に居場所を確保するために意味をとらざるを得ない。しかし意味をとることで「くり抜かれた存在」、つまり無意味に侵食された存在だけが残る。そもそも主体の存在を十全に代理表象するシニフィアンなどない。それでもしかし、主体の存在を意味の領野で残すとしたら、無意味に侵食されたかたちでしかない。言語能力を持たない幼き頃、無意味なシニフィアンを発することで人間は言語世界に引きずり込まれ、無意味なシニフィアンは無意識の底へと消失する。

「私は嘘をつく」というシニフィアンはたしかに無意味なものである。さらには言表の主体と言表行為の主体も一致しない。だが、そのように言表する主体が存在することだけは示すことができる。「われ思う」と言ったところで無限遡行が生じるのみで言表のレベルでは主体の存在を証立てられない、つまり意味のないものである。しかしこれもまた、そのように言表している主体が存在することだけは示している。「私」というシニフィアンは「意味する（他のシニフィアンへと差し向ける）のではなく指し示す要素、言語の構造の外側にある何か――発話という行為それ自体――を指し示す要素である[54]」。

コギトも「私は嘘をつく」も無意味であるが、しかしそれらが言語であるかぎり、意味の領野に食い込んでくる。それゆえ「私は嘘をつく」は象徴的世界の中で論理矛盾を生み出すことになり、主体には「世界の

(54) Alenka Zupančič, *Ethics of the real*, p.30, Verso, 2000.（アレンカ・ジュパンチッチ『リアルの倫理』冨樫剛訳、四五頁、青土社、二〇〇三年）

固有の本性に従って予料された言語的コンテクストの中で嘘をつく[55]」ことが可能になる。それを可能にするのがパロールという行為である。パロールという行為によって主体の存在が象徴的領野に立ち現われるのだ。はじめに行為ありき。ジュリアンは言う。

> 語るということはそこにあるものを命名するだけではなく、ないものに存在をもたらし無から〔ex nihilo〕1を成立させるのだということも、効果あるパロールの条件としての言語であるこの構造によってなのである[56]。

語ることで主体の確信が生み出され、確信するたびに主体は去勢を引き受け直す。それによって象徴的領野に主体の存在が確保され続ける。そもそも去勢は〈他者〉に対する圧倒的な信頼の下で生じるのだから、〈他者〉という権威に対する信仰こそが象徴界の市民であることの資格になる。そのことが言語を操る存在にその能力を与えるのだ。これによって主体の存在が言語世界の中に刻まれる。まさに「われ思う、ゆえにわれあり」と語ることでおのれの存在を確信できる存在となる。「世界とその秩序、そしてそれを特徴づける予見可能性は、〈他者〉への信用、信頼を前提としている。そして（略）まさにここから確信が生まれるのである[57]。」

（55）Alain Juranville, *Lacan et la philosophie*, p.150.（アラン・ジュランヴィル『ラカンと哲学』、一三九頁）
（56）Philippe Julien, *Pour lire Jacques Lacan*. p.83.（フィリップ・ジュリアン『ラカン、フロイトへの回帰』、七七頁）
（57）Alain Juranville, *Lacan et la philosophie*, p.150.（アラン・ジュランヴィル『ラカンと哲学』、一三九頁）

無意識の主体

ところで、無意味なシニフィアンに同一化することで象徴界に一つの主体が出来するにしても、では何が無意味のシニフィアンに同一化するのか。一の印もまた無意味なシニフィアンであるが、何がこれに同一化するのか。この段階では主体は成立していないのだから、主体ではない。

ラカンはこの主体以前の「主体」を「無意識の主体」と名づけた。「無意識」であるのは、意識成立以前、あるいは意識外のものであるからだ。前述したように、精神分析における同一化は何かが別のものに同一になるということではない。そうした事態が一個人の心的空間内で起こり、新たな心域が誕生することである。「象徴的同一化とは、まさに無意識の主体が誕生することをいい、ひとが人生においてシニフィアンを一つ一つとり込んでゆく中で一つの際立った独特のシニフィアンが生まれることである(58)」とナシオは言うが、この「一つの際立った独特のシニフィアン」が一の印である。象徴的同一化とは一の印というシニフィアンとの同一化によって「無意識の主体」という、同一化以前には存在しなかった心域が新たに生まれることなのだ。

ナシオは「無意識の主体とは、不在でありながらつねに方向づけを与える過去の痕跡である(59)」と定義する。

（58）J.-D. Nasio, *Enseignement de 7 concepts cruciaux de la psychanalyse*, p.188, Editions Rivages. 1988.（ジュアン＝ダヴィド・ナシオ『精神分析の7つのキーワード』、一七四頁）

（59）*Ibid.*, p.186.（同前、一七三頁）

無意識の主体とは、何らかの症状を持つ人物を指すわけでもなく、そのひとの意識的あるいは無意識的な自我を指すのでもない。反復する同じ症状に悩まされる者が、その症状に苦しんだ過去を思い出すとき、状況の個別性を超えてそこに共通した変わらぬ一つの特徴が反復されていることに気づかされるが、この反復される特徴が一の印であった。もちろん主体自身もこの一の印の存在に気づいていないから、いつも同じ症状が現れそれに翻弄されることになるのだ。この一の印に同一化するのが無意識の主体なのである。一の印は主体の生の様々な場面で見出され、示されることになろうが、これを見出し、同一化するのが無意識の主体である。いわば、一の印（無意味なシニフィアン）の背後に想定されたものである。一の印の発見と同一化が生全体に渡って繰り返されるのなら、無意識の主体も主体の生を貫いてつねに「存在」するものであると言える。

主体を出現させる一の印への原初の同一化においては、当然主体は存在し得ない。無意識の主体はこの象徴的同一化と同時に生み出されるものである。それゆえ無意識の主体は存在以前のもの、存在を成立させる前-存在論的領野のものである。一の印が生を決定づけ、主体の固有性を創出するものであっても、しかし生の地平には現れないのと同様に、一の印と同一化する無意識の主体も想像界と象徴界によって構成された存在の地平には存在しない、認識不可能なものである。なぜなら、象徴界を成立させる以前あるいはその外部のものであるからだ。

一の印は主体以前の何かを象徴界へと誘う。主体以前の何かが〈他者〉と出会い無意味なシニフィアンに同一化するそのとき、主体以前の何かの存在は、かろうじて無意味なシニフィアンに同一化した部分だけが〈他者〉に引っ掛かりを得ることはできても、残りの大半は消失する。無意味なシニフィアンも無意味であるゆえ象徴界から消失する。この消失する主体以前の存在こそ、無意識の主体なのである。

だが、無意識の主体は主体の生全体を通じてたえず無意味なシニフィアンに同一化しようと執拗にそれを繰り返す。一の印という無意味のシニフィアンが生を決定づけ、主体に一貫性を与えるものであるなら、それを象徴界の外から支えているのが無意識の主体であるのだ。象徴界の外とは、現実界である。無意識の主体は現実界から象徴界の主体を出来させ、これを支えているのだ。バースは言う。

それ〔前-存在論的な現実的なもの、すなわち無意識の主体〕は意味を持たないのだが、それは意味の可能性の条件であり、したがって主体そのものの可能性の条件なのである。可能性の条件とは――言うまでもなく――経験を可能にするものとしてではなく、ア・プリオリな条件としてのそれである。「前-存在論的」は、それゆえ、カントの「超越論的」に対応するラカンの用語であろう。カント本来の意味での超越論的とは、存在の限定ではなく、存在についてのディスクールの可能性の条件、存在論の可能性の条件の限定なのである[60]。

「ラカンにとって、彼が考える無意識の主体はデカルト的主体に他ならないのである[61]」とジュランヴィルが言うように、無意識の主体を――皮肉なことに――表現してしまったのがデカルトのコギトなのである。一の印が〈もの〉の痕跡を示すものである以上、無意識の主体は〈もの〉の再興を目指し一の印に執拗にしがみつく。デカルトのコギトも象徴界で主体の存在を得ようと言表されたシニフィアンではあるが、言表さ

(60) Bernard Baas(& Armand Zaloszyc), *Descartes et les fondements de le psycanalyse*. p.38.（ベルナール・バース『純粋欲望』、一二四頁）
(61) Alain Juranville, *Lacan et la philosophie*, p.38.（アラン・ジュランヴィル『ラカンと哲学』、一四二頁）

れた途端現実界に消失するものにすぎない。つまり、主体の存在の痕跡を示すものである。「『私』という言葉が用いられるたびに、言表の主体にふさわしいシニフィアンがないことが明らかになる[62]。」だが、そこで諦めてしまえば主体の存在は象徴界で永遠に得られることはない。そのために次々と様々なシニフィアンに同一化することを試みる。これが倦むことなく続けられる言表行為、「私が何者であるのか」を宣言し続ける主体の行為として現れるのだ。そして様々なシニフィアンに同一化していこうとするのが無意識の主体なのである。だが、この行為はつねに挫折を運命づけられている。挫折を運命づけられているからこそ、おのれに関する言表行為は繰り返されるのだ。「言表行為の主体は、〈他者〉の構造の中に確固たる場所を持たない、持つことができない。それは、言表行為という行為の中にのみ居場所を持つのである[63]。」

デカルト的主体は一貫性を有する自己同一的なものとして示されるが、しかしこれはコギトの実体化によってはじめて主張し得るものにすぎない。実体化できるどころか、コギトはむしろ言表するやいなや消失するものでしかないのだ。消失してしまうからこそ、たえずその都度言表し続けねばならない。

こうした意味では無意識の主体は「主体」の名に値しないだろう。同一性を欠いているからだ。だが、ラカンの目指していたものは、むしろ主体をそのようなものとして認識するところにあった。無意識の領野に浸かる主体はむしろ非同一性に貫かれた、分裂した存在であるということである。これを示すために用いられた「前-存在論」という概念は、「主体のステイタスを対象とするが、その存在を一つの意味に同一化させない、つまり主体の存在を意味のある一貫性という同一性として構成することはない、そのようなディスクー

(62) Alenka Zupančič, *Ethics of the real*, p.30.（アレンカ・ジュパンチッチ『リアルの倫理』、四五頁）
(63) *Ibid.*, p.30.（同前、四五頁）

ルなのである[64]。」

去勢を受け入れる前には主体は存在しない。そこにあるのは身体のみである。思考以前の物質的な身体にシニフィアンが刻み込まれることで象徴界は導入される。それゆえ「語る存在」である無意識の主体とは「シニフィアンを許容し去勢に委ねられたものとしての身体である[65]。」

ところで、アルチュセールのイデオロギー論においても同様の事態が描かれる。アルチュセールは、イデオロギーが個人に呼びかけ、個人がそれに応えることでイデオロギーの主体となる、このようにイデオロギーの主体が出現する機制を説明した。

ところが、その一方でアルチュセールは、人間はイデオロギー的動物であるだけではなく、生まれる以前からイデオロギー的な存在なのであるとも言う。「この子どもは、生まれる前から、つねに-すでに主体であり、懐妊以後、子どもが『待たれて』いる種差的な家族的イデオロギー的な布置のなかで、またこの布置によって主体であることを割り当てられているのである[66]。」つまり、人間は生まれる以前からイデオロギー的主体であり、世界の中で生を送るかぎり何らかのイデオロギーをまとっているはずであるということだ。それゆえ、イデオロギー的主体以前の「個人」など存在する余地などないのだが、しかしアルチュセールは主体以前の「個人」が存在するかのように語る。矛盾である。

もちろん、主体化以前の「個人」など存在しない。存在しないが、「存在」を想定されたもの、つまり無

(64) Bernard Baas(& Armand Zaloszyc), *Descartes et les fondements de le psycanalyse*. p.38.（ベルナール・バース『純粋欲望』、一二三頁）
(65) Alain Juranville, *Lacan et la philosophie*, p.144.（アラン・ジュランヴィル『ラカンと哲学』、一二四頁）
(66) Louis Althusser, *Sur la reproduction*, p.307.（ルイ・アルチュセール『再生産について』下・一二六頁）

意識の主体、これと同じ身分を持つのが「個人」なのである。前存在論的「存在」、理論的な想定物である。われわれも同様の観念を持つがゆえにアルチュセールのこの理論を難なく受け入れられる。

主体成立以前の「私」である無意識の主体は、主体成立以前、あるいは言語以前のものであるのだから、端的に「それ」としか言えないものである。「それ」が語り、行為することで主体が誕生するのだ。フィリップ・ジュリアンは言う。

それがあったところ *Wo es war*、という過去における主体の誕生と、私は生起しなければならない *Soll Ich werden*、という主体の確信の現在の瞬間の間には時間的なずれがある。フロイトはそれを事後的という。確信は、無意識の形成物の後で、「それは考える」としてすでに誕生している主体に対して主体がみずからの確信に到達する前に与えられているのである(67)。

パロールを発した後に——事後的に——確信が主体に生起する。或るシニフィアンを発し、そのシニフィアンに「呼び出される」ことによって、無意識の領野に主体は生み出される。「この無意識の領野こそが主体の本拠地である(68)」とラカンは言う。無意識の領野はシニフィアンによって構成される言語世界を外から支える。「主体が呼び出されるのは、自分の場所へであり、自分の真なる場所、自分の真理の場所そのもの

(67) Philippe Julien, *Pour lire Jacques Lacan*. pp.137-138.（フィリップ・ジュリアン『ラカン、フロイトへの回帰』、一四〇頁）

(68) Jacques Lacan, *Le Séminaire XI.Les quatre concepts fondamentaux de la psychanalyse*. p.36.（ジャック・ラカン『精神分析の四基本概念』、四六頁）

へである。すなわちこの場所こそ、シニフィアンの純粋な欠如としての無意識なのである[69]。」

シニフィアンが純粋に欠如している場、それは現実界である。ここに無意識の主体が現われ、われわれの存在の根拠となり象徴界を支える。現実界は表象不可能なものであるのはシニフィアンが欠如した場であるからだ。それゆえ、「現実的なものは決して現前せずにつねにそこにある[70]」としか言えない。シニフィアンが欠如している、つまり表象不可能であるゆえに、空虚な場である。「それは空虚であるにもかかわらず、というよりむしろ、それが空虚であるがゆえに、この場所はつねに同じ場所なのである[71]。」言い換えができない、シニフィアンへの置き換えが不可能であるから「つねに同じ場所」であるのだ。「現実的なものとは、つねに同じ場所に立ち戻ることで[72]」あり、それゆえ主体は幾度もシニフィアンによる代理表象に挑戦しては同じ場所に戻らざるを得なくなる。

これを基礎にしているかぎり、シニフィアンへの置き換えは無限に続けられることになる。それゆえ主体は自己の確信を得るために無意味なシニフィアンを言表しながらも、しかし決定的な着地点を得ることはないのだから、それは無限に続けねばならなくなる。そして、その都度ごとの確信が得られる場が〈他者〉である。新宮一成は言う。「自己が自己以外の他者〈〈他者〉〉において成り立つということ、このプロセスがつねに進行している場が他者〈〈他者〉〉である。この場では、約束の地が、辿り着いたとたん次の約束の地

(69) Bernard Baas(& Armand Zaloszyc), *Descartes et les fondements de le psycanalyse*. p.37.（ベルナール・バース『純粋欲望』、一二二頁）
(70) *Ibid.*,p.37.（同前、一二三頁）
(71) *Ibid.*,p.39.（同前、一二六頁）
(72) *Ibid.*,p.39.（同前、一二六頁）

を指示するような事態が繰り返されている[73]。」
かくして、ひとは生を営む中で各種のイデオロギー装置を経めぐることになる。

行為の反復とシニフィアンの連鎖の遡及的効果

アルチュセールのイデオロギー論における個人は、各種のイデオロギー装置に投じられ、そこでおのれが信仰すべきイデオロギーの意味も理解できず、確信のないところでイデオロギーからの命令に従い行為を繰り返す。これによって、個人はイデオロギーの主体になる。

個人が反復する一つ一つの行為は無‐意味なものである。この一つ一つの行為が、シニフィアンなのである。ラカンは言う。「人間の身振りはランガージュの平面に属しているのであって、運動の現れではありません。それは明白なことです[74]。」

イデオロギーに沿った行為は当初個人にとっては、意味がない。シニフィエ（意味）なきシニフィアンとしての行為を反復することで、そこにシニフィアンの連続が出現する。それは結局シニフィアンの連鎖に回送されていくことなのだ。

もともと言語学の概念であるのに加え、「お話し療法」としてある精神分析においては、シニフィアンは往々

(73) 新宮一成『無意識の病理学』、二〇八頁、金剛出版、一九八九年。
(74) Jacques Lacan, *Le Séminaire I Les écrits techniques de Freud*, p.280.（ジャック・ラカン『フロイトの技法論』、下・一五〇頁）

に言語に結びつけられてしまうが、しかしそれは言語的なものであるとはかぎらない。精神分析的な臨床の場面に立ち返れば、シニフィアンは様々な形姿を帯びて出現するとナシオは言う。「シニフィアンはつねに、語る存在の、意志によらない表現です。ある身振りがシニフィアンであるのは、それが不用意な思いがけない身振り、意図や意識された知識を一切越えたところで行われる身振りであるときだけです[75]。」臨床においては言い間違いや夢、顔つきや表情、身振り、沈黙もまたシニフィアンとみなされる。しかしこれは主体の「意志によらない表現」であることが条件になる。ならば、アルチュセールの何も考えずに反復される行為もシニフィアンである。「意志によらない」からである[76]。

---

(75) **J.-D. Nasio, *Cinq leçons sur la théorie de Jacques Lacan*, p.21.**（ジュアン＝ダヴィド・ナシオ『ラカン理論　5つのレッスン』、二〇頁）

(76)「行為」ということで想起されるのは、精神分析的な治療（内・外）過程においてしばしば見られる「アクティング・アウト」**acting-out** と「行為への移行」**passage à l'act** という現象である。両者とも、フロイトが用いた「行為化」**Agieren** もしくは「行為化する」**agieren** の翻訳（解釈）であるが、ラカンはアクティング・アウトと行為への移行の間に差異を設ける。

フロイトはこの語を使用するとき「想起する」**eriennern** という語と併用する場合が多い。というのも、**Agieren** には「身体を動かす」「作動する」「行動する」という意味と同時に、「以前の行為を再現前化する」という意味があるからである。つまり行為化とは、抑圧されたものが想起できない状態で行為という形で回帰する現象、主体自身それが何なのかわからぬまま行為に突き立てられてしまう現象なのである。「芝居を演じる」「役を演じる」「見せる」を意味する **act out** は、こうした意味合いを強調した訳語であり、まさに「行為」によって他者に「見せる」のがアクティング・アウトなのである。

アクティング・アウトは、主体が「想起する」代わりに行為によって過去を再現前化することであり、しかもそれは無意識に行われる。そこでフロイトは、過去を現在にもたらすこの行為化の考察においてはじめて反復強迫を導入し、それを転移に結びつける。

アクティング・アウトはいわば分析家の無能を露わにするものであり、分析家が主人のように振る舞ったり、不十分な解釈、またはあまりにも適切な、もしくはあまりに性急な解釈を施したりするときに現れる。アクティング・アウトは、分析家が不安をもたらすようなことを語ることを拒否し、分析家が理解し得ないことを露わにすることによって演じられる。それは、語ることができないものを、語る代わりに虚偽の現実を生み出すことで、他者に語られていないものを知らせるのである。このように、分析治療が分析家の振舞が原因となって行き詰っていることを知らせるのがアクティング・アウトなのであり、聞く耳を失った分析家に対する象徴化の要求である。

しかし、分析家も、主体自身も、たとえアクティング・アウトが現れたとしても、それを解釈することはできない。とはいえ、アクティング・アウトが生じるのは分析家が転移関係の中で適切な位置をとっていないことに原因するのだから、分析家がみずからの位置を聞く態勢へと適正に修正することで、主体＝患者がこれまでとは異なった仕方でみずからの位置を見出し、新しいディスクールに組み込まれ得る可能性はある。それゆえラカンは、アクティング・アウトを「野生の転移」と言う。

これに対し「行為への移行」は、たとえ治療の中で生じたとしても、誰にも向かわず、解釈されることを期待しない。〈他者〉にとって主体は対象aであることが暴露されたとき、行為への移行が起こる。それは極限的な感情状態、あらゆる象徴化が不可能となるときである。あたかも〈他者〉が主体の死を享楽しているかのように、主体は〈他者〉にみずからを捧げるのである。行為への移行は、主体の絶望的な愛の要求、象徴的な承認の要求、排出されるべき屑となった主体の要求であり、ラカンはこの事態を「落ちる」se laisser tomber と表現する。主体が〈他者〉にとっての対象であることが暴露される事態に直面したとき、主体は「落ちて」いきながら対象に同一化し、制御不能な不安によって衝動的な仕方で反応するのである。行為への移行の代表的な例は飛び降りであり、まさに自己否定、衝動的な行動である。主体は廃棄あるいは排除された対象に成り下がってしまう。それゆえ、「行為」は何かを意味するのではなく、幻想の枠組みの崩壊と主体の追放の対応物である。

行為への移行は、去勢と死の間での現実界に象徴的に登録させるための賭けであり、主体にとって回避できない、みずからの分割に対する抵抗、最も根源的な疎外において主体性を無意識的に保持するためのあまりにも高くつく代価である。行為への移行において死の欲動は勝利するのである。

　行為がシニフィアンであり、構造的な断絶の端緒となり、行為の後には「事後的に」それ以前とは根本的に異なった自己を発見することが可能となるものであるのなら、アクティング・アウトは「行為」の名に値するが、行為への移行はもはや「行為」ではない。

　では、アクティング・アウトと無意識の中で反復されるイデオロギー的な行為は同じものなのか。両者とも反復強迫の機制の下、主体を無意識的に駆り立てるものであるということでは、つまり享楽状態の中での行為という点では同じであると言える。だが、アクティング・アウトは〈他者〉からの解釈の「拒絶」であるのに対し、イデオロギーに従う行為は、〈他者〉からもたらされる〈主体の存在の〉解釈を、意識的ではないにせよ、「受け入れ」、忠実にそれに従うという点では両者は決定的に異なる。イデオロギーに従うことは、分析治療に関わる言葉で言えば、「暗示」である。暗示はひととき症状を抑えることができるが、時が経れば再び症状が現れることになるのと同様に、イデオロギー的行為は或るイデオロギー装置への定着をひとときの間可能にしても、その後別のイデオロギー装置への移行を反復させることになる、つまり主体の症状を完全に解消することはできない。

このシニフィエなきシニフィアンが起点となって連なっていくシニフィアンの連鎖によって、意味の満ちたイデオロギー的空間が主体に拓かれてくる。ジジェクは言う。「ある『意味の経験』の統一は、（略）ある『純粋な』、意味のない『シニフィエなきシニフィアン』によって支えられる[77]」。

われわれはそのイデオロギーの意味も分からぬまま、イデオロギー装置の中で黙々とイデオロギー的行為を繰り返す。意識しないまま行為を反復し、気づいたときにはイデオロギーの主体となっている。あたかもいい、いい、いいいい以前からつねにすでにそうであったかのような錯覚がそこに生まれるのだ。

或るイデオロギーとの出会いは、現実的に考えてみても、たしかに偶然でしかない。だが、イデオロギー装置の中での反復される行為によってシニフィアンが身体に刻み込まれた主体にとっては、そのイデオロギーはいわば「必然」と化している。「イデオロギーには外部はない」。イデオロギー空間内で思考する者にとってそのイデオロギー的思考は、疑念を一切抱かせない、自明なもの、つまり「イデオロギー的ではない」のである。ジジェクは言う。「いかなる象徴化も結局のところは偶然的なものであるから、ある歴史的現実の経験がその統一を獲得するための唯一の方法は、シニフィアンを媒介とすること、すなわち『純粋な』シニフィアンへの支持に依存することである[78]。」

「純粋シニフィアン」（シニフィエなきシニフィアン）の一つが一の印であり、それは主体が象徴界へと参画する入口となるものであった。あるいはデカルトの「われ思う」、これも「シニフィエなきシニフィアン」の一つであり、「われ思う」と言表することで象徴界における主体の存在が確保される。一の印も「われ思う」

（77）Slavoj Žižek, *The sublime object of ideology*, p.97, Verso, 1989.（スラヴォイ・ジジェク『イデオロギーの崇高な対象』鈴木晶訳、一五四頁、河出書房新社、二〇〇〇年）
（78）*Ibid.*,p.97.（同前、一五四頁）

も意味を欠いたシニフィアンであるゆえ、それがそれでなければならない必然性はない、つまりその選択は偶然である。だが、無意味なシニフィアンとの同一化は、主体に象徴界を拓き、主体をその住人にする。

ジジェクはシニフィエなきシニフィアンはクリプキの「固定指示子」と同じ機能を有すると言う。これを導き出すためにジジェクが通過するのは記述論と反記述論との論争である。論争の的になっているのは、「名前はそれが指し示す対象をいかにして指示するのか[79]」ということである。

記述論は、言葉は何よりもまず意味の担い手であり、言葉が意味するのは対象の持っている一群の記述的属性であると考える。したがって、現実の対象が一群の記述によって示された属性を持っていれば、言葉はその対象を指示することになる。内包（意味）が外延（ある語によって指示される一群の対象）よりも論理的に優位に立つということである。これに対して、クリプキら反記述論は、或る語は、「最初の命名儀式」という行為を通じて、ある一つの対象あるいは一群の対象と結ばれ、しかも最初にその語の意味を決定した一群の記述的特徴がまったく変化してしまったとしても、その結びつきは残ると言う。「記述論者は、ある言葉の内在的・内的な『意図的内容』を強調し、一方反記述論者は、ある言葉が伝統の鎖の中を主体から主体へとどのように伝達されてきたかという外的な因果連鎖こそが決定的だと考える[80]。」

両者は様々な「神話的な」例を持ち出し相手に反駁するが、記述論者は、反記述論者が引き合いに出す反例はすべて二次的である、つまり記述論的な機能が第一次的にあり、その後に反記述論者が唱えることが展開しているにすぎないと批判する。例えば、「もしわれわれがある人物について、彼の名前がスミスだとい

(79) *Ibid.*,p.89.（同前、一四一頁）
(80) *Ibid.*,p.90.（同前、一四二頁）

うことしか知らなかったとする。つまり、『スミス』の唯一の意図的内容が『他の人々がスミスと呼ぶ人物』だったとする。このような状況は論理的に、スミスについてもっとずっとよく知っている人物が他に少なくとも一人いることを論理的に前提とする[81]」ということである。

これに反論するためには、記述論者の「神話的」例が経験的のみならず論理的にもあり得ないことを示すことである。ここにおいてはラカン的アプローチが有効であるとジジェクは言う。言語というのは共同主観的に認識されるかぎりにおいてはじめて意味を持つ、つまり言語が社会的ネットワークとして存在するかぎり、その定義からして「私的」にはなり得ない。そうだとすれば、その対象の名前がこれであるのは、その対象を指示するために他者たちがこの名前を用いているからであるということが、個々の名前の意味の一部分となっているということである。「個々の名前は、それが共通言語の一部であるかぎり、この自己言及的・循環的な契機を持っている[82]。」これはまさにシニフィアンのトートロジカルな特性を示している。「名前がある対象を指示するのは、その対象がその名前で呼ばれるからである[83]。」これは記述論者が引く神話的な例の中の人々——自分たちの話している対象について何一つ知らないにもかかわらず、その対象をその語で呼ぶ人々——が行っていることである。彼らがその対象を指示するのにその名前を用いるのは、他者たちがその名前を用いているからという理由のみである。それでもしかし、記述論者はその対象の記述的属性について よく知っている人が存在することが前提であると言うだろう。これに対するラカン的反論は、それはまさに「知っていると想定された主体」であり、そのようなものが想定されてさえいれば、実在しなくともよ

(81) *Ibid.*, pp.92-93.(同前、一四六頁)
(82) *Ibid.*, p.93.(同前、一四七頁)
(83) *Ibid.*, p.93.(同前、一四七頁)

いということであろう。

他方、反記述論者が持ち出す「神話的」例は、「全知の歴史観察者」というものである。全知の歴史観察者とは「最初の命名儀式」の場面を知る者である。これもまた「知っていると想定された主体」の別バージョンではあるが、反記述論者は、たとえ最初の命名儀式における対象と名前の対応がその後ズレてしまったとしても、つまり対象の記述的属性が変化したとしても、その対象はその名前で指示されるということである。そこで反記述論者が問題とするのは、「一群の記述論的特徴のたえざる変化を超えて指示対象の同一性を構成しているのは何か、すなわち、属性がすべて変化してもその対象の自己同一性が保たれているのは何によるのか[84]」ということである。

これに対するラカン的回答はこうだ。「その記述的特徴がすべて変化しても、ある対象の同一性を保証するものは、名指しそのものの遡及的効果である[85]。」対象の同一性を保持するのは、名前そのもの、すなわちシニフィアンであるということなのだ。反記述論の発想に欠落しているのは、それゆえ名指しの根本的偶然性なのだとジジェクは指摘する。「最初の命名儀式」は偶然にすぎない。その対象をその名前で指示することになったのは偶然にすぎないが、その対象をその名前で指示する人々の中では、その指示は「必然」である、これが名指しそのものの遡及的効果、偶然の名指しは事後的に「必然」となるということである。

結局、記述論も反記述論も、両者が持ち出す神話的例が目的とするのは「名指しの根本的偶然性を限定・制限し、その必然性を保証する媒介をつくりあげることである[86]。」指示対象の同一性を構成するのは、名

(84) *Ibid.*,p.94.（同前、一四九頁）
(85) *Ibid.*,pp.94-95.（同前、一四九頁）
(86) *Ibid.*,p.95（同前、一五〇頁）

指しの偶然性なのだ。このように主張した上でジジェクはさらに、固定指示子とシニフィエなきシニフィアンは同じ機能を有すると言う。

その機能とは「ある対象の記述的属性の変化する群を超えてその対象の同一性を指示し、同時にそれを構成する[87]」というものである。つまり対象の定義は様々ある属性によってなされるのではなく、「つねに同一のシニフィアンによって指示され、同一のシニフィアンと結ばれている対象である、と述べることである。そのシニフィアンが、その対象の『同一性』の核を構成するのである[88]。」

こうした能力を純粋シニフィアン、すなわちシニフィエなきシニフィアンに与えるのが「クッションの綴じ目」である。クッションの綴じ目はいわば意味の結び目ではあるが、しかしそれがキルティングするところに意味が最高に凝縮されているわけではない。にもかかわらず、それはシニフィアンのレベルで或る領域を統一し、その同一性を構成してしまう。こうした特性は固定指示子も共有する。固定指示子もクッションの綴じ目もそこに意味が充満しているわけでもなく、「それ自身は諸要素の差異的な相互作用から逃れているために安定・固定した指示点〈参照基準点〉として機能する一種の〈保証人〉」でもない。そうではなく、「それ自身は『純粋な差異』以外の何ものでもない[89]」のである。

固定指示子もシニフィエなきシニフィアンも純粋な差異でしかない。ところがそれらは、意味の領域内では意味の極限的飽和点、つまり他のすべてのシニフィアンに意味を与え、それによって意味の領域を全体化するものとして捉えられてしまう。

(87) *Ibid.*,p.98.（同前、一五四頁）
(88) *Ibid.*,p.98.（同前、一五五頁）
(89) *Ibid.*,p.99.（同前、一五六頁）

発話の構造内で、それ自身の言表行為過程の内在性を表象する要素は、一種の超越的な〈保証人〉として経験される、つまり、ある欠如の場所を独占的に占めるだけの要素、その肉体的現前性においてはある欠如の具現化にすぎない要素が、究極の充溢の点として捉えられるのである。要するに、純粋な差異が〈同一性〉として捉えられる、つまり関係的・差異的相互作用から逃れ、その均質性を保証するものとして捉えられるのである[90]。

このようなものをどこかで見たことがないか。一の印、デカルトのコギトである。一の印もコギトも意味が最高に凝縮された点であると錯覚されたものである。一の印は主体の根拠となり、コギトは主体の本質を有した実体として主体の存在を保証するものである。しかしそれらは「ある欠如の場所を独占的に占めるだけの要素」にすぎない。一の印は〈もの〉があったことを示す痕跡でしかなく、コギトは消失する存在の痕跡を象徴界に残すもの、つまり純粋な差異でしかない。にもかかわらず、それらは主体の同一性の根拠となる。こうしたシニフィエなきシニフィアンが固定指示子と同じ機能を果たすのである。

一の印もコギトも「私」を代理表象するシニフィアンであるが、「私」は記述的内容を変化させようとも、やはり「私」であり続け、この私を指示し続ける。「私」が固定指示子として機能するがゆえに、「私」は様々なイデオロギーの担い手になれるのだ。どのようなイデオロギー的主体であろうとも私は私であるのだ。純粋な差異でしかないシニフィエなきシニフィアンが同一性として捉えられる機能を与えるのがクッション

(90) *Ibid.*, p.99.（同前、一五七頁）

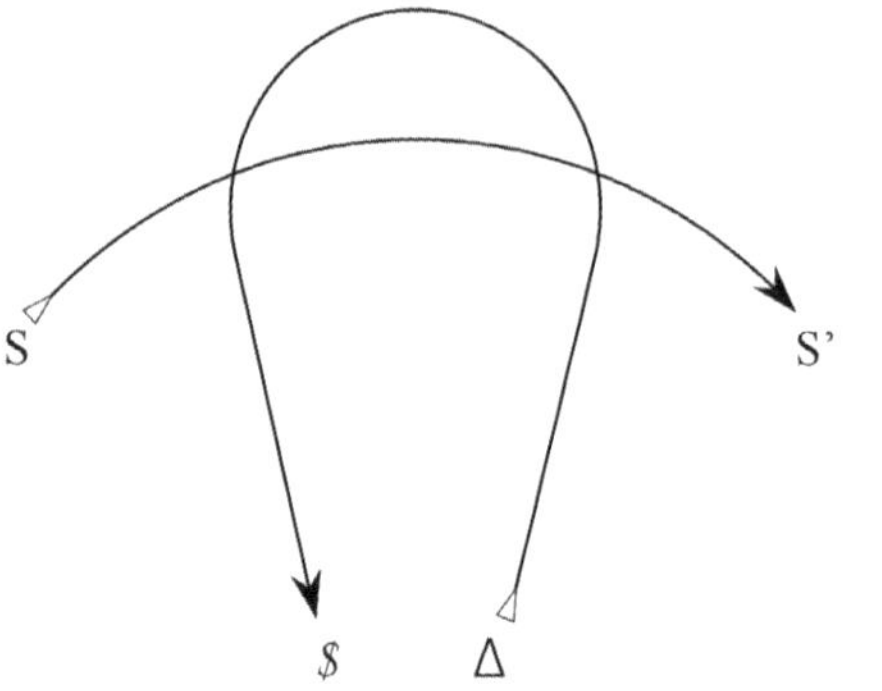

の綴じ目である。ラカンはこれを欲望のグラフの一部の中で表現した。

シニフィアンの直線的な連鎖がまずある（S→S'）。だが、これだけでは主体の存在は示されていない。そこで主体の意図、否、正確に言えばまだ主体は出現していないだから、主体以前の「意図」がある（Δ）。このベクトルがシニフィアンの連鎖にぶつかり、さらに通り抜け、後方へと下がりシニフィアンの連鎖を貫通する。これによって遡及的方向にキルティングがなされ、そこに主体が生み落とされる（$）。$は主体の分裂を指し示す。シニフィアンが他のシニフィアンに対し代理表象することによって生み出される効果＝結果effetとしての主体と、主体以前の「主体」（無意識の主体）との分裂である。まさに主体の「意味」（シニフィエ）はシニフィアンの効果として生み出されるのだ。しかも、それはこのキルティングの結果として、後ろ向きに、事後的に生み出される。

意味の効果はつねに後ろ向きに、事後的に、生み出されるのだ。「浮遊」状態にある――その意味作用がいまだに肯定されていない――シニフィアンは、互いに後ろを追う。それがある点で――ちょうど意図が、シニフィアンの連鎖を貫いて横断する点で――、あるシニフィアンが遡及的に連鎖の意味を固定し、シニフィアンに意味を縫いつけ、意味の滑りをとめる。[91]

（91）*Ibid.*,pp.101-102.（同前、一六〇頁）

イデオロギー装置の中で意識せずに黙々とイデオロギー的な身体行為を反復する者に作用しているのが、このクッションの綴じ目という機能である。

或るイデオロギー（S1）との最初の出会いにおいては、そのイデオロギーは理解不可能であり、信奉することも当然できない。それゆえ意味不明なシニフィアンとの出会いは、いわば外傷的出来事になる。だが、その後、理解不可能なまま何も考えずにそのイデオロギーに沿った行為を繰り返すことで、シニフィアンの連なり（S2）が形成される。ここにクッションの綴じ目の機能が作用する。S2からS1へと後方へのキルティングがなされるのである。このキルティングによって、無意味であるゆえ理解不可能だったシニフィアン（S1）に意味が与えられる。行為の連続（S2）が無意味なシニフィアンに意味を与えるのである。そのとき、このS1の点に主体が現われるのだ。クッションの綴じ目の機能によって任意のシニフィアンに縫いつけられる点に主体は生み出されるのである。イデオロギーの領野でそれを語るなら、その点は、「ある支配的シニフィアン（「共産主義」「神」「自由」「アメリカ」）の呼びかけによって個人に語りかけ、個人を主体へと呼びかける点である、一言でいえば、それはシニフィアンの連鎖の主体化の点なのである[92]。」

この機制は言表行為によって主体の確信が訪れ、主体が生み出されるときに働くものである。無意味なシニフィアンを言表することによって無意味なシニフィアンが意味を獲得するのだ。以後、無意味であったシニフィアンは支配的シニフィアンとなり、シニフィアンの連鎖を統制する、つまり主体の欲望を制御するものとなる。

（92）*Ibid*.,p.101.（同前、一六〇頁）

しかし、なぜキルティングは後ろ向きになされるのか。一般的にはシニフィアンはS1からS2へと進行していくはずだが、なぜS2からS1へと逆行するのか。それはわれわれの普段の文章表現を見ればよい。例えば「私は……」としか述べていない時点では述べた者が何者であるか判明しない。「私は……キリスト教者である」というように文章の完成を待ってはじめて主体の存在が示されることになる。このように主体の存在は後方から遡及的に、事後的に決定される。これが後方へと向かうキルティングによってもたらされる効果である。

後方転移の結果としての主体の自己同一性

無意味なシニフィアン（理解不可能なイデオロギー）がシニフィアンとしての行為（そのイデオロギーに則した行為）の反復によって意味を獲得する（理解可能になる）ということが実現されるとき、事はそれだけでおさまらない。「私はつねにすでにイデオロギー的主体であった」という認識をも主体に与えるのである。これは「後方転移の結果」である、とラカンは言う。つまり、実際は自分が何者であるのかわからなかった、少なくともそのイデオロギーの主体ではなかったにもかかわらず、行為を反復することで、そのように行為する者であるという属性を最初から有していた（がゆえにそのように行為する）存在になるということである。「キリスト教者だから、教会に行き、祈りの言葉を口ずさむのだ」というようにである。つまり、後方転移の結果、主体は自己同一性を獲得するのだ。

そのためには、主体は想像的他者autreと同一化せねばならない。ジジェクは言う。「『後方転移の結果』はまさにこの想像的次元を土台にしている。それは、自己は自律的行為者であり、その行為の起源として最初から存在していたのだという錯覚によって支えられている[93]。」

想像的他者との同一化とは、鏡像段階で示された身体イメージという他者との同一化であり、これを通して主体の同一性が実現される。他者の中に自分を見出し、疎外することによって自己同一性を獲得するのだ。イデオロギー領域で言えば、例えばイデオロギーの伝達者（媒介物）との同一化であろう。他者に映し出された自己自身を模擬することで「私」が確立されるということである。

鏡像段階では前主体的存在が同一化する対象は美しい形姿をまとった魅力的なものとして描かれていた。だが、想像的同一化においては、対象は必ずしもポジティブな性質を有するものであるとはかぎらない。「他者の失敗とか弱さとか罪悪感といったものもまた同一化の印たりうる[94]」のだ。想像的同一化は、憎悪や不快さなども含む情動をかきたてるような性質を持った他者を対象にする。それゆえ、つねに自分に似た他者、つまり競合し比較し得るような相手にならざるを得ない。このような同類としての他者と同一化することではじめて主体の同一性が形成される。

或るイデオロギーとの出会いはたしかに偶然であろう。或るイデオロギーに偶然出会い、その意味も理解できずにただ黙々とイデオロギー的行為を反復することでイデオロギーの担い手になるとアルチュセールとパスカルは述べたが、しかし実際はこうした行程を経たとしても、誰もがそのイデオロギーを担う主体になるとはかぎらない。なぜか。

想像的同一化のあり方がそれぞれ違うからだ。或るイデオロギーの主体になれるかどうかは、そのイデオ

（93）*Ibid.*,p.104.（同前、一六四頁）
（94）*Ibid.*,pp.105-106.（同前、一六六頁）

ロギーを担う他者の中に前主体的存在（個人）を惹きつける印を見出せるかどうかにかかっているということである。主体的「選択」の問題であると言うことができるが、しかし主体化以前であるゆえ選択は主体が行うものではない。選択することではじめて主体が生起するからである。

無意識の主体である。これが選択の担い手である。だが、主体自身は無意識の主体をわがものとすることができないばかりか、逆にそれはみずからの生を背後から操るもの、主体から主体性を奪うものである。疎外、主体は分裂している。分裂した片方である無意識の主体はつねに主体から逃れ、非知の領野から主体を操る。想像的同一化における対象を無意識の裡で選択しているのだ。たしかにイデオロギーとの出会いは偶然であろうが、或る種のイデオロギーは或る種の人間を「必然的」に捕らえる。第三章で詳しく見るが、そのイデオロギーの中に想像的に同一化し得る対象を見出した主体にとってはイデオロギーの担い手になることはすでに決まっていることなのである。想像的同一化の対象となるものの選択はそれぞれ主体ごとに一定範囲内で行われるのであり、眼前にその範囲内のものが示されると、同一化してしまい、示されなければ同一化しないということなのだ。もちろんその範囲はそれぞれ異なる。同一化する想像的他者の特性はその主体ごとに異なるが、しかしそれが主体の「主体性」をなす。

しかし、想像的同一化の以上のような面だけでは「つねにすでに……だった」が成立する根拠を説明したことにならない。鏡像段階において示されるように、前主体的存在はそれが主体以前のものであるゆえ「何ものでもない」存在、端的に「無」である。しかしこの「無」は他者と同一化することで「私」へと変貌を遂げる。実際ここには時間的ズレがある。にもかかわらず、「私」が生起した途端、時間的ズレは解消されてしまう。「私はつねにすでに私だった」と。これに関して別の角度から見てみよう。

われわれの世界は様々な事物によって構成され、様々な事物には意味がある。第一章で見たように、世界の中でわれわれが様々な事物に遭遇したとき、その都度ごとにわれわれにその事物の意味が新しく与えられるわけではない。われわれはすでに様々な事物について「それが何であるのか」、その意味を知っている。だから、世界の中で生きていけるのだ。

われわれは生を送る中で様々な事物に遭遇する。それぞれの事物は感性的多様をわれわれに与える。「知はこの感性的多様を、それに統一性を付与することによって規定する。（略）感性的多様を貫いて同一な、またそれ自身において一つであるようなこの要素が意味である[95]。」たしかにそれぞれの事物は感性的多様を固有な仕方で構成しているのだから、それぞれ異なったものであるとも言えるのだが、にもかかわらず、われわれは種々の事物を比較し、同じものであると認識できる。それは、そこに共通する意味を見出すからである。それゆえ、たとえ様々な状況の中で様々な事物に遭遇したとしても「それが何であるか」を理解できるのである。

では、何らかの事物に遭遇し、それの意味を自覚＝意識化するときどのような事態が起こっているのか。ジュランヴィルは言う。「予料＝先取りされていた意味が『検証』される、あるいはむしろ、現在において体験され再構成されるという事態である[96]。」

われわれが何かを理解するときには、つねにこの「予料＝先取り」がある。予め持っている知を基礎にしながら生起している事態の意味を予料＝先取りし、その後予料＝先取りされた意味が「検証」されることで、予料が正しかったことを確認しているのだ。意味はつねにこのようなプロセスを経ることでわれわれに

（95）Alain Juranville, *Lacan et la philosophie*, p.31.（アラン・ジュランヴィル『ラカンと哲学』、二五頁）
（96）*Ibid.*, p.31.（同前、二五頁）

捕まれるのである。「やはり、これはこれであった」というように。その事物が既知のものであろうと新奇なものであろうと、もたらされる感性的多様の構成のされ方はその都度特異であるのだから、実際にはすべて新奇なものであるはずだ。「そのたびごとに、各瞬間に意味が予料されており、単に私の現在の行為の意味ばかりではなく、私の世界一般の意味が予料されている。新しいことはこの枠の中でしか起こらないのである[97]。」この意味の予料＝先取りがあるから、世界は私にとって調和したものとして現前する。

しかし、とりわけ新奇なものが時間の推移とともに理解可能となったときなどは、「意味が到来する」という感覚をわれわれは持つ。だが、意味の把持が実現するかぎり、「時間は意味を到来させるのではなく、すでに予料された意味を開陳し、展開させるのだ[98]。」やはりそこにも意味の予料＝先取りがあるのだ。

この意味の予料＝先取りこそが、想像的なものの特性である。それの基盤となっているのが鏡像段階で示された、身体の器官的支配を越えて身体的統一性を想像的に先取りする機制である。人間の認識はつねに前のめりに事態を先取りし、事後的にそれが正しかったことを検証するプロセスを持つ。もちろんその正しさの保証は象徴的な〈他者〉によってもたらされる。予料＝先取りを特徴とする想像的な時間とは「ひとが予め全展開過程の出口に立っている（すべてのことが、実現されたことの角度から見られている）というかぎりで、過去に向かっていると同時に、予料せざるを得ないというかぎりで未来に向かっている時間である[99]。」（強調は引用者）

「意味を理解する」瞬間とは予料＝先取りされた意味が「検証される」瞬間であり、その瞬間はつねに「過

（97）*Ibid.*,p.35.（同前、二九頁）
（98）*Ibid.*,p.35.（同前、二九頁）
（99）*Ibid.*,p.35.（同前、二九頁）

去に向かっている」。予料＝先取りしていた過去においては十全な意味の把持は実現しておらず、「理解」の確実さは脆弱である。これが確固としたものになる、つまり意味が確定するのは「検証」の時点である。「やはり、正しかった」というようにその時点はつねに過去に向かう。これがクッションの綴じ目で表わされた、過去に向かうキルティングの軌跡である。ここに「後方転移の結果」としての「つねにすでに……だった」が成立する。想像的なものがこれを実現するのだ。

無意味なシニフィアンへの執着

支配的シニフィアンになる無意味なシニフィアンとの出会いは偶然であるが、しかしこの偶然によって主体の世界観は一変する。無意味なシニフィアンとの出会いはたしかに偶然であるが、出会い以後そのシニフィアンは主体に必然性をもたらす。だが、無意味なシニフィアンとの出会いが偶然である以上、それに従うことには合理的な根拠はない。或るイデオロギーとの出会いもやはり偶然であり、偶然である以上、それに従うことには合理的根拠はない。ところが、偶然の出会いがみずからが住まうイデオロギー的世界を必然と化す。シニフィアンの遡及的効果がそれを実現するのだ。結果、われわれは以前からすでにそのイデオロギーの主体であったとの錯認が生まれる。

しかしなぜ、偶然出会ってしまった無意味なシニフィアンに主体は執拗にこだわるのか。

人間という存在の特徴となっているのは、どういう結果になろうとも、われわれの最も基本的な利害、つまり自分の生存を無視しても、こだわってしまう〈主人のシニフィアン〉に具象化される、ある象徴による〈大儀〉に対する「非合理」なこだわりである。人間がどんな意味内容に対しても自由な柔軟性を保っていられるのは、ある〈主人のシニフィアン〉（究極的には「シニフィエのないシニフィアン」）に対して「頑固にしがみついている」からだ[100]。

イデオロギーとの出会いは偶然でしかなく、それに従うことには合理的根拠はない。にもかかわらず、なぜひとはイデオロギーからの呼びかけに応え、その虜になり、応じ続けてしまうのか。この非合理な隷従はどのようにして生じてくるのか。しかもこの無意味なシニフィアンへの隷従は執拗なこだわりとなり、特定のイデオロギーにしがみついて離れようとしない執着へと強度を高めていく。なぜこのような事態が生じてくるのか。それについての解答をアルチュセールのテクストの中に見出すことはできない。それゆえ、アルチュセールのイデオロギー論はイデオロギーの閉鎖性と頑強さを必要以上に示す結果を招いてしまった。アルチュセールにとって問題だったのは、そこから脱することであったにもかかわらず。

なぜアルチュセールはその理由を見出せなかったのか。ジジェクは言う。「呼びかけをめぐるアルチュセールの理論に発する、イデオロギー理論におけるこれまでの『（ポスト）構造主義的』試みの決定的な弱点は、（略）もっぱら想像的同一化と象徴的同一化のメカニズムを通してのみ、イデオロギーの実効性を捉えようとした

（100）Slavoj Žižek, *The plague of fantasies*, p.120, Verso, 1997.（スラヴォイ・ジジェク『幻想の感染』松浦俊輔訳、一四七頁、青土社、一九九九年）

ことである[101]。」アルチュセール自身も含めた、彼に端を発するイデオロギー論の行き詰まりは、それが想像界と象徴界のレベルにおいてしか考察の目を向けてこなかったことに起因する。

クッションの綴じ目の相関物、主体の出現と同時に生み出されるものがある。対象aである。対象aはイメージや意味、言語では捉えられない現実界のものである。この対象aという概念を導入することではじめてイデオロギーの秘密を解明することができる。これを解き明かすために、さらに身体の秘密に迫らねばならない。

(101) Slavoj Žižek, *The sublime object of ideology*, p.124.(スラヴォイ・ジジェク『イデオロギーの崇高な対象』、一九四頁)

第3章 イデオロギーと身体

リビドー的身体

しかし、それにしてもなぜ身体なのか。パスカルとアルチュセールは、何らかのイデオロギーを精神では受け入れられなくとも、イデオロギーに沿った身体的行為の反復によってイデオロギーを信奉するようになるのだと述べるが、しかしこうした意味での精神に対する身体的行為の優越性はどこからもたらされるのか。言い換えれば、身体的な反復行為を通した身体のシニフィアン化によってイデオロギーが主体に宿るとしても、それではなぜ、精神ではなく、身体を入口とするのかという問題、あるいは、シニフィアンのシニフィエに対する優位性があるにしても、なぜ精神のシニフィアン化ではなく、身体のそれなのかという問題である。快感や苦痛を覚えるこの生身の身体でなければならない必然性はどこから来るのか。

もちろん、こうした疑問が生じるのは、われわれの一般的な心身観と相容れないからである。精神と身体はまったく別物であり、しかも精神が主体となり対象としての身体を動かし制御する、これがデカルト以来のわれわれの一般的な心身観である。だが、パスカルとアルチュセールはこの一般通念を顚覆させてしまう。

とはいえ、現実的にはわれわれの身体はこうした一般通念とは相容れない事実を示すことがある。例えば幻肢。事故や病気で足を失った者が、ないはずの足に痛みや痒みを感じる。もはや精神の制御が及ばないはずの失われた身体部分に対し、精神が反応してしまう。あるいはコタール症候群。この病に苦しむ者は、自分の身体が存在しないかのような症状に陥る。精神が在るはずの身体を「存在しない」と判断を下してしまうのである。

精神分析はこうした身体現象を考察してきた。われわれの一般的な心身観を覆すような身体現象を対象にし、その原因を探りあてようとしてきたのである。それゆえ、ここでもまた、精神分析理論を通過することである。

精神分析は言う。人間の身体は単なる物質的、あるいは生物学的身体ではない。われわれの身体はリビドー化された身体、すなわち「リビドー的身体」でもあり、これが生物学的な身体と重なり合っているのだ、と。たしかに、想起すればフロイト精神分析はヒステリーとの対峙からはじまった。ヒステリー盲目の患者は、身体に何ら器質的な問題がないにもかかわらず、「見えない」と訴える。これに対しフロイトが下した判断は、要するに「見たい」という欲望が生まれないために目に制止がかかり、視覚的機能に支障をきたしているというものである。ここに重要な役割を果たしているのがリビドーである。

リビドーは性欲動のエネルギーである。リビドー的身体は人間固有のものであるが、しかし、これはどのようにして生まれてくるのか。予め言っておけば、それは、人間固有のものである言語からである。しかしその前に、まずはリビドーをみずからのエネルギーとする欲動について考察せねばならないだろう。身体に対して精神分析的アプローチから迫ろうとする試みにおいては欲動の問題は外せない。なぜなら、精神分析においては、欲動は精神的なものと身体的なものとの境界概念であるからだ。

アルチュセールとパスカルの示した身体の問題について考察する際にも、欲動が鍵となる。そして、この問題を解明していくことは同時に、アルチュセールのイデオロギー論の行き詰りの原因の解明にもつながる。イデオロギーは人々を現状に縛りつけてしまう強靭さを持つように見える。たしかにどんなイデオロギーも執拗にわれわれをみずからに沿った反復行為へと駆り立てるが、その内に秘めた機制は意外と危うく、脆いものでしかない。アルチュセールはそこに到達することができなかったから、個人的な目論見とは裏腹に、結果的にイデオロギーの強靭さを強調することになってしまったのだ。

欲動と本能

あるときまで精神分析がとってきた治療法は、患者の示す意味不明な症状に解釈を施すこと、つまり抑圧された情動に言葉を与えることであった。しかし、それでは治療が進まず、停滞を余儀なくされてしまう事態にフロイトは直面した。そのとき彼は無意識には言語的次元には収まらないものがあるのではないかと考え、それを「欲動」と名づけた。欲動が神経症を引き起こす原因となっているということである。しかしそれと同時に、人間に生きる力を与えるのも欲動である。われわれの生を根底で支えているこの欲動の力の流れが転換することで、神経症の症状が引き起こされるのだ。

フロイトの欲動はたしかに理解困難な概念であり、実際誤解の中に長らくおかれてきた。洋の東西を問わず「本能」と混同されてきたことなどその典型であるが、しかし本能が、それぞれの個体がそれに抗うこともできず、突き立てられ、従わざるを得ないものであるように、欲動もまた個体を本人の意志とは無関係に行動へと駆り立てる「衝動」である。だが、人間に本能なるものがあるのかどうかはそもそも疑わしい。

とりわけ、精神分析が重視する性欲である。性欲も個体本人の意志を無視し、それを満たすための行動へと個体を突き動かす。たしかに人間以外の動物にとって性欲は、種の保存を目的とした本能の一つであるが、果たして人間の性欲をそれと同一視してよいものなのか。本能とは遺伝的に継承され、どの個体も必ずそれに従い、その拘束から逃れることはできないものである。本能が自然法則の一部である以上、自然と一体化して生を営む人間以外の動物の性欲はたしかに本能であるだろう。動物たちの性行為はつねに種の繁殖を目的として行われ、しかも行われるのは一定期間のみである。

しかし、それに対して人間は、常時性欲を持ち、しかも生殖を目的とする性行為はむしろ稀である。さらには、性倒錯などは性的能力のない物品を性的対象にし、あるいはマゾヒズムやサディズムは苦痛を与え／与えられることに性的快感を覚える。こうした性的現象を見れば、人間の性欲が他の動物と同じような本能であるなどとはとうてい考えられない。あるいは、本能が個体のすべてに同じ行動パターンを惹起するものであるなら、人間の性欲はその現われ方が個々人で千差万別である。それゆえ、人間の性欲は本能であるとすることもできないのと同時に、従来本能と見なされてきた食欲やその他の衝動も、あらためて吟味してみると、本能と考えることは難しいと言わざるを得ない。丸山圭三郎は次のように言う。

> 人間は自然を征服し、この行為を正当化する世界宗教が登場し、文化は加速度的に巨大化して文明と呼ばれる形態となり、土地の私有化、階級社会、職業文化が生じたのである。この逆ホメオスターシス現象こそ、〈過剰なる文化〉がもつ両刃の剣であった。外界を順応させることは、自らが順応する能力の退化と並行する。外なる自然の征服は、内なる自然の破綻を呼ぶ。文化は本能が退化したためにこれを補

填すべく作り出されたものではなく、その逆に、人間は文化によって本能の歯車を狂わせたのである[1]。

端的に言って「本能が壊れている」人間存在を根底から動かす欲動も、それゆえ、本能と同一視することは留保せねばならないことになるだろう。欲動という個体を背後から突き動かす力も、たとえ表層的には本能的なものと類似した現象を生み出すにしても、他の動物とは異なる人間という存在が有する固有な力と解釈する必要があるのではないか。人間固有の欲動が、人間に固有に認められる様々な心的現象を生み出すのである。その一つがヒステリーである。

フロイトは、ヒステリーのような身体的問題が一切ないにもかかわらず身体に「異常」が現れるという現象に直面したとき、人間の精神には何らかの機制が働いているのではないかと考えた。過去に心に傷を残すような衝撃的な出来事を体験すると、その記憶は耐えがたい苦痛であるゆえ無意識の中へと「抑圧」するという機制である。だが、抑圧されたものは消滅するのではなく、身体の症状に転換され、表面に出てくる。これがヒステリーの症状を引き起こすのである。しかも抑圧は意識的に行われるのではなく、自分が知らないところで、つまり無意識に行われる。だからひとは自分の症状の原因を自分で知ることができない。こうしたヒステリーを転換ヒステリーと言う。転換ヒステリーは、無意識の葛藤が身体症状に「転換」されたものである。

精神分析はこの転換ヒステリーの治療に有効な方法を提供できるとフロイトは考えた。無意識の解釈というのがその方法である。分析家が施す解釈が無意識の適切な場に到達できれば、ヒステリーの身体症状に直

(1) 丸山圭三郎『欲動』、三三頁、弘文堂、一九八九年。

接影響を与えられる、つまり治療することができるということである。このことは、無意識には精神と身体が直接接続している場があることを示しており、この場が欲動なのである。「欲動は、精神的なものと身体的なものとの境界概念である[2]」（強調は引用者）と言われていたはずだ。

だが、フロイトにおいては、欲動という概念を理解するには一筋ならぬものがある。様々に変遷を遂げながら欲動理論は展開されていったのである。

欲動概念の変遷

何が神経症の症状をつくり出すのか。この問題にフロイトは当初から関心を寄せていた。そのとき彼が注目したのが性的なものである。人間にはみずからを根底から突き動かす性的な力が働いており、それが神経症の症状を引き起こすのではないかとフロイトは推測し、この力を「欲動」と命名し、ひとを突き動かす性的な力を「性欲動」とした。リビドーは性欲動のエネルギーである。もちろん誰にでも性衝動は働いており、身体内部から沸き起こるこの衝動に抗うことは難しいのだが、それと同時に性的なものは神経症の原因にもなる。

こうした推測を可能にしたのが倒錯である。たしかに何らかの倒錯的症状に翻弄される者は、みずからの

（2）Sigmund Freud, *Trieb und Triebschicksale.* Gesammelte Werke X, p.214, 1915.（ジークムント・フロイト「欲動と欲動運命」新宮一成訳、『フロイト全集14』、一七二頁、岩波書店、二〇一〇年）

意志ではどうにもならない衝動に襲われ、突き動かされてしまう。さらには当時多くの者から抵抗を受けた幼児性欲論、つまり抑圧が過剰に働く以前の領域である。

そしてフロイトは言う。「『欲動』とはなによりも、連続して流れている内身体的な刺激源泉の心的代理にほかならない[3]。」欲動そのものは捉えることができない。捉えられるのは、身体から発する興奮によって与えられる「心的な代理」のみである。

倒錯や幼児性欲の領域の観察からフロイトは性欲動に関していくつかの特徴を示した。まず、身体のどの部分も欲動の起源になり得ると同時に終点にもなり得るということである。倒錯者は様々な形で性的快感を覚え、そこにおける性感帯もまた身体の様々な部分によって担われる。あるいは、性感帯が性器に集中する以前の幼児においては口や肛門などが性感帯として機能する。こうしたことから帰結するのは、欲動の多様性である。欲動の源泉とその目的は無数であるということである。さらには、欲動はそれぞれがまったく異なった部分的な目標で満足するわけだから、欲動が統合されることは不可能であるということになる。そして、諸欲動の変換は、その目標と同様に、多様であるために予測できない。

もちろん、どの有機体も身体内部から発する性的な衝動があることによって生殖が可能となり、種を再生産し、維持することができる。人間も同様であり、性欲動は人間を生殖へと駆り立てる。このような意味では、人間における性欲動も他の生物の性的な本能と重なり合う部分がある。

だが、生物にとって生命そのものを維持するために働くのは、性的衝動だけではない。生物は放っておい

（3）Sigmund Freud, *Drei Abbandlungen zur Sexualtheorie*. Gesammelte Werke V, p.67, 1905.（ジークムント・フロイト「性理論のための三篇」渡邊俊之訳、『フロイト全集6』、二一四頁、岩波書店、二〇〇九年）

ても「生きようとする」、どのような状況に置かれようとも、たくましく生存の道を切り拓こうとする。人間も生きることをことさら意志せずとも、生存を可能にするために日々栄養摂取をし、有機体として身体の維持に勤しみ続ける。このような個体の自己保存を実現する衝動が人間の内でもつねに無意識のうちで働いており、フロイトはこれを「自我欲動」と呼んだ。自我欲動とは自分自身を生きている状態に維持しようとする自己保存の衝動であり、その機能の対象は個人である。このようにフロイトは人間における欲動には性欲動と自我欲動との二つの形態があることを仮定したのである。

だが、ナルシシズム研究を経ることで、性欲動と自我欲動との区別は意味を失うことになる。ナルシシズムとは自分自身という対象に愛を向けることである。このような事態が生じるのは、自我の諸機能の全体にはリビドーの関与があるからだとフロイトは推測した。ということは、自我の諸機能は単に自己保存の論理のみに従うのではなく、同時に性感性を帯びるということ、つまり自我もまた性的な対象となるということなのである。そうであるなら、性欲動と自我欲動とを区別することはもはや意味がなくなる。

ちなみに、精神分析でいわれる「性的なもの」は一般的に考えられているそれとは異なる。フロイトが主張した幼児性欲論は当時の世の中から抵抗を受けたが、それはフロイトが言う「性的」を「性器的」と理解されてしまったところに起因する。成人の性欲はたしかに性器的性欲である。だがフロイトは、性器的なものに限定させられてしまう傾向がある性概念を拡大し、幼児性欲はそれ以前の性欲であることを示したのである。例えばおしゃぶりなどは幼児性欲の一つの現れである。このように性概念を捉えないかぎり、人間における性現象を説明ができないのである。人間の性欲は幼児性欲から性器的性欲へと展開していくが、この展開において欲動が働いている。

幼児性欲においては、性器との結合を目標とはせず、欲動が身体の様々な部分と結びつくことで、それらの部分は「性感帯」となる。フロイトは身体全体が性感帯であると言うが、基本的に身体のどこでも性感帯になり得る。それゆえ個々人で性感帯の部位が異なるのと同時に、多くの人々に共通する、身体の特定部位に集中する傾向もあり、特定部位への集中が段階を経て展開されていく。

まずは口唇期であり、乳を与えられ、吸う唇に性感帯が形成される段階である。唇が性感帯になるのは、もちろんそこに快感を覚えるからであり、この快感は乳を吸う、つまり栄養摂取で得られるものである。これが口唇性欲であり、自己保存欲動が口という部位に依存する形で形成されるものである。こうした依存関係を「委託 étayage」といい、性欲動は身体の各部位における自己保存欲動に依存する形で快感を得るのである。栄養摂取のために乳を吸うことはそれ自体では性的なものではないのだが、そこに性欲動が重なることによって性欲が現れるのである。

次は肛門期であり、排泄によって得られる快感に性的快感が結びつき、肛門が性感帯となる段階である。母による排泄の躾の中で、適切に排泄できたときの母の喜ぶ姿を見た子供は糞便を母への贈り物とみなすようになる。これが、夢や幻想の象徴体系の中では、贈り物、それからさらには金銭に変わって現れる。

そして男根期であるが、ここで様々な部分欲動が性器の下に統合され、はじめて性欲が男性性器と結びつくことになる——と一般的には言われる。思春期以降の性欲が成立する性器期はその後に到来するのだが、それ以前の男根期では男の子も女の子もまだ男性器しか知らず、ペニスを持つ／持たないで男女の区別をつけている。つまり、男の子は女性器を見ると、ペニスを切られてしまった（去勢された）と思い、女の子もペニスを見ると、自分はペニスを切られてしまったと思うのである。この時期はエディプス・コンプレックスの絶頂期と消滅期にあたり、異性の親に対する愛着と同姓の親に対するコンプレックスを形成する。男の子は、あたかもエディプスのように母に執着し、父を排除しようとするが、自分よりはるかに強い父親から「お前がそのような欲望を持つならペニスをちょん切っちゃうぞ」と無言の脅迫を受け、禁止されると思い込む。ここから去勢不安が生じてくる。男の子はペニスを持たない女の子を見ることで、ペニスが切られることは実際にあり得ることだと考える。そして母に対する執着を断念し、抑圧してしまう。この時期以降に、性器期が到来し、成人の性欲が成立する。

精神分析が語る「性的なもの」には、さらなる独特な意味合いがある。「性的なもの」とは、かつてあったと想定される、母子の近親相姦的癒着関係の中で実現される全能感を回復する営みである、ということである。しかし、その理想状態は「かつてあった」と「想定された」ものでしかなく、それゆえその実現なり回復は絶対的に不可能である。にもかかわらず、倦むことなくそれは希求されるのである。

そもそも人間の生全般に「性的なもの」が関わっていると考えてきたフロイトにとっては、性欲動と自我欲動を区別する必然性は、ここに至って、もはやなくなってしまう。かくして暫定的に自我欲動と対象欲動との二元論に移行することになるが、しかしこの二元論もまた有効ではない。ナルシシズムの理論が自我こそ主体にとっては真の対象であることを示しているからだ。欲動においては自我と対象は同じ次元に置かれるのである。それは、欲動のすべては性的なものであり、自我の保護も生物学的次元ではなく、欲動的次元においてなされるということを示している。

だが、こうした検討過程をたどる中で欲動の特徴が浮き彫りになる。欲動は身体に起源をもつ恒常的な力であり、精神にとっては「興奮」として表わされるということ、さらには欲動の諸特徴は、源泉、衝迫、対象、目標に示されるということである。源泉については、身体のどの器官も欲動の源泉になり得るということであり、衝迫は欲動エネルギーの表現であるということである。対象については、欲動の充足をもたらし、目標に至らせる可能性があるものであるならどのようなものでもかまわない。それゆえ欲動の対象は無数にある。目標については、欲動の充足、つまり有機体が欲動を放出することであり、緊張を最も低くすることで欲動を一時的に消滅させることであるが、それはあくまでも一時的、暫定的な達成でしかなく、緊張は再び生起する。そのため、欲動の完全な満足はあり得ず、したがって対象はつねに不適切であり、欲動が満たされることは永遠にない。

では、性欲動と自我欲動との二元論は、その無効が明らかとなった以降、どのような形に変化していくのか。そもそもこの二元論の考案の背後にあった考えとは、自我欲動は個体の生存を目標とし、性欲動は種の維持を目標にしているというものである。個体を踏み台としながら、一個体の生死を越えた生殖過程の連続を実現しようとする性欲動は、それゆえに個体の死と結びつく。

そこで『快原理の彼岸』で提出されたのが「死の欲動」である。基本的に夢は欲望充足であるにもかかわらず、命を危険にさらすような恐ろしい体験をしたひとが、そのときの体験をその後記憶の中で何度もよみがえらせ、夢の中でも何度も見るということがある。こうした「矛盾した」事態をフロイトは「反復強迫」という概念によって説明しようとした。ここに死の欲動が関わる。

死の欲動と対をなすのが生の欲動である。生の欲動が生の統一性を維持しようとするのに対して、死の欲動はその統一性を破壊して、永遠の休息、すなわち死んで無機的状態になることを目指す。つまり生の欲動が「生きる衝動」であるのに対して、死の欲動は「死へと駆り立てる衝動」であるのだ。自我欲動と性欲動との対立は、かくして生の欲動と死の欲望との対立に代わる。一見すると両者の並存は矛盾しているように見えるが、そうではない。

心的装置の機能とは、自己の中に増加する衝動による興奮を最も低くすることである。どんな生物にもホメオスタシス（恒常性）という機能があり、これは個体として生きてい中でバランスを失うことがあればこれを取り戻そうとする機制であり、この機能がないかぎり生物は生きてはいけない。生物はつねに均衡状態を維持していこうとする。こうした機制を働かせるのが生の欲動である。しかし、一見すると生の欲動と対立するかのような死の欲動も同じ機制の下で働く。

最も安定した状態とは刺激のないゼロの状態である。しかしこの状態は生きている間には到達不可能である。そこに到達し得る唯一の方途は、死ぬこと、あるいは生まれる以前の状態に戻ることである。死や生まれる以前の刺激のないゼロ状態にわれわれを導こうとするのが死の欲動である。そこでフロイトは言う。「欲動とは、より以前の状態を再興しようとする、生命ある有機体に内属する衝迫である(4)。」ここにフロイトが最終的に到達した欲動論が示される。死の欲動と生の欲動という二元論である。

身体のリビドー化

欲動は人間という生命体を根底から突き動かし、支える。人間の生そのものを形づくる根源にあるのが欲動であり、そのエネルギーであるリビドーはつねに性的なものである。もちろん人間の身体もリビドー化されており、リビドー化されることで「人間的身体」が立ち現れる。では、身体のリビドー化はどのようにしてなされるのか。

（4）Sigmund Freud, *Jenseits des Lustprinzips*. Gesammelte Werke XIII, p.38, 1920.（ジークムント・フロイト「快原理の彼岸」須藤訓任訳、『フロイト全集17』、九〇頁、岩波書店、二〇〇六年）

発生論的に見れば、まず口唇領域には口唇領域固有の欲動が成立し、肛門領域には肛門領域固有の欲動が成立する。それぞれの領域の欲動はそれぞれ独立した「部分欲動」であり、各領域で独自にリビドー化していくのである。一般的には、性器期に至ると性器によって充足を得る傾向の下に統合されていくとされているが、実際はそれぞれの欲動がそこに付け加わるのである。この欲動の部分的性質こそ、鏡像段階以前の「寸断された身体」という事態として知覚されるものである。

欲動がつねに部分的であり、一つの全体へと統合され得ないのなら、リビドー化された身体の諸部分もまた統合された全体を構成することはない。だが、われわれは日常的にみずからの身体をまとまりのある一つの全体として知覚している。これを可能とし、断片化したリビドー的身体を包み隠すのが、「想像的身体」、鏡像段階論で示された身体イメージである。まさに想像的身体は主体に対し統一された身体を一挙にもたらすものなのだ。

ここで重要な機能を果たしているのがリビドーである。このリビドーを集約しているのがファルスである。想像的ファルスの段階ではまだファルスとしての子供のリビドーはみずからの身体諸部分にしか備給されていないため、外の対象への関心が生まれない。これが生まれるためには、去勢（$-\phi$）を経なければならない。想像的ファルスが去勢されることによってリビドーが解放されて外の対象に向かうようになるのだ。それゆえ「この意味で、$-\phi$はリビドーを表すものである[5]。」

外部に存在するイメージによって構成された身体にリビドーが備給されることで、まとまりのあるリビドー的身体が成立し、実際は断片的なものでしかない身体を覆い隠すのである。厚みを持った身体の感覚も

(5) 向井雅明「ジャック・ラカンの理論的変遷（二）」、『思想』No1017、四九頁、岩波書店、二〇〇九年

身体イメージによって形成されるが、われわれの空間把持能力全般が身体イメージと同じようにリビドーによって形成されるのである。そういった意味では空間的感覚そのものが身体イメージと同一地平にあると言える。

統一された自己像の認識は同時に自我を形成するが、例えば睡眠中には身体感覚が低下するのは自我機能が低下しているからである。つまり自我に対する備給が低下すると、身体感覚も低下してしまうのである。このように、人間の感覚はすべてリビドーを通して得られるのである。

しかし、なぜ、それまで自己の身体のみに備給されていたリビドーが外部の対象へと向きを変えるのか。前述したように、それは去勢という出来事との遭遇によってである。去勢を経ることでそれまで何の関心も持てなかったものが、魅力的なものとして感じられるようになるからである。私の身体像は私を魅了するプレグナントな形態をしているのだ。では、なぜ、私の身体は私を魅了するプレグナントな形態をしているのか。再び鏡像段階論である。

対象aを内包する身体

幼児は鏡に映った自己像に魅惑される。それは「プレグナントな姿」、「美しい形態」であるからである。しかし、では、なぜ自己イメージは主体に対し魅力を放つのか。

鏡の前におかれた幼児は、鏡に映った像が自分の像であることを確認するために背後にいる大人の方に振り向く。そして大人から発する声やまなざしを通して、これが自己像であることの承認を受ける。そのとき幼児は自我理想の場に立って自己像を眺めている。そして〈他者〉からシニフィアンを授かり、自己をシニフィアンによって表象する途を選択することになる。ここに主体が誕生する。

しかし、象徴界がシニフィアンによって織りなされているかぎり、唯一無二な真の私を指示してはくれない。なぜなら、シニフィアンは他のシニフィアンに対して主体を代理表象するものでしかないからだ[6]。あるいは言語は一般的なものしか示すことができないため、他ととりかえ不可能なこの私を示すことはそもそも不可能であるからだ。

〈他者〉は主体が最も望むものを実は与えてくれない。「私とは何者なのか」という問いに対する返答がない。あるいは「〈他者〉は何を欲望しているのか」、「他者とは何者なのか」という問いに対する返答が〈他者〉からもたらされることはない。主体の欲望が生起するのは、そのときである。欲望は〈他者〉における欠如、あるいは〈他者〉の不完全性を見出すことによって生み出されるのである。そして主体はシニフィアンの連鎖に回送されていくことになるが、そこにおいてもやはり「真の私」は指示されることは、永遠にない。

象徴界の返答を出してくれないのならば、私は茫然としてそこに立っていなければならないのだろうか。

（6）例えば、「リンゴ」というシニフィアンで考えてみよう。リンゴは皮と果肉と種で成り立っているとすると、それを集合論的に表記すると、リンゴ＝｛皮、果肉、種｝となる。シニフィアンがみずからを表象することができないとは、リンゴというシニフィアンは決して右の括弧内には入れられないということである。もし入れたとすると、リンゴ＝｛皮、果実、種、リンゴ｝となり、そこに最初のリンゴの定義を代入すれば、リンゴ＝｛皮、果実、種、｛皮、果実、種、｛皮、果実、種、……｝｝と無限に続くことになる。ここに示されている悪循環がシニフィアンが自己を表象できないことを示している。言語、あるいはシニフィアンは根本的に他者性を本質としているのだ。向井雅明『ラカン入門』（ちくま学芸文庫、二〇一六年）参照。

いや違う。（略）そのために象徴界の返答をまったく期待せず、現実的な分離の操作により象徴界の秩序から抜けて自分自身を生み出すのである[7]。

象徴界の不完全性を認識したそのとき、現れ出る何かがある。対象ａである。「対象ａは『他者とは誰か』という問いに答えるもの[8]」、象徴秩序では捉えられないもの、そこから分離したものである。主体は言語的領野である象徴界に誕生するものではあるが、シニフィアンの連鎖の中では主体の固有性は与えられない。そこに、対象ａが言語構造の余剰として生み出されるのである。「主体を言語の中で代理表象するシニフィアンの背後に、主体がシニフィアンとして自己を消し去らねばならないというこのパニックの瞬間に、主体はまさに対象にしがみつくのである[9]。」

主体には、かつて自分と母が近親相姦的に癒着し、その中で全能感に浸れていた状態があったという想定がある。この状態のことを〈もの〉と言う。しかし言語世界に参画した主体は、もはや〈もの〉を取り戻すことはできない。そのとき生み出されるのが対象ａである。「対象ａは、〈もの〉が象徴化の処理を受けた後でも残るもののことを指す[10]。」象徴化の処理、すなわち去勢である。去勢を経ることで、言語では表わせない、主体の固有性を示す対象ａが現れる。この対象ａこそ、〈他者〉の欲望の対象である——と主体が見なすも

（7）Philippe Julien, *Pour lire Jacques Lacan*.p.186.（フィリップ・ジュリアン『ラカン、フロイトへの回帰』、一八七頁）

（8）J.-D. Nasio, *Cinq leçons sur la théorie de Jacques Lacan*, p.116.（ジュアン＝ダヴィド・ナシオ『ラカン理論 5つのレッスン』、一一二頁）

（9）Alain Juranville, *Lacan et la philosophie*, p.188.（アラン・ジュランヴィル『ラカンと哲学』、一七五頁）

（10）Slavoj Žižek, *The plague of fantasies*,p.105.（スラヴォイ・ジジェク『幻想の感染』、一三〇〜一三一頁）

のである。

対象aとは欲動の対象でもある。原初的な母子の近親相姦的癒着関係の中におかれた子供に、この関係の中で得られる充足体験の印が身体に刻印される。それ以降子供は内的緊張が発生するたびにこの印に直接備給するようになる。この段階での主体の身体は〈他者〉の身体であり、〈他者〉の欲望の対象は私である。この印は記号、つまり「誰かにとって何ごとかの代理となる」ものとして機能し、印は身体の特定の部位に刻印される。乳を与えられる口、排泄の世話における肛門、そして母とのまなざしの交換における目、声を聞きとる耳である。これらがのちに性感帯として機能するようになり、欲動はこれを基礎にして組織される。したがって対象aは乳房、糞便、そしてまなざしと声となる。

対象aは「欲望の原因としての対象」と言われるが、主体の欲望は〈他者〉の欲望を欲望することからはじまる。「〈他者〉は何を欲するのか」と主体は問いかけねばならない。〈他者〉が欲望する対象があるところに私の存在があるはずだからである。しかし〈他者〉からの返答は永遠に主体に訪れてこないだろう。そのとき対象aが出現する。対象aは〈他者〉の欲望の対象であると主体の想定する答えであるのと同時に、言語によって言い表せない余剰である。この余剰の周りで欲動が発生する。対象aは、また欲動の対象でもある。

そして、欲動の充足が「享楽」である。それゆえ身体は享楽の場となる。むしろ「身体とは部分に集積した局部的な享楽[11]」であるのだ。なぜなら、各性感帯は享楽の場であり、身体はこの性感帯の寄せ集めにす

(11) J.-D. Nasio, *Cinq leçons sur la théorie de Jacques Lacan*, p.183.（ジュアン＝ダヴィド・ナシオ『ラカン理論5つのレッスン』、一八〇頁）

ぎないからである。まさに「寸断された身体」こそ、われわれの身体の本来の姿である。

ところで、われわれは普段生活している中で身体を意識することは、ほぼない。もし身体が性感帯によって構成されたものでしかないなら、身体に翻弄され、日常生活を送ることなど不可能になってしまうだろう。それゆえ享楽は消去されねばならない。

去勢（−φ）である。去勢を経ることで享楽は消去される。去勢によって享楽する身体は忘却されるが、そのとき生まれるのが対象aである。それゆえ対象aは去勢（−φ）を内包しているとも言える。去勢を通過することで身体にシニフィアンが刻印され、統一性がもたらされるのであれば、われわれの身体イメージには対象aが「含まれている」ことになる。

対象aはリビドーの支えとなっているものでもある。身体がシニフィアン化されるとは、言語を受け入れるということ、つまり去勢を受け入れることである。欲動はこれによって生起するのだ。「失われたもの」、すなわち〈もの〉が回帰してくるのである。去勢を通過し言語世界に参入することによって、主体は自分自身の存在を失うが、リビドーはこの失われたものの再来であり、主体に存在を与え得るものへ備給されるエネルギーである。対象aは去勢を受ける中でおのれの固有性を獲得すべく生まれるのであるから、対象aはリビドーの支えとなると言えるのだ。象徴界において、失われたものが対象aやリビドーとして戻ってくるというわけだ。ファルスはリビドーを集約しており、母子癒着関係にある想像的ファルスではリビドーは子供の身体のみに集中的に備給される。外部に対象を成立させるためには、リビドーが内部から外部へと向きを変えねばならない。これを実現するのが去勢である。それゆえリビドーは去勢を表現すると言える。

去勢を通過することで統一性を有した身体イメージが確立されるが、「実際、ナルシシズム的なものとしての自我の構成において、身体のリビドー備級には一つの限界がある。それゆえリビドーはすべて鏡像に移行するわけではない。一つの盲点、イメージの中の欠けている部分がある。つまり−φである[12]。」身体の外部にある鏡像という対象には「盲点」がある。身体イメージには「穴」があいている。

この−φという特殊な穴の場所に対象aが置かれるのだ。「ファルス的享楽は禁止されているがゆえに、そのときそれを補完するものとして、その場所に欲動の対象による剰余享楽が到来する[13]。」対象aは鏡像の「盲点」となっているところに到来する。それゆえ、見えない。対象aは鏡に映らないのである。

対象aは、言語によって織りなされたシニフィアンの連鎖からこぼれ落ちた余剰物である。そもそも対象aは具体的に示されると対象aではなくなる。対象aは言語やイメージで表象できないことを特性としているからだ。それゆえ象徴秩序にあいた「穴」である。「穴」のアナロジーついては、あるいはこうとも言える。

> ラカンはこの穴と、いくつかの穴の空いたものとしての身体との類似性を認める。フロイトはそれらの穴を口唇的なもの、肛門的なものと名づけ、ラカンはそれに声的なもの、視覚的なものを付け加える。ここから欲動が生まれるのだ。無意識の空隙（象徴界の穴）とこれらの穴には何か類似的なものがある[14]。

身体における性感帯はすべて穴があいている。口、肛門、そして耳と眼である。ここに欲動が組織され、乳房、糞便、声とまなざしは対象aである。しかし、対象aは、まなざしはその典型であるが、本来具体的形象を

（12）Philippe Julien, *Pour lire Jacques Lacan*.p.187.（フィリップ・ジュリアン『ラカン、フロイトへの回帰』、一九六頁）
（13）*Ibid*.,p.187.（同前、一九六頁）
（14）*Ibid*.,p.210.（同前、二二一九頁）

持たないものであったはずだ。

対象aが幻覚的な乳房のかたちをとるとき、われわれはその欲望の対象としての資格を認めるのですが、しかし対象aは、本来は徹頭徹尾幻覚的な乳房ではありません。それはエネルギーであり、言葉では捉えがたい剰余享楽であり、あるいはまた乳房の幻覚的な見せかけに覆われた穴なのです。一言で言えば、対象aとは欲望の幻覚的な乳房ではなく、見せかけとしての乳房が隠しているそれ自体、無傷で変質することのない細胞核を膜が包み込むように、見せかけによって包み込まれたそれ自体なのだということになるでしょう(15)。

ナシオがこのように言うように、対象aは本来、言語やイメージでは捉えられない一種のエネルギーであり、表象不可能な「穴」である。その具体的形象は、幻覚的な「見せかけ」であり、それが「穴」としての対象aを覆う。対象aは乳房と糞便、そしてまなざしと声であると言われるが、通常では対象aは表象不可能な「エネルギー」であり、いわば「病的状態」にある場合にそのような具体的形象を帯びて出現してくるのだ。

身体イメージにも穴があいている。鏡には映らないものがある。そこに対象aが置かれることになる。シニフィアンでは代理表象できない穴に対象aが到来する。しかしそれは具体的形象を本来持たないものであ

(15) J.-D. Nasio, *Cinq leçons sur la théorie de Jacques Lacan*, p.131.(ジュアン＝ダヴィド・ナシオ『ラカン理論 5つのレッスン』、一二八頁)

る。それゆえ、身体イメージが対象aを包み込むことになる。だが、「実際、穴はすでにある全体性の表面を事後的に破ってその上にできあがるものとして想像すべきではない。逆に穴がその形態を生み出すのであって、穴の縁構造がその作用をするのである[16]。」

身体イメージに穴があくのではなく、穴が最初にあり、その穴に対象aが到来し、その周囲にシニフィアンによって織りなされた身体イメージが組織され、そして対象aを覆い隠すことになる。それゆえ、身体イメージは対象aを隠し持ったものなのだ。だから主体はおのれの身体に魅惑されてしまうのである。対象aは欲動の対象である。

それ〔身体イメージ〕はプレグナントな姿〔良い形態〕をしており、自分の享楽の源を覆い包むのに適しています。ですから享楽を得る性的身体は、つねに想像的な見せかけによって覆い隠されており、この見せかけを人は自分の外部において捉えるのです[17]。

身体イメージがプレグナントな姿をしているのは、対象aを包み隠しているからなのだ。対象aを内包しているがゆえに、自己の身体像は魅力的なのである。それと同時に想像的なものである身体像は、元来部分の寄せ集めでしかない身体〔寸断された身体〕に統一性をもたらすものでもある。身体とはもともと性感帯の集積でしかない。この身体がシニフィアン化されること、つまり去勢を受けることでまとまりを有する統

（16）Philippe Julien, *Pour lire Jacques Lacan*.p.198.（フィリップ・ジュリアン『ラカン、フロイトへの回帰』、二〇八頁）
（17）J.-D. Nasio, *Cinq leçons sur la théorie de Jacques Lacan*, p.186.（ジュアン＝ダヴィド・ナシオ『ラカン理論 5つのレッスン』、一八三頁）

一的な身体がもたらされるわけだが、去勢を受けることで「穴」が穿たれ、そこに対象aが置かれ、それを中心としながらシニフィアンによる組織化が行われ、穴を覆い、統一された身体像が立ち上がるのである。それゆえ「想像的なものは去勢が作用するかぎりで、そして想像的ファルスが差し引かれる（$-\varphi$）かぎりで一貫性を持つ[18]」と言えるのである。

性的エネルギーであるリビドーが備給された身体は性的身体である。われわれ人間の身体はつねに想像的なもの、身体イメージであり、この身体はシニフィアン化されるとき同時に性愛化される。性愛化された身体は欲動が活性化している、つまり享楽する身体となっている。そもそも「身体とは部分に集積した局部的な享楽のことを言う」以上、「身体の享楽以外に享楽はない[19]」のである。

身体がシニフィアン化されるとは、去勢を受け入れることである。これによって欲動が生起する。「失われたもの」である〈もの〉が回帰してくるのである。フロイトは、欲動とは以前の状態を再興しようとする衝迫であると述べたが、欲動とは、〈もの〉への回帰であり、これを充足させようとすることが享楽なのだ。しかし、享楽は主体にとって元来不可能なものであるはずだ。享楽が実現するとき、主体は消失してしまうからだ。それゆえ「享楽は盲目的行為となって現われ」、その行為は「主体が身体だけになってしまう行為[20]」なのである。

（18）Philippe Julien, *Pour lire Jacques Lacan*.p.213.（フィリップ・ジュリアン『ラカン、フロイトへの回帰』、二二二頁）
（19）J.-D. Nasio, *Cinq leçons sur la théorie de Jacques Lacan*, p.187.（ジュアン＝ダヴィド・ナシオ『ラカン理論　5つのレッスン』、一八四頁）
（20）*Ibid.*, p.53.（同前、五二頁）ナシオは「痛みは剰余享楽のとる主要な姿であり（略）対象の範列なのです」と述べる。（p.52、五〇頁）

アルチュセールの主体も、何も考えず黙々とイデオロギーに沿った身体的行為を反復する主体、あたかも身体だけになってしまったかのような主体である。この主体は――矛盾したことに――享楽する「主体」なのだ。自動機械のようにひたすら行為を強迫的に反復する主体、精神分析はこうした主体のあり様と類似した症状を知っている。

反復強迫である。

反復強迫と死の欲動

事故や天災、あるいは戦争などによって耐え難い経験をした者にそのときの光景が何度も回帰し、悪夢として反復的によみがえる。あるいは結婚を繰り返し、そのたびごとにそれぞれの夫をいずれも死を看取るまで看病することになった女性、イタリアを訪れるたびに売春婦の立っている小さな街の通りへとつねに向かっていたというフロイト自身の経験、こうした奇妙なことはときに起こり得る。あるいは、フロイトの小さな孫は母親の不在時に「フォルトーダー」と声を上げながら、ひたすら糸巻きを投げては引き寄せる。明らかに孫は自分を不快にした状況を反復的に上演しているのだ。こうしたことはフロイトが主張してきたことと矛盾する事態である。

心的装置は基本的に不快を避け、快を得ようとする傾向を持つ。不快とは興奮量の増大であり、快とはその減少であるから、心的装置は不快による緊張を可能なかぎり低下させ、排除するように機能する。こうした快原理（快感原則）によって人間の心的装置は支配され、統御されているはずなのだ。

ところが、人間は快原理から逸脱するような行為をとる場合がある。あたかも不快を求めるかのように行為し、しかも何度も反復する。みずからを不快な状況に繰り返し置き続けるのである。もちろん反復強迫に襲われる者はそれを意図せず行う。誰も自分を不快な状態に置くことは望まないはずだ。にもかかわらず反復は、当人の意志を無視して行われる。まさに無意識的に、である。なぜか。なぜ、そのようなことが起こるのか。フロイトがそのとき注目したのが、かの「心的外傷（トラウマ）」である。

ひとは耐え難い出来事に遭遇したとき、この出来事を意識から追放し、無意識へと抑圧する。その出来事は表象過程に組み込むことができない苦痛を伴うから抑圧されるのだが、ときに抑圧は失敗する。そのとき、この出来事は外傷となる。外傷は、それを受けた者の苦痛を緩和するために象徴化されることを要求する。例えばイメージや夢、あるいは行為という形で象徴化は幾度となく試みられ、この試行の過程で苦痛を伴う光景が絶え間なく回帰することになる。このように外傷を馴致し、支配する試み、つまり象徴化の繰り返しが反復強迫として現れるのである。

しかし実際多くの場合、反復は徒労に終わる。外傷を象徴秩序に統合することは成し遂げられることはないからである。だから、反復されるのだ。外傷の象徴化が永遠に不可能であることが、結果として絶えることのない繰り返しを生み出す。反復は外傷の帰結なのである。あるいは、反復は外傷を解消しようとする無駄な試みであるのと同時に、そのような状態に甘んじる一つの方法であるとも言える。あたかも苦痛は主体が望むものとして追い求められていくからだ。そのとき主体は快とは別の審級へと導かれていくことになる。

ここで結論の一つを先取りしておこう。アルチュセールが示す、或るイデオロギーに則して黙々と行為を繰り返す主体の反復的行為は、反復強迫と同じ機制から生じてくるということである。もちろん、イデオロギー的な反復行為を繰り返す主体は「病的な」症状を持つ者ではない。しかしそうした者も反復強迫を引き起こす機制と同じものを共有しており、これによって突き動かされているのだ。それがシニフィアンの反復となって表出してくる。では、両者に共通する機制の源とは何か。欲動である。欲動がシニフィアンの連鎖の反復を駆動させているのである。

フロイトは反復強迫という事態の中に欲動の原理を見た。「反復強迫はわれわれには、それによって脇に押しやられる快原理以上に、根源的で、基本的で、欲動的なものとして、現れてくる[21]。」そこからさらにフロイトは、むしろ反復こそが欲動の一般的性格ではないかという考えに進んでいく。「死の欲動」、ここに新たな欲動の姿が現れる。

反復強迫という現象についての考察は「死の欲動」という新しい概念を導き出すことになった。そもそも欲動とは、より以前の状態を再興しようとする、生命ある有機体に内属する衝迫であるとされてきたが、死の欲動という概念を手にしたフロイトは、むしろ「あらゆる生命の目標は死であり、翻って言うなら、無生命が生命あるものより先に存在していたのだ[22]」との考えに至る。

生命の源は生命なき物質的世界にあったはずである。死の欲動はこの原初の生命なき状態というより以前の状態を再興しようとする根源的な欲動であると言うのだ。言うまでもなく生命なき状態とは「死」である。死の欲動とは、まさに死へ回帰しようとする衝動であるのだ。

これに対し、生命の更新を目指していく「生の欲動」が同時に存在する。人間は誰しも放っておいても生の営みを続行することを意識することなく自然に目指す。生の継続を突き立てるこの衝動が生の欲動であり、

（21）Sigmund Freud, *Jenseits des Lustprinzips*. p.22.（ジークムント・フロイト「快原理の彼岸」、『フロイト全集17』、七四頁）

（22）*Ibid.*,p.40.（同前、九二頁）

生の統一性を維持し、それは細胞のレベルから生命物質の各部分の合一を生じさせ、維持していこうとする傾向を持つ。生の欲動は種の存続を可能にするということでは性欲動の一部を引き継ぐと同時に、個体の生存を維持するということでは自我欲動の一部を引き継ぐものである。それに対し死の欲動は、種の存続にもっぱら貢献するということでは性欲動の一部を、個体に有利に働くがゆえに種の存続を脅かすということでは自我欲動の一部を、主体の内在化を行うさいに対象を破壊してしまうということでは対象欲動の一部を継承する。生の欲動が生の統一性を維持しようとするのに対して、死の欲動はそれとは正反対に、その統一性を破壊し、死へと突き進み、無機的・無生物的な状態になることを目指す。人間には相反する二つの欲動が同時に存在してしまう。

生の欲動が快原理という形で機能するのは容易に理解できる。生命を維持するためにはやはり不快は障害となるだろう。ところが、死の欲動も快原理に従っているのである。生物には個体として生きていく上で均衡状態を保とうとする恒常原則があることは前述したが、最も安定した状態とは刺激がゼロの状態である。しかしこの状態には生きている間は到達できない。最も刺激のない状態とはまさに「死」であるからだ。このような刺激ゼロの状態、つまり死に接近していこうとするのが死の欲動であるのだ。

しかし議論はこれにとどまらない。フロイトは、心的機制は快原理と同時に現実原理によって支配されているとも述べているが、両者の関係を再検討すると、生の欲動と死の欲動にさらに興味深い関係があることが判明する。

すべての欲動は死の欲動である

主体の心的機制は快原理が先行し、初期段階では快原理によって支配されている。幼児は不快を感じる、つまり欲動の緊張が高まるとき、その解消を即座に得ようとするために幻覚的方法に訴える。幼児は幻覚表象によって満足を得ることできてしまうのである。それゆえ、この段階では幻覚表象による満足と現実の満足とを区別することはできない。この段階では幻覚的満足は現実的満足を完全に代理しており、現実に存在する対象を必要としないのである。

だが、期待された満足が得られないことが判明すると、幼児は幻覚表象で満足を得る方法を放棄し、外界に存在する対象を求めるようになる。ここで機能しているのが現実原理であり、主体を幻覚表象から現実に存在する対象へ向かわせるものである。

だが、問題である。主体が幻覚によって満足を得られるなら、どうして現実に向かう必要があるのだろうか。言い変えれば、どうして快原理が支配している領域に現実原理が入り込んでくるのか。そもそも初期の段階では幻覚が現実的な満足を完全に代理するのだから、幻覚以外の指標は存在しないはず、つまり幻覚と現実を比較検討することは主体にはできないはずである。それゆえ、幻覚を無限に膨張させ、現実を徹底的に排除し続けることもできるのだが、どうしてそれを継続しないのか。幻覚的満足に足りないものが現実原理の介入を引き起こすなら、いったい何が足りないのか[23]。

(23) 立木康介『精神分析と現実界』(「第五章　夢と覚醒のあいだ——テュケーについて」、一二八頁、人文書院、二〇〇七年)参照。

フロイトは、幻覚的満足で不足するもの、幻覚的快が満たされてもなおも満足を求めてやまないもの、それは内的に起源をもつ刺激であると言う。外部からの刺激ならば、振り払えば除去することができるかもしれない。だが、その刺激は内部からのものであるがゆえに、逃れることは不可能である。さらには単なる生理学的刺激であるなら、欲求を満たせば解消されるはずだが、欲求が満たされてもなおこの刺激は持続する。こうした内的な刺激が惹起されることで主体は快原理からの支配を突破し、まさに「快原理の彼岸」に向かうのである。

快原理の彼岸には何があるのか。それは「現実界」である、とラカンは述べる。ラカンは快原理によって支配されている領野（一次過程）を構成するのはシニフィアンの構造に他ならないと考える。快原理によって解消されない緊張が高まるとき、主体は「現実」へと促されるが、この緊張の源に存在するものとは、一つの「現実」である。幻覚ではない「現実」がそこにある。

シニフィアンの構造では捉えられない「現実」とは何か。「享楽」の場である、とラカンは言う。それは表象不可能な現実的なもの（現実界）なのである。

もちろんその「現実」は、快原理に支配された主体の心的内部に生まれる幻覚的な「現実」でもなく、また、現実原理によって導かれていく二次的に構成される、外的な物理的「現実」でもない。「むしろそれは、幻覚による満足を作り出す快原理の働きそのものによって根本的に不要にされてしまったという意味で、一つの『失われた現実』である[24]」失われた現実としての現実界は、シニフィアンの構造である快原理の領野には現れることはない。あるいはまた、快原理を越えて外的現実へと向かわせる現実原理の領野でも見出

(24) 同前、一三一頁、人文書院、二〇〇七年。

すことはできず、外的現実ができることと言えば、「失われた現実」の代理を果たすことくらいである。「失われた現実」は、そもそもシニフィアンでは表象不可能な「現実界」のものであるからだ。それでも具体的な外的現実は「代理」を果たすことはできる。だが、それは仮のものでしかない。

「失われた現実」は完全な再獲得は不可能であるとはいえ、心的装置に大きな影響を及ぼす。それは、快原理の領野では解消できない緊張、つまり幻覚的な表象では充足できない満足を外的現実に向かうことで獲得しようとする「現実原理」を導入するということである。この「失われた現実」という「現実的なもの」は快原理が支配する領野には具体像を帯びて現れることがなく、それゆえ捉えられない。いわば「欠けた現実」である。だが、「欠けた現実」は快原理の支配する領野の背後に隠れ、緊張を最低限に抑えるという快原理の地平をのりこえさせ、逸脱へと主体を導いていく。

こうした二つの原理に従いながら主体を圧迫する力が欲動である。快原理においては生の欲動が働き、主体は自己保存の衝動に突き動かされていくだろうが、現実原理はその領野を食い破り、その彼岸へと突き進む。それを可能にするのが「失われた現実」である。「失われた現実」は幻覚的表象の中ではつかむことができないもの、足りないものであるゆえに、幻覚的満足の中に自閉する主体を現実という別の地平へと連れ出すことになる。

ここで主体に圧力をかけているのが欲動である。そこには目指すもの、つまり欲動の対象がある。対象aである。これを目指し欲動は突き進む。「失われた現実」とは〈もの〉であり、欲動が外的現実の中にそれを追い求めるとき対象aへと変貌を遂げる。対象aを捕らえ欲動を充足させることが享楽であるのだから、快原則の彼岸には享楽があるということなのだ。

しかし対象aはイメージでも言語でも捉えられない。それゆえ主体をして幻覚的満足から抜け出させるのではあるが、抜け出た後向かう物理的な「外的現実」においても対象aは完全にはつかむことはできない。そこは象徴界と想像界によって織り成された世界であるからだ。

では、「外的現実」、われわれが現実に生きるこの物理的世界とは何か。それは「失われた現実」、つまり対象aが探し求められる場に他ならない。もちろんわれわれの生の営みが行われるこの「外的現実」はシニフィアンによって織り成された言語世界である。この言語世界に主体は誘われ、そこで「失われた現実」を探し求めるのである。もちろん、その探索は成就しない。

ところで、当初フロイトは、欲動とはより以前の状態を再興しようとする、生命ある有機体に内属する衝迫であるとしてきた。この欲動概念を徹底化すると、驚くべき一つの仮説が導き出される。自己保存欲動は自己に固有の死の確保を目指す、これである。すべての有機体は有機体となる以前の状態に回帰することを目指す。有機体になる以前とは、すなわち死である。人間を含めたあらゆる有機体は、自己保存という自己の内的根拠に従って自己の死を目指すのである。自己保存欲動は主体自身の固有な死を実現しようとする衝動なのだ。自己保存欲動は、実は、死の欲動の別の姿であったということである。

さらに快原理についてである。緊張の低下が快、緊張の増大が不快、そして快原理とはまさに快を求める原理、緊張を可能なかぎり低下させる傾向である。しかし、緊張が最も低い状態とは、死である。死が緊張の低下であるなら、生は緊張の増大であると考えることができ、たしかにわれわれの生の営みは緊張の増減によって繰り広げられる。

この「死＝緊張の低下」「生＝緊張の増大」の図式をもってあらためて快原理について考察してみるなら、快原理こそ死の欲動の存在を信じる最大の根拠であるということになる。快原理は緊張の低下、すなわち死を指向するものであるからだ。かくして、「快原理はまさしく死の欲動に仕えているように思われる[25]」とフロイトは述べることになる。

生の欲動である自己保存欲動は自己自身の死を目指し、快原理もまた死の欲動に仕える。それゆえラカンは「部分欲動は、徹頭徹尾死の欲動である[26]」、つまり欲動はすべて死の欲動である、こう述べるに至った。

欲動がより以前の状態を再興しようとする衝迫であるなら、欲動が目指すのは言語世界に参入する以前の〈もの〉である。〈もの〉という原始状態へと回帰し、それを再興しようとすることが欲動となって現れ、対象aを求める運動として展開される。だが、対象aはイメージや言語によっては捉えられない。それゆえ〈もの〉への回帰は幾度も試みられ、その都度挫折せざるを得ない。これが「反復」という現象となって現れてくるのだ。あるいはすでに見てきたように、心的装置に現実原理を導入する契機となる「失われた現実」が〈もの〉である以上、ここで働く力動こそが欲動の運動である。内的な幻覚的世界から脱し、外的な物理的現実の中で〈もの〉を求め、実現不可能な再興に繰り返し挑む反復行為の原動力が欲動なのである。

反復強迫においてもこれと同じ機制が働く。反復強迫が外傷となる出来事へと何度も回帰し、それを象徴化しようと試みては挫折するという症状であるなら、外傷的出来事へと遡行させていく力が欲動、死の欲動である。欲動そのものは自己の目的を遂行すべく、おのれの対象をめがけていく。欲動は自己の充足をひたすら求めるのだ。欲動に支配されるがままの主体は、そのとき享楽しているのだ。否、主体が享楽している

(25) Sigmund Freud, *Jenseits des Lustprinzips*. p.38.（ジークムント・フロイト「快原理の彼岸」、『フロイト全集17』、九〇頁）
(26) Jacques Lacan, *Le Séminaire XI.Les quatre concepts fondamentaux de la psychanalyse*. p.187.（ジャック・ラカン『精神分析の四基本概念』、二七四頁）

のではない。享楽がそこに現れるとき、主体は存在しないからだ。「私」という意識は想像界と象徴界の領野にしか存在し得ないのだが、享楽はイメージでも言語でも表象し得ない現実界のものであるからだ。享楽するとき、主体的存在は失われるということである。したがって、「私」を立ち上げるためには、享楽から抜け出し、象徴的世界へと再び戻らねばならない。これが反復強迫において何度も試みられる、外傷的出来事の象徴化である。

この象徴化の原理こそ快原理である。享楽という極度の緊張を解消するためになされるのが象徴化なのだ。しかし前述したように、快原理もまた死の欲動に従ったものである以上、外傷的出来事の象徴化の原動力もまた死の欲動なのである。

あるいは別の視点から見ればこうも言える。象徴化とはいわば言語化であるが、言語は一般的なことがらしか語らないし、示さない。でなければ言語は言語として機能しない。それゆえ、言語を受け入れ、みずからを言語によって表象しようとすれば、主体の固有性は一般性の中に消失してしまい、主体自身の固有性は失われることになる。象徴化、すなわち言語化は、主体的存在の喪失という意味での「死」をもたらすのである。反復される象徴化の中で、主体は「死」へと導かれていく。これをなさしめる力が死の欲動であるのだ。反復される象徴化はまさにシニフィアンの連鎖であり、これを引き起こすのが死の欲動である。

「言語とは〈もの〉の殺害である。」象徴界へと参入することで〈もの〉は消失していく。しかし〈もの〉は当初主体の根源的な存在を示していた証である。それゆえ、〈もの〉が消失することは、主体の死を意味する。言語的存在となることで、主体はいったん死ぬのである。この境地に導くのが、他ならぬ、死の欲動である。

なぜ行為は反復されるのか

或るイデオロギーを受け入れるためには、ただそのイデオロギーに沿った行為を繰り返すだけでよいのであり、イデオロギーに対する信奉はその後に訪れてくるとアルチュセールは言った。確信などなくてもよい、何も考えずに、ひたすら行為を反復すれば、あなたはイデオロギー的主体になれる。イデオロギーはむしろ行為の中にこそ存在するのであり、イデオロギー的行為を習慣化した者こそイデオロギー的主体なのだ。そして行為の反復こそシニフィアンの連鎖であり、イデオロギー的存在はシニフィアンの連鎖に回送されていく者なのだ。

イデオロギー的反復行為は一度かぎりのことではなく、われわれは終生これを繰り返していく。なぜなら、人間はイデオロギー的動物であるからだ。われわれは誕生以降、様々なイデオロギーの担い手となって各種のイデオロギー装置の間を渡り歩き、その中でその都度の生を送っていくことだろう。これは同時に、どんなイデオロギーも決定的なものではないことを示している。それゆえ、われわれは或るイデオロギーから別のイデオロギーへと移行を繰り返していかざるを得ない。そして様々なイデオロギー装置の間を経めぐる中でイデオロギー的反復行為を幾度も幾度も繰り返すことになる。

なぜ、そのようなことが起こるのか。なぜ、われわれは各種のイデオロギー装置の中でイデオロギー的行為を倦むことなく反復してしまうのか。そして、イデオロギー的行為を繰り返すことでイデオロギー的空間が主体に開かれるのは、なぜなのか。それは、ラカンが言うように、反復は象徴秩序、とりわけシニフィアンの連鎖の原理であるからだ。

反復強迫に襲われる者は無意識のうちに過去の外傷的出来事に回帰し、その象徴化を試みるが、その試みは失敗を運命づけられている。外傷的出来事は象徴秩序に同化し得るものではないからである。たとえ不可能であっても、しかしこれを反復するのは、背後から欲動が突き動かしているからである。

欲動は〈もの〉へ回帰する運動であるが、〈もの〉は現実界のものであるゆえ象徴秩序には同化しえない。それゆえつねに「失敗」を運命づけられている。しかしそれでもなお〈もの〉を再興する試みは執拗に繰返される。これが反復される欲動の運動である。この欲動の運動が反復強迫を発生させ、シニフィアンの連鎖の自動運動を駆動させるのだ。シニフィアンの連鎖は単に自律的に運動するだけではなく、反復される。〈もの〉を生起させることはつねに失敗せざるを得ないにもかかわらず、それでもなお〈もの〉に執着するからこそ、反復されるのだ。象徴界に同化し得ない「喪失した対象」、つまり〈もの〉に対する固執が反復となって現れるのである。

シニフィアンの連鎖は象徴界、つまりわれわれが生を送る現実の世界を構成するものである。言語世界こそわれわれが唯一生きることができる世界であり、それはシニフィアンの自動運動に支配された世界である。これを組織化するのが、反復という欲動が有する性質なのである。主体はこの世界で意図せずシニフィアンの連鎖の自動運動の中で押し流されているだけであり、それによってイデオロギー的世界観を与えられるのである。

ところで、一の印は〈もの〉の痕跡を記す印であった。一の印が現れることで〈もの〉は消え去りながらも印として刻印される。一の印は主人のシニフィアン、つまり象徴秩序を形成する支配的なシニフィアンである。一の印は主体に象徴界を導入する、つまり一の印に同一化することで主体に現実的な世界が開かれていくのだ。他方、他のシニフィアンは一の印を代理表象するものなのだが、どのシニフィアンも同等であり、その機能は他のシニフィアンに対して主体を代理表象することである以上、どのシニフィアンも主人のシニフィアンの役割を担うことができる。或るシニフィアンが記入された場の空席をそのシニフィアンに代わって代理表象するシニフィアンは他にも果てしなく存在し、どんなシニフィアンもそのようなシニフィアンとなり得る。それゆえ、どんなシニフィアンも主人のシニフィアンとなり、他の諸シニフィアンを統制し、まとめあげる特権的な地位を占めることができる。

このような一の印に主体は固執する。それは主体の身体内部で〈もの〉に執着する欲動が働いているからである。〈もの〉を再生することが欲動の運動であり、この運動が主体に一の印への執拗なこだわりをもたらすのである。

それと同時に、〈もの〉は象徴秩序の中で再興することは不可能であり、また、他のどのシニフィアンも、〈もの〉の痕跡を示す一の印にとって代わり得る。それゆえ、〈もの〉をよみがえらそうとする主体は、あるシニフィアンではそれが不可能であることが判明すれば別のシニフィアンへと飛び移ることになる。どのシニフィアンも決定的なものではない。にもかかわらず、〈もの〉に固執する欲動の運動が、固執するがゆえに、一の印を発見しようと何度も挑戦し、シニフィアン間のこの移行を繰り返させるのだ。これが、各種のイデオロギー装置の間を経めぐりながら、その中でイデオロギー的行為を反復する主体の身体内で蠢く力動である。

無意識裡にイデオロギー的行為を反復する主体の身体は、リビドーが備給され性愛化した身体、欲動が活性化した身体、つまり享楽する身体である。しかし、そもそも享楽は主体にとって不可能であり、禁止されたものである。享楽するとき、主体そのものが消失してしまうからである。だが、アルチュセール的主体、つまりイデオロギー的行為を反復する者は、まさにイデオロギー的主体、まぎれもなく一つの主体である。

主体でありながらも、享楽する、この不可能性、あるいは「矛盾」を主体はどのようにのりこえるのか。

剰余享楽としての幻想

そもそも去勢を受けた主体にとって、〈もの〉は取り返しがつかない形で失われている。にもかかわらず、主体の身体内部で動く欲動は〈もの〉の再興を目指して運動し、主体を享楽へと駆り立てていく。欲動に命じられるがままであれば、主体は言語以前（外）の領野へと追いやられ、消失してしまう。享楽することは、主体にとってはそもそも不可能なのだ。それゆえ神経症者（正常な精神状態であると言われる者も含まれる）とは何かと問われれば、「絶対的なかたちで享楽しないために必要なことを全部行う[27]」者であると定義することができる。では「絶対的なかたちで享楽しないために」はどうすればよいのか。それは、「少しだけ享楽すること、つまり自分の欲望を部分的に実現すること[28]」である。「神経症患者が最大の享楽（〈他者〉の享楽）を感じるのを避けるために部分的に避けるための手段が二つある。すなわち症状（ファルス的享楽）と幻想（剰余享楽）である[29]。」

享楽には、〈他者〉の享楽、ファルス的享楽、そして剰余享楽の三種類がある。主体が避けねばならないのは、

（27）J.-D. Nasio, *Cinq leçons sur la théorie de Jacques Lacan*, p.44.（ジュアン＝ダヴィド・ナシオ『ラカン理論　5つのレッスン』、四三頁）
（28）*Ibid.*,p.44.（同前、四三頁）
（29）*Ibid.*,p.44.（同前、四三頁）

主体を消滅させてしまう絶対的享楽であり、これが〈他者〉の享楽である。〈他者〉の享楽は絶対に回避されねばならないが、欲動がそれへと駆り立てていく。このアンビバレントな状況を切り抜けるためにとられる方法が、「少しだけ享楽すること」、つまりファルス的享楽、あるいは剰余享楽、すなわち幻想である。とりわけ幻想は絶対的享楽を避けるためにとられる一般的方法である。

　去勢によって〈もの〉が消失してもなお、欲動に駆り立てられた主体は〈もの〉へと回帰していこうとする。だが、言語的存在になった主体にとっては〈もの〉は永遠に失われたものである。そのとき対象aが出来する。対象aは、〈もの〉が象徴化の処理を受けた後でも残るものである。対象aは〈もの〉が消え去った後に残る欲動の対象であり、象徴界、あるいは想像界と現実界との隔たりによって産み落とされる余剰物なのだ。ここに出現するのが、幻想である（$\$\diamond a$）。幻想は、主体が象徴界に参画することで、象徴界の効果として想像界に現われ出るものである。元来満たされることはない欲望の満足の原型は欲動において形成されるが、それは、欲動の満足、すなわち享楽は欲望する者にとっては、元来不可能なものとなっているからである。そのとき幻想が現われ、主体の満足は、幻想において想像的な物語の形をとって追い求められるのである。それゆえ、幻想は欲望を支えるものであると言われる。

　欲動の面から見ればこうなる。「欲動の運動とは、衝迫に駆り立てられて源泉を出発し、『空』である対象の周りを廻って出発点に戻るという回路を通じて目標である満足を得る過程である[30]。」欲動の対象となっているものは〈もの〉という空虚なものである。それゆえ、欲動の充足は直接的な形では得られない。このとき、欲動に直接的な充足をもたらす対象に代わって、幻想が与えられる。「それを満足させることで間接

（30）向井雅明『考える足』、一六〇頁、岩波書店、二〇一二年

的に目標を達成し、運動の輪を閉じる。しかし、対象は『空』であるべきだという禁止が解かれ、何物かによってその位置が占められると、欲動の運動は止まり、閉塞してしまうのである[31]。」このように、欲動の充足、すなわち享楽は、欲動の原動力であるのだが、つねに迂回した間接的な形で求められていくことになる。「仮に直接的に実現すると欲動の運動そのものが停止してしまうという矛盾を孕んでいる[32]。」したがって、つねに対象aが掲げられ、これを目指して欲動は運動していくことになる。そのとき幻想が出現し、欲望を支えることになる。

主体の欲望は〈他者〉の欲望をみずからのものとすることで発動する。対象aは、まさに〈他者〉の欲望の対象である――と主体が見なすものである。それゆえ対象aは「欲望の原因としての対象」であると言われるのだ。「主体の欲望と〈他者〉の欲望の間で欲望の原因となる欲動の諸対象は継ぎ目の役割を果たす[33]」のである。そして主体と対象aとの関わりを示すのが幻想であるなら、「幻想において主体の欲望が〈他者〉の欲望に結び付けられる[34]」と言える。対象aが〈他者〉の欲望の対象であると思うこともまた幻想なのだ。それゆえ、幻想は欲望を支えるものである。ナシオは言う。

> 対象の分離は主体による欲望の対象への同一化と同じ運動の中で行われることを認めなければなりませ

（31）同前、一六〇頁
（32）同前、一六〇頁
（33）Philippe Julien, *Pour lire Jacques Lacan*.p.201.（フィリップ・ジュリアン『ラカン、フロイトへの回帰』、二一〇～二一一頁）
（34）*Ibid.*,p.201.（同前、二一一頁）

ん。実際、主体が失うものに同一化することのないような真の喪失は存在しないのです。精神分析的観点からすれば、幻想の中で私たちの失うものになるのです[(35)]。

フロイトの孫が示した糸巻き遊び、「フォルトーダー」もまた幻想の骨格を持つ。母の不在という寄る辺なき状況の中で、子供は糸巻きを「母＝自分」に見立て、これを放擲したり引き寄せたりしながら、「いないーいた」という声を上げる。母の現前‐不在という物語を創出するというこの実践によって受動的な状況を能動的なものにつくりかえ、おのれの存在の場を確保するのである。

糸巻き遊びに興じる子供は、幻想の中でまさに糸巻きと化してしまう。「分離」とは、もはや〈他者〉からはおのれの存在の確実性を得られない事態に直面した主体が、対象aをとり込み、〈他者〉とは異質な地平へと離脱し、自己の存在を確保することである。ここで幻想が出現し、これを通して主体的な固有の場が確保され、これを反復することで以後欲望が整序されることになる。

この幻想の原動力となっているのが享楽であるが、しかし言語世界においては、享楽は本質的に固有の場を持たない、表象不可能なものである。とはいえ主体は享楽することを諦めることができない。「もし絶対的対象が欠如しているならば、欲望自体は虚しく、崩壊するべきものである[(36)]。」それゆえ幻想の中でこれを追い求めるのであり、幻想は欲望を支えることになる。

どのような幻想にも共通して見られるストーリーがある。「去勢の回避」である。この意味ではフロイト

（35）J.-D. Nasio, *Cinq leçons sur la théorie de Jacques Lacan*, p.159.（ジュアン＝ダヴィド・ナシオ『ラカン理論　5つのレッスン』、一五六頁）
（36）Alain Juranville, *Lacan et la philosophie*,p105.（アラン・ジュランヴィル『ラカンと哲学』、九七頁）

における超自我の命令もまた幻想である。超自我は、いわば「父のようにあらねばならない」と言いながら、「父のようにあってはならない」というまったく相反する両義的な命令を同時に発する。超自我は、主体に対し母との近親相姦的癒着関係を断ち切り、父の次元へと跳躍することを命じると同時に、しかし父のようにあってはならないとも命じるのだ。超自我は、母の欲望の対象である想像的ファルスであることを断念し、父のように象徴的ファルスを持てと命じる。父は象徴的ファルスを有しながらも享楽することもでき、しかも享楽を独占している。だから、父のようにあってはならないと命じるのであるが、しかし象徴的ファルスを有する者は去勢されているのだから、そもそも享楽することは不可能であるはずだ。

超自我は母との近親相姦を禁止する。〈もの〉の次元にとどまることを、つまり享楽を禁止する。しかし言語的存在になってしまった主体にとっては、享楽は禁止される以前にむしろ不可能なものである。そもそも不可能なものをあえて禁止する必要はないはずだ。なぜか。それは、享楽を諦められない主体が、「不可能なもの」を「禁止されたもの」と解釈するからである。そうすることによって、享楽を得られる余地を残そうとしているのだ。「禁止されたもの」である以上、禁止を侵犯すれば、享楽が得られる可能性があるというわけである。主体には禁止されている享楽は、しかし父だけには許されている。それが「父のようにあってはならない」という命令となって主体に届くのだ。したがって、超自我は一方では享楽を禁止しながら、他方では「享楽せよ！」と命じるのである。こうした矛盾した命令は主体の解釈によって成立するものであり、この解釈自体が去勢を回避しようとする幻想の物語であるのだ。「禁止の姿をして介入するのは、幻想そのものが『原初の嘘』、根源的な不可能性を隠す幕であるという事実である[37]。」

（37）Slavoj Žižek, *The plague of fantasies*,p.24.（スラヴォイ・ジジェク『幻想の感染』、四〇頁）

本来的に欲望は満たされることは決してない。そこに幻想が出現する。「幻想は欲望がそもそも行き詰まっていることの根拠だということである。それは、われわれが奪われている享楽が、それをわれわれから盗んだ〈他者〉のところに集中しているという場面を立てるのである[38]。」欲望が行き詰っているがゆえに、幻想の物語の中で主体は自己の満足、つまり享楽を追い求めることができる。享楽は不可能ではなく、〈他者〉＝父が独占しているにすぎないのなら、どこかに享受する可能性がある、こうした幻想を共有しているのが近代人、とりわけ男性であるということをフロイト＝ラカンはエディプス・コンプレックスを通して述べてきたのである。

われわれはこうした幻想を共有しながらも、しかし幻想とはつねに「性的」なもの――人間とは性的な存在である以上、当然である――であり、性的なものがつねに私的であり、秘められたものであるかぎり、幻想もまた私的なものである。

この幻想の役割は、「性的関係はない」という事実、相手との調和した性的関係を保証する普遍的な図式や枠組みはないという事実によっている。この普遍的な図式がないせいで、あらゆる主体がそれぞれの幻想、つまり性的関係についての「プライベート」な図式を発明しなければならない[39]。

ラカンのテーゼ「性的関係は存在しない」とは、端的に言えば、性関係には普遍的な図式を当てはめるこ

(38) *Ibid.*,p.43.（同前、六〇頁）
(39) *Ibid.*,p.7.（同前、二〇頁）

とはできないということである。とはいえ誰にとっても性的問題は生を送る上で最重要なものであるのだから、何らかの図式を持たざるを得ない。そのとき発案されるものが幻想の物語なのだ。たしかに幻想は個人的な空想にすぎないが、それがなければ欲望は機能しない。幻想は主体にとって現実そのものの骨格を形成しているものなのだ。

幻想の枠が崩壊すると、主体は「現実味 réalité の喪失」を感じ、現実を「非現実的な」、確固とした存在論的基礎が何もない悪夢のような宇宙として知覚する。この悪夢のような宇宙は「ただの幻想」ではなく、逆に現実が幻想の支えを失った後に残った現実である[40]。

幻想は私的な空想であるが、しかしひとが生を送る中で不可欠な要素となっており、それがなければ生の「現実味」が失われてしまう。幻想はわれわれの現実そのものを形づくる枠組みとなり、現実を支えているのだ。

しかしそれと同時に幻想は、精神的病の原因ともなり得る。典型的なのは、フロイトがヒステリー患者たちの治療の中で見出した「誘惑理論」である。前述したように、われわれの心は、過去に心に傷を残すような苦痛を伴う出来事を体験すると、その記憶は耐えがたい苦痛であるために無意識の中へと「抑圧」される。しかし、抑圧されたものは消滅するのではなく、身体的な症状に転換され、表面に出てくる。これがヒステリーの症状を引き起こす。のちにその病は「転換ヒステリー」と命名されることになる。

（40）*Ibid.*,p.84.（同前、一〇七頁）

ヒステリー患者が語る過去の辛い出来事には共通する特徴があるとフロイトは察知した。そのどれもが「性的体験」である、ということである。ヒステリー患者の多くは幼児期に大人から性的虐待を受けていたのである。そのときの記憶を抑圧し、抑圧されたものが症状として回帰してくるのだ。のちに「誘惑理論」と呼ばれるようになる仮説である。

だが、しばらくすると、フロイトは、果たしてヒステリーの原因が幼少期に性的虐待を受けたことにあるのかどうか疑いを持つようになった。正確に言えば、患者自身は性的虐待を受けたと告白するが、その告白にどれだけの信憑性があるかに疑いを持つようになったのである。患者の言うことは作り話かもしれない、あるいは、実際にあったことではなくても当人には現実であったと錯覚させるほどの「幻想」であるかもしれない。仮にそうであるなら、問題は、性的虐待が事実であるかどうかではなく、そのような「幻想」を持つことなのではないか。性的虐待という体験そのものではなく、その記憶が問題なのである。その記憶が心にどのような作用を及ぼすかであり、客観的事実があったかは問題にならない。さらには、多くのヒステリー患者が似たような作り話をするというのは、そこに共通する何らかの「幻想」があり、それが病を引き起こすのではないかとフロイトは考えた。ここから生み出されたのがエディプス理論である。これ以降、ヒステリーとの出会いによって、幻想は精神分析において重要な位置を占めることになった。このように幻想は病の原因ともなり得るのだ。

ところでジジェクは、精神分析における幻想の水準にイデオロギーを位置づける。幻想は個人的な空想にすぎないが、しかしそれがなければ現実そのものが成り立たない。われわれはみずからが生きる現実を一定の強度を持った世界として認識しているが、これを実現するのが幻想であり、イデオロギーである。幻想もイデオロギーも、ともに現実に「現実味」を与えるものであるのだ。

一般的にイデオロギーとして想定されるようなもの、例えば宗教や政治信条や思想・理論は、言語によって構成されているため、イデオロギーは象徴的なものであると考えられがちだが、象徴的なもののみでは主体に「意味」がもたらされることはない。象徴的なものはシニフィアンの構造が支配し、主体にとってはまったくの「無意味」なものである。そこに「意味」をもたらすのが想像界であり、想像界に幻想が現れることで主体に現実の「現実味」を与える。それゆえ、空想にすぎないイデオロギーの外皮を引き剥がせば「客観的な現実」が露わになることなどあり得ない。イデオロギーが幻想であり、幻想がなければわれわれには現実そのものが立ち現れてこない以上、イデオロギーの背後にイデオロギー的に無垢な世界があるなどと考えてはならないのだ。人間の認識はすでにしてイデオロギー的である。人間はイデオロギー的動物であるのだ。

不安(41)

人間は生れながらにして、否、生れる以前から、イデオロギー的主体である。多くの者は家族というイデオロギー装置の中に産み落とされ、そこで最初のイデオロギー的儀式を反復することでイデオロギー的主体となり、その後各種のイデオロギー装置の間を渡り歩くことになるだろう。イデオロギー的にまったくの無垢である人間など存在せず、それゆえ、何らかのイデオロギーを新たに獲得し、その担い手となるとは、或

(41) ここでの議論は、向井雅明「精神分析にとって身体とは」(『imago』第5巻第12号、青土社、一九九四年)及び向井雅明「ジャック・ラカンの理論的変遷(二)」(『思想』No1017、岩波書店、二〇〇九年)に負っている。

るイデオロギーから別のイデオロギーへの移行していくことを意味する。

慣れ親しんだイデオロギー空間から別のイデオロギー空間へと移っていくとき、確信を持てないところでそれはなされるのだから、「不安」を覚えることは当然あり得る。特定のイデオロギー空間の中に投げ入れられ、イデオロギーから呼びかけられるとき、果たしてそのイデオロギーを担う主体になれるかどうかも分からないのだから、「不安」を抱くのも無理はない。「不安」の中で、イデオロギーに沿った行為を黙々と反復し続けるのだ。


ところで、「不安」は精神分析的対象の一つであり、しかも幻想と密接に関係する。

精神分析においては、不安は恐怖とは区別されたものとして考えられている。恐怖はその情動を喚起する対象を具体的に持つのに対して、不安には対象があるとは必ずしも言えない。対象がないところで漠然とその情動だけが惹起されるのが「不安」である。フロイトは不安に関してただならぬ関心を示しつつも曖昧なまま放置したが、ラカンはこれに再度注目し、理論的な練り上げを施し、こう述べた。「不安は対象なしではない[42]。」不安には対象があるとは言えないが、ないとも言えない。さらにこうとも言う、不安には欠けているものが欠けている。不安には「あるとは言えないもの」がある、「ないもの」がない、ということである。「あるとは言えないもの」あるいは「ないものとしてあるもの」、こうした性質を帯びた対象。対象aである。対象aこそが不安における対象である。しかも興味深いことに不安は対象aが欠けると惹き起こされると同時に、それが現れるとまた惹起されるということである。

(42) Jacques Lacan, *Le Seminaire X.L'Angoisse*.p.105 Seuil, 2004.（ジャック・ラカン『不安』小出浩之・鈴木國文・菅原誠一・古橋忠晃訳、上・一三六頁、岩波書店、二〇〇四年）

不安そのものは何ら特異なものではなく、誰もが日常の中で経験するものである。ひとは自己が所属する共同体に特定の場を持ちながら生きるが、その共同体から離脱し別の共同体へと移るとき、漠然とした不安が惹き起こされる。社会の中で他の誰かではなく、この私が占めていた、積極的には指示することができない場、いわば「空虚な場」が失われると、不安が惹き起こされるのだ。反対にその空虚な場が社会のどこかに確保されていれば、安心が得られる。こうした場を形成するのが対象aである。

しかしその一方で、たとえ自己に特定の場が確保されていても、その場が他人と取り換え可能な均質性に支配されると、また不安を惹き起こさせる。自己の固有性を見出せず、集団の中に埋没していくような状況である。共通するのは、結局どちらの場合にも自己の特異性を見失う状況であるが、この自己の固有性を保証するのが対象aであるのだ。

われわれの世界は言語によって織りなされており、言語は一般性の支配する世界である。ここにおいては主体の固有性は確保されることはない。個々の主体の最も内奥にある私秘的なものは、言語世界では得られない。それを保証するのは、したがって言語的次元とは位相が異なるものでなければならない。対象aである。対象aは言語世界からはみ出た余剰物であり、また幻想の対象である。幻想はつねに私的なものであり、主体の具体的生に現実味を与える。それゆえ主体が対象aと何らかの関係を持てるとき不安が取り除かれ、そこに幻想が成立する。

ところが、幻想は不安を取り除いてくれるのと同時に、逆説的にも不安をもたらすものでもある。それは、対象aがそのような性質を有しているからである。対象aは欲動の対象であるが、例えば通常なら忌避させる糞便は、肛門期に固着する者にとっては金銭となり、魅惑の対象となる。このような逆説的な性質を呈するのが欲動の対象、すなわち対象aである[43]。

また対象aはわれわれの時空間の感覚においても重要な役割を果たす。時間は過去・現在・未来という時間概念の中でつかまれ、それなくして時間はわれわれにとっては存在しない。欲望する存在である人間は、〈他者〉の欲望を引き受けることによって欲望することが可能になる。ところが、〈他者〉の欲望は当初から主体にとって謎である。そこで主体がみずからに与える答えが対象aであった。そもそも一般性が支配する〈他者〉の領野、すなわち言語世界では主体の固有性は見出せないから、〈他者〉の欲望は謎なのである。そのとき、言語では表象不可能な現実界の領野に対象aが余剰物として産出される。主体はそれをとり込むことで自己の存在の確実性を得る。それゆえ、対象aは主体の生きる場における固定点となる。未来を展望し、過去を顧みることができるのは、われわれが欲望する存在であるからなのだが、その欲望を可能にし、その起点となるのが対象aなのだ。

また空間に関しても対象aが重要な役割を果たす。われわれは空間の中で自分なりの座標軸を持っていることで、現在の自分の場を確保することができる。この座標軸の根底にあるのが幻想であり、それは欲望の固定点である対象aと関わることで出現する。対象aがないかぎり、空間は無限に拡大し続け、自己の場も確定できなくなってしまうのだ。

あるいは人間はおのれを実体的なもの――おのれをおのれ以外のものに依存することなくおのれのみの力によって存在せしめるもの――と信じているが、しかし鏡像段階論で示されるように、自己の身体も他者に同一化することではじめて獲得できるものであり、自我すらもこの機制によって確立されるものでしかない。

(43) 向井雅明「ジャック・ラカンの理論的変遷（二）」参照。

にもかかわらずおのれを実体的なものと信じられるのは、幻想がそこで機能しているからなのだ[44]。

不安と道徳法則に対する尊敬

ところで、興味深いのは、精神分析における「不安」とカントの道徳法則に対する「尊敬」には共通点があるということである。

道徳法則とは善いことを為すための法則であり、カント倫理学はこれを中核としながら展開される。「道徳法則は厳然と存在する」、カント倫理学はこれを前提とする。われわれはでき得るかぎり善いことを為そうと心がけ、それが為しとげられなければ罪悪感を覚えるという事実が道徳法則の存在を証明することになる。何らかの基準がないかぎりものごとの善し悪しを推し量ることは不可能であるが、この基準が道徳法則であり、道徳法則に背いたがゆえに罪悪感を覚えるのだ。

そのとき道徳法則は個別的・主観的なものであってはならない。善と思って為したことが、時と場合によって善とならない、はたまた悪となってしまうことは誰もが望まないからだ。それゆえ道徳法則は普遍妥当性を有するもの、すべての理性的存在者の意志に妥当するものでなければならない。理性を有する者だけが可能なかぎり善を為そうと心がけるからであり、理性的存在者が行為するときの動機である意志に働きかけるのが道徳法則である。

(44) 向井雅明「精神分析にとって身体とは」参照。

道徳法則が普遍妥当性を有するためには経験的な原理から導かれるものであってはならない。経験的原理は快・不快に基礎をおき、結局は自己愛・自己利益を目指したもの、つまり個別的・特殊的なものにすぎないからだ。たとえそこで多くの者の間で一致が見られてもそれは単なる偶然であり、そこから必然的法則を見出すことは何らできない。それゆえ真に道徳法則たり得るものは経験的なものを意志の規定原理とせず、それみずからにおいて意志の規定原理となるものでなければならない。そして意志を道徳法則に合致させるところに善は実現し、道徳法則に合致しようとする意志こそ善意志と呼ばれ、善意志によって為された行為は善い行為であるとカントは言った。

普遍妥当性を有する道徳法則は行為の具体的な内容ではなく、行為の形式のみをわれわれに命じる。具体的な内容はひとや状況によって変化し得る特殊的なものであるからだ。

さて、生きていれば誰もが自己の幸福を求め、自己愛を抱き自己利益を追求し、功利的に行為することだろう。しかし道徳法則はそのような経験的なもの（パトロジックなもの、感性的誘因）を規定原理にしてはならず、経験的なものに一切目もくれずひたすら道徳法則に意志を合致させることを命じる。だが、人間の意志は完全ではない。カント自身も言っているように、誰もが進んで道徳法則に従おうとはしないのだ。

そこでカントが注目したのが「義務」である。善を為す、すなわち道徳法則に意志を合致させることを「義務である」とするところに道徳的善が実現する。「義務」は「無制約的なもの」、つまり個々人の感情に依存しないがゆえに、普遍的かつ必然的であるのだ。

しかし問題なのは、道徳法則に従うことはそれこそ「嫌々ながら」なのだから、「それは義務である」と自己に言い聞かせる以外はないが、しかしそのこと自体がまた困難なことである。「どうしてそれは義務なのか」との反論は当然あり得る。そこでカントは「義務に適った行為」ではなく「義務からの行為」こそが道徳的な善を実現するのだと言う。「義務に適った行為」は適法的であるが道徳性を満たさない。それも正しくはないとは言えないのだが、その裏に自己愛や自己利益が潜んでいる可能性が大いにあるからである。それゆえ「義務だから致し方なくやる」ではなく「義務だからこそ、やらねばならない」という動機が重要となり、これが適法的行為に道徳的善さを付与する。

そこでカントが提示したのが道徳法則に対する「尊敬」である。「義務からの行為」は「尊敬（という感情）」に裏打ちされることによって、経験的なものを動機とすることなく道徳法則に積極的に従うことができるようになる。ただ、ここにおける「尊敬」は通常われわれが理解している意味とは異なり、「道徳法則が『そこにある』こと、主体がこれを『目の当たりにしている』こと[45]」を示す感情である。とはいえ、「尊敬」もまた感情の一つであることは間違いない。カントは道徳法則が普遍妥当性を有するためには感情も含めた経験的なものを規定原理にしてはならない、それでは不十分であるからだとしていたはずだ。しかし尊敬という感情だけは特別なのである。それはパトロジックなもの、つまり経験によって引き起こされるものではなく、むしろ「道徳そのものなのだ」と。しかし、なぜそのようなことが主張できるのか。そもそもカントは人間の行動の原因についてどのように考えていたのか。

カントは言う。「生きるということは、欲望能力の法則に従って行動するという存在者の能力である。欲望能力とは、それが想起する表象を通じてこの表象の対象に現実性を与えるという、存在者の持つ能力である。快楽とは、ある対象または行動が生活の主観的諸条件と適合していることを、言い換えるなら、表象す

(45) Alenka Zupančič, *Ethics of the real*,p.140.（アレンカ・ジュパンチッチ『リアルの倫理』、一六四頁）

ることによってその対象を現実化している精神の能力と適合していることを、表すものである[46]。」このように述べた上で、人間の行動は欲望能力の法則に支配されているとカントは言う。欲望能力は、羞恥、名誉、名声、称賛等々の対象の表象を含んでおり、われわれはこうした表象によって行動へと駆り立てられる。つまりパトロジックなものこそ、われわれの行動の原因、行動の駆動力となるということである。しかしそうであるなら、道徳法則はパトロジックなものを相手にしてはならないのだから、それが人間の生に介入する余地はもはや残されてないということになってしまう。

どうすれば道徳法則が意志の誘因になるのか。どうすれば意志の対象にはなり得ないものが行為の駆動力となることができるのか。カントは「人間の理性に解くことができない」問題であると述べつつも、それでもしかし、道徳法則が意志に直接影響を与え、行為の動因になり得ることができると言う。

この問題を解決するには、「まったく別の、表象には無関係な因果律を見つけねばならない[47]。」ここにおいてカントはラカン（そしてそれ以前にフロイト）の先取りを行ったとジュパンチッチは言う。それは欲望と動因（＝欲動 drive）の違いを示したことである。

欲望が本質的に表象（シニフィアンの横滑りと幻想）に関係するものであるのに対し、欲動の論理はまったく異なるものである。欲動は「目標に到達することなく満足を得る」というラカンの言葉は、欲動の向かう対象が表象の対象ではないことを意味している。それは、われわれが目指す対象、われわれが手

（46）*Ibid.*,pp.141-142.（同前、一六四～一六五頁）
（47）*Ibid.*,p.142.（同前、一六五頁）

に入れたいと思うような対象（われわれの「ゴール」）ではない。欲動が向かう対象とは、欲動の進む道のりやそれ自体であり、この道のりの果てにある何かではない。それは、主体に何か満足を与えるような対象ではなく、この満足それ自体、対象としての満足である[48]。

欲望と欲動は違う。欲望はシニフィアンの連鎖の運動であり、欲動はそれの駆動力である。われわれの通常の因果関係は欲望の水準で決定される。カントが模索していたのは「表象には無関係な因果律」、つまり欲望の水準にはない因果律だったのであり、それを「動因」の中に見出そうとしていたということである。精神分析の言葉で言えば、それは欲動の水準にある。通常の因果律は欲望のレベルにあり、その駆動力となるのが欲動であるということ、つまり行動へと駆り立てる動因が欲動であるということである。

欲動の目標は欲動の充足、つまり有機体が欲動を放出することであるから、その対象はその目的を果たせるものならどのようなものでもよい。欲動の放出とは緊張を最も低くすることであるが、それはあくまでも一時的、暫定的な達成でしかないため、欲動の完全な満足は、あり得ない。それゆえ欲動の運動は、つねに衝迫に駆り立てられて源泉を出発し、「空」である対象の周りを廻って出発点に戻るという回路を通じて目標である満足を得る過程を繰り返すことになる。欲動はつねにそのような軌跡を描くことだけをひたすら繰り返し、目指す。つまり欲動の対象は「欲動の進む道のりそれ自体[49]」ということなのだ。

これはカントが示した尊敬の定義、「ひとを道徳へと向かわせる動因ではなく、道徳そのものである[50]」

(48) *Ibid.*,p.142.（同前、一六五頁）
(49) *Ibid.*,p.142.（同前、一六五頁）
(50) *Ibid.*,p.142.（同前、一六五頁）

と同じ形態を持つ。経験的なものを排して意志を道徳法則に合致させることこそ、カントに言わせれば道徳的に善い行為であり、その誘因となるのが義務を裏打ちしている尊敬という感情である。しかし「義務」も経験的なものをすべて排して「それは義務なのだから、義務を遂行せよ」とだけ命じる「形式」にすぎない。いわば「形式自身のための形式」である。尊敬とは形式のための「形式」を行為の誘因にするもの、道徳法則に意志（行為）を合致させる動因なのである。それゆえ尊敬は道徳的（に善）たらんことだけを目指す感情であるゆえに「道徳そのもの」と言えるのだ。それは、欲動が結局はみずからの運動そのものを対象にし、それと同一化してしまうのと同じである。

それゆえ、尊敬は一つの感情であっても「かぎりなくゼロに近い情動」、すなわち「『パトロジックなもの』の最後の残滓、すでに『パトロジック』ではないような残滓に他ならない[51]。」こうした尊敬という「感情」によって形式が動因へと変わるのであるのであるが、しかしどのような機制によってそれが実現するのか。再び精神分析の議論との比較である。

欲動の対象は対象aであり、対象aが駆動力となって欲動は運動する。対象aはシニフィアンの連鎖から余剰として生まれた残滓、欲望の地平からこぼれ落ちたものである。つまり通常の因果律の中から逸脱したものである。対象aは想像界と象徴界の領野から現実界に排出されたもの、イメージや言語では表象し得ないものであるが、しかし「欲望の原因としての対象」として欲望そのものを支え、その動因となる。つまり経験的な領野から切り離されることで対象aは欲望を駆動させる動因となるのだ。対象aは表象し得ないものであっても（であるがゆえに）、想像界の領野にある幻想の中で追い求められ、あるいはときに具体的な形

（51）*Ibid.*,p.142-143.（同前、一六五〜一六六頁）

象を持って想像界の経験的領野に現れる場合もある。つまり対象aは想像界と象徴界によって織りなされた世界と現実界の両方にまたがるもの、両者を媒介するものであるのだ。

これと同じような機制によって尊敬は行為の動因になる。義務とは感情を含めた経験的なものをすべて排した無制約的なものである。それゆえわれわれの生の世界では行為の動因になり得ない。しかし義務は尊敬という感情によって裏打ちされ、尊敬が行為の誘因となってくれるが、それと同時に、尊敬は義務とともに経験的世界から外れることになる。通常の因果律の軌道から切り離されるのだ。とはいえしかし、尊敬は感情であるかぎりやはり経験的世界にも属する「かぎりなくゼロに近い情動」であるから、それは経験的世界と英知界（経験的世界の外部）の両方にまたがることになる。動因としての尊敬は、このように対象aと同じような性質を有しているのだ。尊敬が通常の因果の鎖から抜け出すことで、「表象とは無関係な因果律」が成立することになる。

尊敬は経験的世界から逸脱したものであるゆえ、欲望とは異なる領域にある特異な「感情」である。欲望は対象aを原因とするのと同時にそれを対象にし、経験的世界は欲望によって構成される。しかし尊敬は経験的世界の外部にあるのだから、対象aを持たない。つまり尊敬には「欠けているものが欠けている」のだ。不安もまた対象aを見失うことで惹起される。欠けているものが欠けることで不安が引き起こされるのだ。「不安とは、主体が欲動を経験するその仕方、欲動の循環の中で生み出される剰余満足である。[52]」もちろん尊敬も「欲動を経験するその仕方」の一つである。

このように不安と尊敬には共通点が見られる。尊敬が道徳法則という善を求めるものであるなら、不安の

（52）*Ibid.*,pp.145-146.（同前、一六八頁）

中にある者もまた、不安に慄きながら、おのれにとって善と思われるものを求めていくことになるのだろう。善とは万物が追い求めるものである。

まなざし

イデオロギー装置の中で——不安を抱きながら——ひたすら行為を反復する主体に、やがてイデオロギーが根付くようになる。それは何らかの幻想を抱くようになるということと同義である。イデオロギーとは幻想であり、イデオロギー的主体はイデオロギー的幻想を抱く者であり、幻想の中で対象aを追い求めていく主体である。新たなイデオロギー的主体へと変貌を遂げようとする主体は、消え去ろうとするおのれの固有性を探し求めていき、イデオロギーの担い手となった後もそれを確保するために、幻想の中で対象aを求め続けていくことになる。

ラカンは、対象aの具体的形象として乳房、糞便、そしてまなざしと声を上げた。こうしたものは、もちろん通常ではわれわれの前に特別なものとして立ち現れることはないが、病理的な状況に陥っているとき、つまり享楽しているときにはこうした形象を帯びたものとして出現する。あるいはしかし、日常生活を送っている者の中にも対象aが現れる場合がときにある。剰余享楽、すなわち幻想の中に、である。おしゃぶりにふける幼児は、幻想の中で対象aとしての乳房を見ていることだろう。あるいは、性的幻想の中にあるとき、ひとは対象aに魅惑されている。

しかし、基本的には対象aは具体的形象を持たない。イメージでも言語でも捕らえられないのだ。典型的なのはまなざしである。まなざしは形を持たない。しかし覗き魔や露出狂などの倒錯ではまなざしは特別な地位を獲得する。倒錯者はまなざしと一体化しているのだ。こうしたケースを精神分析は対象にするのだが、通常のわれわれの生の営みの中でもまなざしは重要な役割を果たしている。あるいはイデオロギー的主体が誕生するときにも、である。フーコーはこうした事態に光をあてた。フーコーはひとが新たなイデオロギーを獲得するとき、まなざしがいかに機能しているかをパノプティコンに関する議論において示したのだった[53]。

知られているように、パノプティコン（一望監視装置）は、監獄をはじめ、学校や工場や病院など様々な施設で用いられる建築システムである。パノプティコンとは、監視塔を中心にして、その周りに円環状に建物を配置し、監視塔から周囲の建物の様子がすべて監視できるが、周りの建物からは監視塔がよく見えないようになっている装置である。

この建築システムの特徴的な点は、中央に配されている監視塔に監視者が常駐しなくてもよいところである。監視されているかどうか分からないことが、つねに監視されているかもしれないという「不安」を惹起する。こうした状況の中に置かれ続けることによって、監視される者の心の中に、みずからを監視する自分がつくり出されてくる。みずからを監視する精神構造とは、まさに道徳（理性）的人間のそれである。

みずからを監視する自分とは、まさに超自我である。超自我は、自我が邪な欲望を抱かないかをつねに監視し、抱いたときには批判し、ときに「罪悪感」という罰を与える。超自我は道徳的なものの源泉であり、

（53）Michel Foucault, *Surveiller et punir —naissance de la prison*, Gallimard, 1975.（ミシェル・フーコー『監獄の誕生——監視と処罰』田村俶訳、新潮社、一九七七年）

道徳に従う理性的存在者にはこの超自我の審級が備わっているとフロイトは言う。反対に、罪人は道徳心が欠如しているから犯罪に手を染めるのであり、監獄で、社会に復帰させるために「正常な人間」に矯正し、精神構造そのものを改造せねばならないと考えられている。パノプティコンという装置はそこで重要な働きをする。囚人たちの心の中に、道徳心の源泉となる超自我という審級を産み出し、機能させるのである。囚人たちはパノプティコンを通していわば「生まれ変わる」のである。これによって現行社会とその支配者に服従する主体をつくり出すのである。

ここで注目すべきは、パノプティコンにおいて狙いが定められているのは、まずは身体であるということである。身体の表面に注がれるまなざしの可能性によって、精神までもがからめとられ、支配され、服従する奴隷的主体がつくられる。精神を「改造」するために標的になるのは身体であり、しかもそれがまなざしによってなされる。「見られる」というありふれた行為によって、ひとは根底から精神を改変されてしまうのである。なぜこのようなことが起こるのか。

精神分析では、まなざしは対象aの一つであり、対象aは「欲望の原因としての対象」と言われる。まなざしの問題はラカンにおいてはすでに理論活動の初期の段階から重視されていた。他ならぬ、鏡像段階論である。

自己の身体的なまとまりも知覚できず、自我も確立されていない中で、他者の身体のイメージを見ることで自分自身の支配を先取りし、自分の鏡像を全体化する。自我の起源はここにあり、私はナルシシズム的満足を得る。だが、この起源以前にも「私」は存在していたはずなのだ。この根源的な「私」、それは一体何なのか。「見つめられた存在、いたるところから見つめられ、委ねられ、露わにされ、さらされた存在である。

私はまさに他者を見世物的対象とする以前から世界の見世物の中にいる(54)。」

私は私自身によって見つめられることによって私になる。私以前の「私」、自我が確立される前の「私」とは、いわば「見つめられる身体」である。身体の表面にまなざしが注がれることで私が生まれる。このまなざしは私のものであるが、しかし自我理想の立場から注がれたもの、自我理想から注がれているであろうと私が想定したまなざしである。〈他者〉とのまなざしの交換の中でたしかめられた私に対する承認によって、眼前にある鏡像は私のものであると主体は確信する。そのとき主体は、自我理想からもたらされるこのまなざしと化す。「幻想の構造の主要な組織化のメカニズムは、対象と化す主体の同一化です(55)。」幻想の中では主体は対象aと同一化するのである。眼前にある鏡像は自我理想からのまなざしによって立ち現われるが、言うまでもなくまなざしそのものは見えず、鏡像には映らない。私の鏡像、私の身体には鏡に映らない部分がある、「穴」があいているのだ。その穴に対象a、つまりまなざしが到来する。「鏡像段階以前のこの根源的なものは、鏡像段階によって意味を失うものでも消し去られるものでもない。それは鏡像段階以後にも残り、そのナルシシズム的な満足の幻影に問いを投げかける(56)。」

鏡の前に置かれた子供は、鏡に映し出された像は私のものであることを確認するために背後にいる〈他者〉を振り返る。〈他者〉はその鏡像はその子供のものであるとまなざしの中で応えてくれる。愛が存在の承認であるなら、しかし愛はきわめて脆いものでしかない。やはり自己の存在に関する絶対的な確実性は保証さ

（54）Philippe Julien, *Pour lire Jacques Lacan*. p.190.（フィリップ・ジュリアン『ラカン、フロイトへの回帰』、一九八頁）

（55）J.-D. Nasio, *Cinq leçons sur la théorie de Jacques Lacan*, p.159.（ジュアン＝ダヴィド・ナシオ『ラカン理論5つのレッスン』、一五六頁）

（56）Philippe Julien, *Pour lire Jacques Lacan*. p.191.（フィリップ・ジュリアン『ラカン、フロイトへの回帰』、一九八頁）

れていないからだ。〈他者〉からのまなざしは主体にとって愛をもたらしてくれるかもしれないが、それと同時に不安を生じさせるものでもある。まなざしは主体の存在の根底をなしていながらも、そうであるがゆえに、主体の存在を危ういものにする。まなざしそのものは主体が想定しているものであるかどうかはわからない、謎であるからだ。主体の基盤は底が抜けている。だから、〈他者〉からのまなざしに注意を払い、警戒し続けることになる。

パノプティコンである。パノプティコンでは監視塔から見つめられていることはわかりつつも、しかし、そのまなざしそのものは見えない。いや、見つめられているかどうかもわからず、どのようなまなざしが注がれているのかも謎のままなのだ。これは主体化の原初的場面の再現である。パノプティコンはまなざしによって新しい主体を立ち上げるのと同時に、主体の中に不安を惹起し、主体の精神を揺さぶる装置である。不安は対象aとの適正な距離がとれないときに生まれるものである。

通常ならばわれわれは不安を抱くことはなく、精神は安定している。だが対象aとしてのまなざしが突如出現し、主体に襲いかかるとき、あるいはまなざされていることが感じられなくなるとき、不安が惹起される。そのとき、主体に精神的安定を与えていた幻想が動揺し、亀裂が入り、場合によっては崩壊する。

パノプティコンが狙いを定めるのはそこである。パノプティコンは人間の精神を改造することを目的としつつ、そのときとられる手段は、身体の表面にまなざしを注ぎ込むことである。鏡像段階で示されたように、身体の表面は自我である。あるいは私の眼前に広がる世界は私の身体の表面を中心にして構成され、世界そのものを開く。近代哲学が主体の認識にはつねに「私」という表象がついてまわり、それなくして認識自体は構成されないと述べてきたように、身体の表面としての自我は、私の認識そのものの中心にあるのだ。

あるいは、主体の外部に対象を成立させるには、リビドーが内部から外部へと向きを変えねばならないが、このリビドーを支えるのが対象aであり、対象aが鏡像にあいた穴に置かれることで、主体は自己の鏡像に魅惑され、同一化するのだった。それゆえ、対象aは主体の世界像の中心にあると言える。対象aとしてのまなざしがあることで、世界を認識することがはじめて可能になる。世界の根底にあるまなざしに異変が生じれば、世界観の瓦解へと直面する事態となる。パノプティコンが標的にするのは、そこなのだ。

監視塔からの「大きな眼」に見つめられることで主体は不安に襲われる。不安の中にある主体は、それまで自分が安住してきた幻想を揺さぶられ、ときに崩壊の危機に直面させられる。新しい幻想が立ち上がるのは、そのときである。〈他者〉からのまなざしによって主体は自己の固有性を獲得するが、しかしそれは〈他者〉に対する絶対的信頼を前提にしなければ成り立たない。まなざしが再び出現し、凝視されるとき、この信頼が揺らぎはじめる。〈他者〉への信仰の動揺は自己の存在の喪失を意味する。おのれの存在が儚く消失しかけようとしたとき、新たな幻想が立ち上がるのである。まなざしは不安を惹き起こすものであると同時に主体を生み出すものでもある。見つめられる身体から新たな自我が生起するのだ。主体はそのとき幻想から幻想へと横断する。これは一つのイデオロギーから別のイデオロギーへの移行でもある。まなざしは新たなイデオロギー的主体を生起させるのだ。

声

幻聴などまさに精神分析的対象であるが、やはり声もまなざしと同様にわれわれの生の営みの根底を形づくるものであると精神分析は考える。とりもなおさず、アルチュセールのイデオロギー論に現れる「呼びかけ」である。個人は〈主体〉から呼びかけられ、それに応えることでイデオロギー的主体となるという議論、しかし呼びかけは、通常の声、つまり空気の振動である物理的な声とは異なる。

呼びかけは物理的音声を伴わない「声」であるが、しかしこれは何ら特殊なことではない。「良心の声」である。「良心の声」は道徳的主体、つまり理性的存在者に到来し、良心からの呼びかけに応えることが道徳的（理性的）であることの証となる。だが、良心の声は物理的な音としては聞こえず、心の中で音をたてることなく鳴り響く。「良心の声」は一定の規範に従ってわれわれに「呼びかけ」、つねにわれわれにつきまとう。

ハイデガーも『存在と時間』（第一部・第二篇・第二章「本来的な存在可能の現存在によるあかしと、決意性」[57]）において「良心の呼びかけ」について論じているが、その呼び声は沈黙という様態において語る。物理的音声を伴わないのが、良心の声の特性なのだ。

あるいはまた、精神分析的対象としての幻聴も物理的音として知覚されることはなく、当人以外には聞こえない。無音で響くという特質を共有する両者の「声」が淵源するのは同じところ、主体が生起するときである。

主体が発生する以前、母子癒着関係におかれ、まだ言葉を獲得していない前主体的存在は、欲求レベルの身体的緊張にみまわれると、それを取り除くために「叫び声」を発する。その叫び声を身近にいる他者（母）が、それは何らかの要求であると、自己の欲望に即して解釈する。「空腹である」と解釈されたなら、母は乳房を差し出すだろう。これによって主体は満足を得られるかもしれない。こうした行程を繰り返すことで、

（57）Martin Heidegger, *Sein und Zeit*, Max Niemeyer Verlag, 1927,（熊野純彦訳『存在と時間』、岩波文庫、二〇一三年）

主体に或る印が刻印される。そのとき単なる化学反応でしかなかった叫び声、純粋な音声的発散が、意味を帯び、分節化されるのだ。要求が欲望として分節化され、「空腹である、食物が欲しい」という欲望が成立するのである。

だが、要求が十全に得られている段階では欲望は要求と混同されている。欲望、すなわち「欠如」が要求によって満たされるからである。対象aが欲望の原因となるのはこの段階を経ることによってである。乳房という対象aが主体に欲望を発動させる原因となっていくということである。この段階においては、行為の主体（主語）は曖昧であり、「私＝母」である。

しかし、やがて要求と欲望の不一致、「切断」がもたらされるときが訪れる。一致しているときには「母＝私の欲望の対象とは何か」と問う必要はなかったが、要求が切断されることで、母＝私の欲望の対象を模索せねばならなくなる。そのとき、主体は象徴界に巻き込まれていく。「叫び声」を何度も発し、他者に呼びかけ、他者が返答し、あるいは他者が主体に呼びかけるという言語的交換、つまりパロールの中に欲望の対象を求め続けるのである。「このとき以来、主体の音声的発散は、他者の欲望への呼びかけの中に存在する意味作用に後戻りできない形で結びつけられ、その結果、シニフィアンの網の目に捕らえられる[58]。」主体は叫び声を発することで言語世界に引きずり込まれ、欲望する存在へと変貌を遂げるのだ。それゆえ声は欲望の原因としての対象、すなわち対象aと言えるのである。

しかし、欲望の起源となる叫び声の純粋さ、意味を持たない無垢さは、言語を獲得した後では取り返しのつかない形で失われている。もちろん、ここで起こっている事態は言語獲得以前の「経験」であるゆえ、対

（58）Bernard Baas. *De la chose à l'objet a*, p.215, Peeters vrain, 1998.

象aとしての「声」は「失われた」のではなく、そもそも存在しない、端的に言って「無」である。対象aとしての声は象徴秩序には同化吸収できない残滓、つまり象徴秩序においては「無いもの」なのだ。

主体は叫び声をあげることによって欲望を成立させることができた。しかし欲望する存在となったいま、叫び声の純粋さ、母からの返答という前言語的・前意味論的な純粋さ、要求と満足の一致、そこで成立していた十全性の印はすでに「失われている」。だが、この「純粋な声」がなければ欲望へと促されることはない。バースはこの「純粋な声」を「もの的な声 voix chosique」と言うが、それは〈もの〉の次元から聞こえてくる声、対象aである。しかし、前言語的な声は去勢という象徴機能によって欲望へと、つまり言語へと統制され、そこで「失われる」。そのとき単なる発生的音の集まりが連なりとなって意味を帯びるようになる。これによってわれわれははじめて「語ること」が可能となる。純粋な声はパロールを呼び出すのだ。バースはわれわれが日常的に発する声を、純粋な声あるいはもの的な声と対比して、「現象的な声」、「経験的な声」と呼ぶ。

言語を獲得することによってはじめてわれわれに縦・横・奥行きのある空間を有する世界が開かれる。空間世界の成立を待ってはじめて現象的な声は響く。物理的空間が存在しないまったくの空虚では空気の振動である現象的声は響かない。

ところがもの的な声、純粋な声が反響するときがある。「主体が象徴秩序から疎外され、〈他者〉から疎外されるまさにそのとき、そこで、純粋な声が反響する。[59]」主体は、象徴界に参入し、シニフィアンの連鎖に回送される存在と化すとき生み出されるが、しかし、シニフィアンは主体そのものを表象できない。かけ

(59) *Ibid.*,p.218.

がえのない存在である主体の固有性はシニフィアンでは表わせないのだ。主体はシニフィアンの連鎖においてしか存在し得ないが、しかし固有な存在である主体はシニフィアンから「疎外」される。「声」はそのとき鳴り響く。「声」は、象徴界からこぼれ落ちる余剰物、対象aである。「声」、もの的な声は、主体が象徴秩序から疎外されるとき、空虚の中で、沈黙しながら「響く」。

この前言語的な声は象徴機能によって欲望へと統制されていたはずであるにもかかわらず、再び出現し、主体に「呼びかける」。「疎外」されてもなお、「声」は、シニフィアンの法、去勢の法に服従しろ、シニフィアンの連鎖に自己を投企しろ、と主体に呼びかける。言語的存在になれ、と。言語的存在とは、まさに語る存在parlêtreである。言表行為に現れる言表を追いかけていくこと、言表を行っている主体はたしかに言表に現れた「私」（主語）であることを示さねばならないと「呼びかける」のである。

この呼びかけに応え得る能力responsabilitéが、主体を世界の構成員にする。呼びかけに対する呼応能力responsabilitéを有する者こそ、責任responsabilitéを担い得る存在なのだ。この呼びかけに応えることとは「語ること」であり、「語ること」は世界の中で責任をとることの第一義である。主体が語る者であるならつねに〈他者〉の命令に従わねばならず、従わないかぎり応える＝語ることはできない[60]。

（60）高橋哲哉、大庭健らは、「責任responsibility」概念を「応答可能性・能力」として捉え、これを倫理的なものの基盤に据える。言語的存在であるわれわれは、言葉を発するときつねに他者の存在を前提とする。聞いてほしい、読んでほしいと願うがゆえに、われわれは言葉を語り、書く。このような願いを含まない言語活動は存在しない。もちろん他者もそのような願いを込めて私に「呼びかける」。このような「呼びかけ」と「応答」が基盤となって、われわれの言語活動はなされ、そして人間関係、ひいては社会そのものが成り立つ。そもそもわれわれは呼びかけに応じられないものに対して呼びかけることはない。行き手を阻む大きな石に対し、道をあけてくれるように頼むことも、道をふさいでいる理由を問うこともない。まったく無意味であるからだ。

無意味であるのは、そこに呼びかけ‐応答という関係が成り立たないからである。われわれが呼びかける対象とは、唯一、応答能力を有した存在である。

われわれの社会には、呼びかけたら応じられるという関係（呼応可能な関係）が成り立っている。なぜそれを行うのか、その理由を尋ね、応えることができるという関係がそこにある。「人‐間」が社会的存在であるなら、この関係の成立こそ「人‐間」が存在するための根本的な条件である。

これに加え、「予期の共有」がある。このように呼びかけたら相手はどのように受け止め、どう応じてくれるかが「予期可能」であるからこそ、われわれは他者に呼びかけられる。呼びかけ可能な関係は、相手の受け止め方や応じ方について不安にならずにすむ関係が成立した上ではじめて可能になり、さらには、この予期は「われわれ誰もが」という一般化されたレベルに留まることなく、「はずだ」という確実性のレベルにまで引き上げられている。もちろん、ときに予期せぬ仕方で応じられることもあるが、そのときには「異質な応じ方」として対処される。つまり「はずだ」という確実性のレベルにある予期は単なる予測ではなく、誰もが「すべきだ」という規範性を帯びているのだ。このように規範化された予期を大庭健は「生活の文法」と呼ぶ。この生活の文法に従うことが、われわれが互いに呼応可能な関係であるための条件となる。したがってこの条件に従う者たちの中では、呼びかけが自分に向けてなされている予期を予期したとき、通常それに真っ向から背く応答は誰もがしないはずである。こうした「信頼可能な関係」があるからこそ、呼応可能な関係が成り立ち、これが成り立っているのがわれわれの社会であり、これがないかぎり人間たちの共同体は存立し得ない。ここで言う「信頼」とは、自分に向けられた期待を裏切らないことである。

もちろんわれわれは自由であるから、裏切らないことも、裏切ることも可能である。しかしたとえそうであっても、裏切らないこと、そして「相手もまたそうである」と互いに信じることである。言うまでもなく、こうした信頼関係は自分一人が相手を誠実に信じるだけでは成り立たない。相手もまた自分を裏切ることなく、信じていることが予期され、その予期に促されて自分もまた相手を信じることが可能となる。それゆえ信頼は互いのどちらかに帰せられることなく生起する。

したがって、「責任がある」とは、特定の諸個人の属性や態度ではなく、第一義的には人間関係の特質なのであり、それゆえ「責任」は特定の個人に付与される義務ではない。互いの信頼に基づいて呼びかけ、それに応じ得るという関係にあるのが責任ある人－間なのであり、呼応可能な関係をつくり出し、維持し発展させることが所謂「責任」の中核になっているのだ。それゆえ、「責任を負う」ということは、つねにすでに呼応可能な関係の中で生きる者が、この事実を与件として引き受け直していくことである。誰もが「責任を果たしている」からこそ、社会が維持され、それぞれの人－間の生存が保障される。責任とは人－間と不可分な性質なのであり、責任を負うことではじめて人－間なのである。

それゆえ、日常繰り返される他者からの呼びかけを無視することは、社会生活から離脱することに等しい。このように人間関係の基礎には、「呼びかけられたら、応えねばならない」という一種の約束が横たわり、誰もがその約束を守るだろうという信頼関係があってはじめてわれわれは共存し得る。したがって、社会の中で他者とともに生きているかぎり、この約束に拘束されることになる。この約束を破棄すること、他者からの信頼を裏切ること、つまり一切の呼びかけに応答することをやめることは、社会の中で生きることをやめることであり、「人－間」として存在することをやめることである。

このように、われわれは社会的・言語的存在であるかぎり、他者への応答可能性の内にあり、責任を担わねばならない存在なのである。応答能力を有する存在であるからこそ、われわれは責任の内に置かれることになる。たしかに、われわれは自由であるから、他者からの呼びかけに応えることも、応えないことも可能である。あるいは責任を果たすことも、果たさないことも選択し得る。他者から呼びかけられるとき、この選択に迫られ、応答可能性の内に置かれる。だが、応答可能性＝責任の内においては、われわれは完全には自由ではあり得ない。「応えない」、「責任を果たさない」ということが社会の中で生きることをやめること、人間として存在することをやめることである以上、その選択はあり得ない。だが、その選択のあり得なさは、われわれが孤独ではない、他者との関係につねに置かれていることを証しているのだ。

応答可能性としての責任の原型は主体確立以前の母子関係の中で与えられる。両者の間でなされる呼びかけと呼応を土台としながらわれわれは言語世界、すなわち象徴界へと促され、参画するようになる。責任＝応答可能性は主体確立の過程につねについてまわる特性なのである。しかし、この過程が主体の想像的先取り＝予料によって展開されるゆえ、つねに揺らいでいる。それゆえ、確実性を求めて反復されるのだ。これが責任をとること、他者の呼びかけに応えることによって主体になるという事実を引き受け直すこととして現れる。イデオロギーからの呼びかけに応えようとする主体の姿が、これである。

応答可能性・能力としての責任を担おうとする主体は、まさに超自我の命令を神経症的に解釈する主体の典型である。たしかにアルチュセール自身もこちらの側面にしか注目していなかった。だからこそ、彼のイデオロギー論は人々を現状に縛りつけるイデオロギーのみを強調する結果になってしまったのである。その要因は享楽を命令するという超自我のもう一つの側面を見ていないからである。享楽とは象徴界を逸脱することであるのだが、しかし所与のイデオロギーを越えていく可能性もそれは宿している。享楽する中でみずからを「失い」、反復強迫へと駆り立てられていく主体の姿である。

この呼びかけを発するのが超自我である。超自我は道徳観念の源泉であり、責任をとり得る主体を生み出すものである。超自我は主体に命令する。「父のようにあれ」、「父のようにあってはならぬ」と。前者は、父のようにファルスを所持し、象徴秩序への参画を呼びかける声である。その「声は、その外では主体が主体ではないであろうシニフィアン的疎外を引き受けるよう主体を呼び出す呼びかけであり、それは責任＝応答可能性 responsabilité への呼びかけである[61]」。後者は、表層的には享楽を禁止する命令ではあるが、前述したように、その「禁止」は、あくまでも享楽の不可能性が認められない主体が施した解釈にすぎず、「禁止」の裏では享楽の可能性が示唆されることになる。それゆえこの命令は享楽することを命じる声として主体に届き、「主体を構成する純粋欠如に身をさらせ、したがってシニフィアン的疎外から逃れろと主体に呼びかける、象徴秩序の侵犯としての享楽への呼びかけである。この奇妙な声によって呼びかけられ〔尋問され〕呼び出された主体、外からの声によって出頭を命じられた主体は、かくして責任＝応答可能性と享楽との間で宙吊りにされる[62]。」

幻想の中で聞こえる声は、実際は主体自身の声であるが、しかし外から聞こえてくる、他者が発する声として主体に届く。そもそも欲動においては行為の主体（主語）は曖昧になる。なぜなら象徴秩序の外部にある欲動の領野においては主体そのものが存在しないからである。ジュランヴィルが言うように、「欲動は回帰する＝裏返る体内の裂孔を貫く流れである」[63]かぎり、欲動においては他者が行う行為が自分のものとなり、みずからが行った行為が他者の行為となる。「ラカンはきわめて明確に、『欲動の往復する輪の分節化』は、

（61）*Ibid.*,p.206.
（62）*Ibid.*,p.206.
（63）Alain Juranville, *Lacan et la philosophie*,p175.（アラン・ジュランヴィル『ラカンと哲学』、一六三頁）

『自分を……してもらう』se fair（略）に対応する、と説明するだろう[64]。」これは欲動が変換された幻想においても同様である。幻想において主体は対象aと化しているからである。それゆえ、主体自身の享楽への願望が、「享楽せよ」という命令に変形されてしまうのである。

主体は声の両義的な二つの命令によって宙づりにされる。だが、象徴秩序への参画は享楽を志向することによってしか成し遂げられない。「一方は他方なしでは動かない。つまり侵犯的運動、主体がそれを介しながら、シニフィアン的疎外をのりこえようとする運動は、まさに享楽へと向かう語る主体の動きであるが、しかしながら、この享楽は、象徴秩序から自分を無理に引き離せば、〈他者〉の空虚の中へと沈み込み、〈もの〉という無の中に消滅するしかないのだから、不可能である[65]。」象徴秩序に住まう者は欲望する存在であり、欲望は対象aによって駆動し、対象aを追い求める幻想によって欲望は支えられる。欲望する存在には享楽は不可能であるがゆえに、対象aが生み出され、幻想が立ち現れる。一見すると矛盾する二つの命令は、したがって対象aによって一点に収斂していく。声が主体に課そうとするのは、「〈もの〉の境界を目指すことを主体に命じるのと同時に、象徴的なものと〈もの〉との間の、世界と外部世界の間の境界を飛び越えることを禁じる法である。ラカン的な語彙においては、対象aが意味するのはこの境界である[66]。」

超自我は象徴秩序に参画することを命令するが、象徴秩序で生きる者は欲望する存在である。欲望するためには対象aが生み出され、幻想が機能せねばならない。あるいは無意味な象徴界に意味をもたらすのもまた対象aであり、それは〈もの〉へ回帰し、再興する運動の中で生み出される。〈もの〉に魅惑され、回帰

（64）*Ibid*.,p.176.（同前、一六四頁）
（65）Bernard Baas. *De la chose à l'objet a*, p.202.
（66）*Ibid*.,p.207.

しながらも、しかし〈もの〉を獲得――享楽――すれば主体は無の中に消失してしまう。それゆえに、象徴秩序から逸脱することを避けようとし、その中で対象aが余剰物としてこぼれ落ちる。象徴秩序は万全ではないのだ。だからつねに主体は、おのれを主体として立ち上げる根源的な地点に遡行し、象徴秩序の組織化を繰り返せねばならないことになる。それが「責任を引き受ける」こととして現象し、「責任を引き受ける主体」として存在し続けることで、現実の世界における市民権を得る。「純粋な反響としての声は、実際主体におのれの欠如存在に身をさらすように呼びかけるのであり、この欠如存在は、象徴的な媒介によってしか世界はないのだから、主体の世界との関係を絶え間なく再開することに主体を捧げるのである[(67)]。」これはまさに反復強迫の機制であり、その原動力は死の欲動である。

かくして主体は、たとえ同じイデオロギー装置に身を置き続けていても、その中で、つねに主体化のプロセスを反復せねばならない。そうであるがゆえに、各種のイデオロギー装置間の移行が可能になるのだ。つねに主体化、つまりイデオロギー化のプロセスを繰り返しているからである。

このように、声はたえず、われわれを自己の「存在欠如」に直面させようとする。だから「不気味」なのだ。「(対象aとしての)声は――まさに――声が〝私を越えつつ私自身からの〟呼びかけであるがゆえに外在的である。というわけで、この奇妙な声は外部のものであるのとまったく同時に不気味なものであるのだ。外部のものというのは、その声が象徴的分節化の慣れ親しんだ秩序を超えているからであり、不気味なものというのは、その声が、主体がそこから生じる無に、主体の存在の根底をなすこの欠如存在に身をさらすように主体に呼

(67) *Ibid*.,p.202.

びかけるからである[68]。」

ハイデガーが言及する「良心の声」もまた「不気味なもの」として描かれる。それは、主体を「存在欠如」に直面させるものだからだ。つまり、〈もの〉を目指し、われわれの日常世界である象徴界の縁、それ以上進み出れば奈落の底に落ちてしまう断崖に、主体を向かわせるものだからである。主体にその本来性を取り戻させるべく、日常世界から離脱し、無の境地（死）にまで遡行させ、そこから再度主体を立ち上げさせようとするのが、良心の声である。だから不気味なのだ。不気味だから、ひとは良心の声に恐れをなし、日常の中に逃避し紛れ込もうとする。

さらにハイデガーは言う。良心の声は何ごとも言明せず、世界の出来事に関して何も知らせず、物語るべき何ものも有していない。良心の声がなすことは、唯一、われわれが最も固有な存在であり得ることへと呼びかけることだけである。たしかに良心の声がわれわれに何を言わんとしているは判別しがたい。良心の声がわれわれに呼びかけることは、「善くあること」であるが、一般的に「善さ」はひとや状況によって変わり得る。良心の声は、どのような状況に置かれようとも、その状況の種差性とは関係なく「良心の声」としてあらねばならないのだから、状況に左右されない、きわめて抽象度が高いものにならざるを得ない。

精神分析においても、〈他者〉は私に何を求めているのか、何を欲しているのかが分からないものとして描かれる。永遠に答えを見出すことができない問いを前にして、しかし主体は果敢にみずからの力で答を創出しようとする。それが対象a、つまり「声」である。そのとき欲望する主体が出現する。それはシニフィアンによって織りなされた象徴秩序の主体の誕生である。きわめて抽象的な良心の声から届くただ一つの

（68）*Ibid*., p.206.

メッセージは、これである。象徴秩序に参画せよ、与えられたシニフィアンの組織に自己投企せよということである。ジュランヴィルはこれを「去勢の法」と呼ぶ。去勢の法は、〈もの〉を断念すること、それは不可能なものであり、言語世界に住まうかぎり自己の十全性を示すシニフィエはないことを悟り、ただ去勢の法に服従することだけを命令する。つまり「語ること」を主体に命じるのである。語る主体こそ、責任ある主体である。

さらにハイデガーは、良心の声はわれわれが「負い目がある存在」であることを呼び醒ますと言う。「負い目がある存在」とは日常的には「債務がある」「誰かに或るものを借りている」ということを意味する。「借りがある」ゆえに、請求権を有している他者にそれを返却するために調達、提供せねばならない。このような配慮的気づかいの領野に中にあることが、主体を他者たちと共にある存在、共同存在にする。

だが、その「負い目」とは、何らかの悪事を具体的に働いたがゆえの「負い目」ではない。具体的行為の結果として「悪いことだった」と悔いることができるのは、むしろ、われわれが根源的な「負い目」を持っている存在であるという「根拠にもとづいて」はじめて可能となるのだ。みずからの存在根拠に「負い目」を背負うことではじめて、われわれは道徳的存在になり得る。道徳性は根源的に負い目ある存在が前提になっているとハイデガーは考えるのである。

「負い目」、すなわち「罪責感」がないかぎり、おそらく道徳的行為は不可能だろう。では、根源的な罪責感はどこに由来するのか。他ならぬ「良心の声」、精神分析でいう超自我の呼びかけ、例の「禁止の命令」である。再確認しておこう。

万能感に支配された、母との近親相姦的癒着関係がかつてあったことを示す〈もの〉は、去勢を経て象徴界に住まうわれわれにとっては取り返しがつかない形ですでに失われている。にもかかわらず、われわれはそれを再び獲得しようとする。この運動を展開させるのが欲動である。欲動に突き動かされるがままに、〈もの〉を再獲得しようとする、すなわち享楽するとき、罪責感が発生するのだ。悪いことを為そうとするからおのれを罪ある者とするのである。母との癒着関係を断ち切る超自我からの主体に対する非難が「有罪」の判決を下すのである。母と癒着したままでは、いつまで経っても欲望できない、つまり言語世界の中で生を送ることができない。それゆえ〈もの〉を断念せねばならないにもかかわらず、この事態を受け入れられず〈もの〉に執着し、超自我からの命令に背くとき、罪責感が生じるのである。

しかし、〈もの〉の再獲得、つまり享楽することは超自我によって「禁止」されているはずである。禁止されていることをなぜあえて行おうとするのか。それは「去勢を蒙るよりは禁止を受ける方がたやすい[69]」からである。

元来〈もの〉は欲望することが不可能なものである。にもかかわらず、主体は〈もの〉を欲望の対象としようとする。欲望することが不可能なものを欲望する、つまり享楽するのである。ここに飛躍がある。「不可能」を「禁止」と解釈することである。それが超自我からの「禁止」の命令をとして現れる。享楽が単に禁止されているにすぎないなら、その侵犯行為の彼岸には享楽の可能性が期待できる。「禁止」の法の設立は同時に法の侵犯を登場させるのだ。われわれはつねにすでに法に従うそぶりを見せながら、その陰で法の侵犯を密かに狙っている。それゆえ罪責感を抱くのだ。人間は生まれながらに罪を負っている。しかし、〈もの〉を再獲得しようとすることは、欲動の運動そのものである。欲動に押し流される存在であるために、われわれはつねにすでに罪を負い、おのれの罪を自覚し、それを贖おうとするから道徳的であり得るのだ。

（69）Alain Juranville, *Lacan et la philosophie*, p202.（アラン・ジュランヴィル『ラカンと哲学』、一八八頁）

欲望する存在は語る存在であり、語る存在は生まれながらに罪を背負う。しかし、それゆえに道徳的であり得る可能性を宿し、可能なかぎり道徳的であろうとする。〈他者〉からの呼びかけに、超自我からの呼びかけに応えようと、責任を担おうとする。否、責任を担おうとする者は、すでに責任を負っている者であるのだ。「なぜなら、主体が語ることや行為に責任をとること、その諸帰結を引き受けることは、この語ることや行為の象徴的分節化の連続性と一貫性を引き受けることの前におかれている者として自分自身を認識することであるからなのだ。この連続性を引き受けるためには、この連続性を可能にする反響によって自分自身が担わされている、したがって声の呼びかけにすでに応えていたはずだと想定せねばならない[70]。」

責任を担おうとする者はすでに責任を負っている者であり、〈他者〉からの去勢の法に服従する者である。しかし〈他者〉は去勢の法を命じると同時に〈もの〉の境界を目指すことをも命じる。だが、やはり〈他者〉は象徴的なものと〈もの〉との間、世界と外部世界の間の境界を飛び越えることを禁じる。この境界を示すのが対象aなのだ。相反する二つの命令を同時に引き受けようとし葛藤する主体が境界を飛び越えようとするとき、対象aとしての声が沈黙したまま鳴り響くのである。主体構築のプロセスをその都度繰り返す主体に、この沈黙の声が届くのである。この声の出現は主体を「不安」にする。「不安は、純粋な反響としての声が静かに鳴り響くとき、突然生じる。この声によって出頭を命じられた主体は（略）責任＝応答可能性と享楽との間で宙吊りにされる。いまや、主体が不安の中で宙吊りにされることをはっきりと言わねばならない。そしておそらく、不安の身体的帰結が喉を締め付けられることにおいて選択的に示されるのは偶然ではは

（70）Bernard Baas. *De la chose à l'objet a*, p.205.

ないだろう[71]。」だが、良心を持とうと意志することは、不安に直面する用意ができていることであるとハイデガーは言う。

良心の声の不気味さに打ち震えながらも日常世界へと逃避することなく、不気味さに耐え、固有な存在としての自己の本来性を取り戻すべく再び無へと回帰しようとするとき、新たな幻想が主体を捕獲する。別のイデオロギーへの移行が成し遂げられようとするのだ。

昇華

身体的行為の反復によって欲動が活性化され、新たな幻想が立ち上がり、その幻想を横断することで別のイデオロギーへと移行していく。本来性的なものである欲動の運動が、非性的なイデオロギーに転換していくという一連の現象は、精神分析ではよく知られるものである。「昇華」である。

ヒステリー患者はトラウマとなる耐え難い性的出来事の記憶がよみがえるのを回避するために、消し去りたい記憶を土台としながらその上に幻想をつくり上げる。これは心的緊張を和らげるためにとられる一つの方法であり、これが「昇華」である。そのさい幻想は、抑圧された性的出来事をより受け入れやすい表現に変えて自我に提示するという役割を担い、これによって性的記憶は昇華されることになる。それゆえ幻想は、昇華をもたらす手段であると同時に、昇華過程の最終的な産物でもあるということなのだ。欲動は直接的な

(71) *Ibid.*,p.211.

仕方では決して全面的に放出され得ない。それは、自我が過剰な欲動で溢れることがないよう、欲動の動きに対して自我が防衛機制を働かせるからであり、昇華はその防衛機制の一つなのである。主体はみずからを消失させてしまう絶対的享楽、つまり〈他者〉の享楽を回避するために「少しだけ享楽すること」を選択するとき幻想（剰余享楽）が出現するが、これは結局、昇華の過程で起こる事態なのだ。

欲動に対する自我の防衛機制には四つあり、防衛のされ方によって欲動の現れ方が異なる。これを「欲動の運命」と言う。一つには抑圧であり、抑圧の失敗が神経症的症状となって現れる。第二には、自我が外部の性的対象に向けられていた欲動の流れを自分自身に向けていくものであり、これによって幻想が生じる。外部の性的対象に備給されていたリビドーは自我自身に備給されるようになり、幻想の中で自我は性的対象と同一化することになる。第三には制止であり、制止された攻撃的欲動が愛情に変化する。そして第四にわれわれがここで問題とする、昇華である。

昇華は、性的充足の獲得という欲動本来の目標から逸れ、芸術や学問、道徳などの非性的な社会的目標へ向かっていくものである。その際、欲動が非性的な充足を得るためには、新たな目標獲得のために手段を変えねばならない。そこで非性的な対象を用いる必要が出てくる。それゆえ昇華とは、性的性質を持った欲動の対象および目標をともに非性的なものに置き換える操作を言う。しかし、昇華されたとしても欲動は本来の性質を保持し続ける。昇華されようとされまいと、欲動の活動能力は一定で変わることなく、獲得不可能な完全な充足感を追い求め続ける。昇華された欲動の力は、本来の性質が性的であるから、つねに変わらず性的であり続けるということである。欲動が恒常的に活動し続けるのは、その目標が決して完全には達成し得ないからであり、それゆえその推進力は執拗に持続する。欲動の目標は、緊張を放出することで安堵感を得ることであるが、しかしこの放出で得られる満足は、救いようもないほど部分的なものにすぎないがゆえに、決して完全なものとはなり得ない。

昇華は欲動を非性的な目標に向かわせ、脱性化した満足を獲得させるものであるとはいえ、昇華された欲動は本来有する性的性質を変えることはない。変わるのはその対象であり、対象が非性的なものになるだけなのである。脱性化とは、要するに性感的な対象に向けられたリビドー備給の方向を他の非性的な対象に向け変えることを言うのだ。それゆえ昇華は「満足」ではない。「対象を別なものに置きかえて新たな満足を見出そうとする欲動の可塑的な能力なのである[72]。」しかし、この転換がなしとげられるためには二つの条件が必要になる。

まず自我が性的対象からリビドーを撤退した後、これを自分自身に向け変え、そしてリビドーに非性的な新たな目標を与えることである。欲動の本来の目標である直接的な性的満足の獲得は、例えば芸術的な満足感などの昇華された満足へと変わっていくが、これは芸術家のナルシシズム的自己満足という媒介的な快感を通して得られるものである。つまり昇華の成立にはナルシシズム的自我の媒介が必要となるということである。

さらには、昇華の過程において幼児期から求められてきた性感的満足から非性感的で知的な満足に移行していくが、この移行が可能となるためには、その時代の象徴的理想および社会的価値の支えが必要となる。実際昇華によって創造された芸術作品などは社会的な価値を持つが、しかしその価値は功利的な価値を有するとはかぎらない――得てして芸術作品の価値は功利性では測れないものである。昇華された満足を与えてくれる対象は脱性化した対象であっても魅力を放つのは、これらの対象が――功利性では測ることができな

（72）J.-D. Nasio, *Enseignement de 7 concepts cruciaux de la psychanalyse*, p.144.（ジュアン＝ダヴィド・ナシオ『精神分析の7つのキーワード』、一三三頁）

い——社会的理想と一致しているからである。この社会的理想は自我理想を通して各々の自我の内に刻印されており、「新たなシニフィアン的形態の創造に向けて心を高揚させるのである。[73]」それゆえ、自我理想は昇華過程において重要な役割を担うことになる。

一つの役割は、自我理想は昇華過程を始動させることである。自我理想が昇華を誘発し、その後次第に自我理想から離れ独自の創造活動として自立していく。二つには、自我理想は昇華の動きを方向づけ、基準点となっていくということである。これは、昇華は欲動の充足が「抑圧なしに」得られることであるとするフロイトの定式を説明することになる。「抑圧なしに」と言っても、欲動の推進力を妨げる検閲がないことを意味してはいても、欲動が抑圧から完全に解放され、自由になるということではない。昇華は抑圧ではないが、しかし欲動の動きに対して一定の制約を加える。性的満足から非性的満足に向かって欲動の流れを逸らせるという制約である。このように欲動の動きを逸らすのは、禁圧による検閲ではなく、欲動の可塑的な能力を高め導きこれに枠組みを与える自我理想なのである。

昇華による創造活動によって産み出された作品には功利的な価値が認められない場合が多いのだが、その一方では作品は崇高な社会的理想を表す対象である。この対象は、創造者の自我理想として創造者自身に内在化されており、これが誘因となって創造活動が行われる。そして昇華による産出物の原型は、新たに創出された形態でありイメージなのであり、主体自身にとって固有な価値を持ったものである。これらはわれわれ自身の無意識的身体像、正確に言えば無意識的なナルシシズム的自我を模倣して描き出されたシニフィアン的なイメージであり形態なのである。またしても身体像である。

---

(73) *Ibid.*,p.139.(同前、一二八頁)

鏡に映し出された私の身体像は私を魅惑するプレグナントな形態を持っており、これに同一化することで自我が形成される。外部にあるおのれの身体像に魅惑され、これに同一化することで産み出されるのが無意識的なナルシシズム的自我なのであり、これを誘導するのが自我理想である。それゆえ、自己の身体像を持つこと自体が昇華の過程で起こる出来事であることを示している。昇華はこれを原型とし、模倣することで作品を創造するのだから、創造された作品は主体にとっては、現行社会における実用性とは無関係に固有な価値があるのは当然である。

昇華によって産出されたイデオロギーが、その時代の有効性など無視し、ときに反時代的なものであっても、信奉されるのはこのためなのだろう。とはいえ、主体にとっては重要なものであり、周囲の目をよそにそれに固執することになる。

さらに興味深いことに——ありふれたことではあるが——芸術作品が作者自身だけではなく、鑑賞者をも魅惑するという事態である。そして芸術作品は鑑賞者の中に創造の情熱をかきたてることになるということである。このことが意味するのは、作者の身体イメージ（無意識的なナルシシズム的自我）を原型とした作品は、鑑賞者の中に作者がたどった昇華に向かう欲動の動きをつくり出すということである。

昇華によって創出された作品には作者のナルシシズム的な自我が刻印され、それが対象化されたものである。この刻印は、〈他者〉が欲望するものが到来すべき場を示している。だが、〈他者〉が何を欲するのかはつねに謎のままである。問いかけても、永遠に返ってこない答えを待ち続けることは実に耐えがたい。しかし答えはもたらされることはなく、留保状態に置かれてしまう。それゆえ主体はつねに問わねばならない。

主体が期待する〈他者〉からの返答がもたらされる場とは〈もの〉の場である。しかし〈もの〉はつねにすでに失われたものであり、端的に言って無である。この無は露見してはならない。それは精神病と同じ事態であるからだ。ラカンは精神病の特徴を父の名の排除と述べたが、通常この無は父の名に覆われている。「昇華とは、このような Das Ding〈〈もの〉〉の場に編み上げられるヴェールである[(74)]」と向井雅明が言うように、昇華によって産出された作品はこうした父の名と同じ機能を果たし、この無、つまり〈もの〉の場に置かれ、それを覆うのである。ラカンは『昇華は対象を〈もの〉という尊厳にまで引き上げる[(75)]」と述べているが、昇華によって創造されたものは、〈もの〉の次元にまで引き上げられたもの、しかも具体的形態をまとった、主体が欲してやまない〈他者〉からの返答なのであろう。だから他者をも魅了するのである。

反復と偶然

たしかに或るイデオロギーとの出会いは偶然であり、偶然出会ったイデオロギーに沿った行為の反復がわれわれをそのイデオロギーの主体にする。それは、一の印、つまり主人のシニフィアンの選択の任意性、つまり主人のシニフィアンの選択には必然性がないことに起因する。

結果的に主人のシニフィアンになるシニフィアンとの遭遇は偶然だとしても、しかし偶然出会うことで、それを主人のシニフィアンにするかどうかは各々の選択である。あるいは、たとえそのイデオロギーに従った行為を反復したとしても、イデオロギーを信奉できるかどうかも実際にはわからない。何ゆえ、こうした

(74) 向井雅明『考える足』、二四七頁
(75) Jacques Lacan, *Le Séminaire 7. L'éthique de la psychanalyse*, p.133, Seuil, 1986.（ジャック・ラカン『精神分析の倫理』、上・一六七頁、岩波書店、二〇〇二年）

差異が生じるのか。或るイデオロギーとの出会いは「偶然である」としてすますわけにはいかない。

これと類似した事態をフロイトも想定していた[76]。ヒステリーの原因となるのは幼児期の性的体験にあるとするなら、そのこと自体珍しいことではないのだから、ヒステリー患者はもっと存在するはずではないか、そのような反応は当然あり得るだろう。だが、こうした問題は他の身体的病気を参照してみればよい。世の中には何らかの病気の原因となるウィルスや菌が存在するにもかかわらず、その病気に罹患する者としない者がいる。そこで問題になるのは、その違いは何に起因するのかということである。

ヒステリーの原因が幼い頃の心的外傷を残す性的体験にあるにしても、しかしこの体験との遭遇はたしかに「偶然」である。偶然ではあるが、その体験は症状形成の因果関係の中に入り込み、その原因となる。問題なのは、偶然の体験が何をもって「原因」になるのか、何によって因果関係の連鎖の中に組み込まれるかである。そのときフロイトが注目したのが欲動である。なぜならこの因果関係の連鎖を背後から突き動かす力こそが欲動であるからだ。

性的出来事に偶然出会ってしまった主体は、その出来事が一体何を意味するのか理解することができない事態に陥る。すると、その出来事は心的外傷となってしまう。理解不可能であっても（であるがゆえに）、しかしこの性的出来事は欲動の最初の固着をもたらすことになる。ここで言う「固着」とは「欲動を心的装置の中に繋ぎとめる表象が生じたことである[77]。」

出来事の意味は宙づりにされたまま、その後その出来事と同じような特徴を持った別の出来事に出会うと

（76）立木康介『精神分析と現実界』（「第四章　精神分析は偶然をどう考えるか」、一〇二頁）参照。
（77）同前、一〇二頁

いう偶発事が再び起こる。すると、以前欲動が固着した表象が再び活性化され、そこに欲動が舞い戻り、症状が現れ出る。無意識の形成物としての症状は、このように外傷となった表象に意味をもたらそうとする試みなのだ。

したがって、偶然によって形成された原因‐結果の連鎖は、偶然が反復された結果なのである。この偶然を反復させ、原因‐結果の連鎖の中に偶発事を組み込む原動力が欲動なのだ。欲動が、ややもすると通りすぎてしまいかねない偶発的な出来事を「原因」のレベルにまで引き上げるのである。それには偶発事が反復されねばならないが、反復された偶発事を捕らえるのもまた欲動なのだ。しかし、通りすぎてしまいかねない偶発的な出来事を欲動は捕らえるのはなぜなのか。そこに共通する特徴、すなわち欲動が固着する表象があるからだ。

もちろん、欲動の固着点は個々人で異なる。他人から見れば取るに足りないものが、当人にとっては特別なものとなる。それゆえ、反復された出来事は「偶然」と見えてしまうのだが、しかし当人にとってはある種「必然」なのだ。欲動が固着する点はその当人にとっては決まっているからである。したがって、偶然出会った出来事が症状を発生させるとは単純に言えないのであり、それは個々人ごとに差異があり、むしろそこに主体の固有性、主体性があるとさえ言える。

このことは、たとえ身体的行為を繰り返してもイデオロギーを信奉できるかどうかは、そこで想像的同一化が行われるかどうかにかかっているという前章で示された議論を別の角度から語っているのだ。想像的同一化は、その対象が情動をかきたてる特徴を持っていないかぎり実現しないのだが、では情動をかきたてるものとは何か。対象aである。他方、欲動の固着点にあるものと何か。欲動の対象、すなわち対象aである。

しかしながら、前述のフロイトの直面した事態は精神に何らかの疾患を抱えた者の話であり、問題なのはイデオロギーについてである。われわれはみなイデオロギー的な存在であるかぎり、どのような形であれ、誰もがどこかでイデオロギーに捕獲されてしまうのだ。そうであるなら、誰にでも共通する地平で議論する必要があるが、しかし前述したフロイトの議論の延長にそれはある。

性的誘惑論を展開したフロイトは、しかし性的出来事を実際に経験したかは問題ではなく、そこに幻想が生起していること自体に注目する必要があると考えた。しかし、性的出来事を実際に経験すれば心的外傷を残すことになる可能性が出てくるが、実際の経験を経ずに幻想のみがそこにあるなら、心的外傷はどのようにして残るのか。向井雅明は言う。幻想の背後においてもなお心的外傷を残す、より根源的な事態があるのだ。それは「言語との出会い」である。

ラカンによれば、すべての人間は言語との出会いによって〈自然〉的世界から引き剥がされ、〈文化〉的世界に参入することを余儀なくされる。この「強制的」体験は、人間という存在を根底において変化させ、決定づける力を持っているのである。こうした言語との出会い、言語化されるという事態こそ、フロイトが探し求めた現実的な体験であり、彼が人間の精神構造の基盤と考えた「エディプス・コンプレックス」も、この根源的なトラウマ——〈自然〉と〈文化〉の分離——を神話化したものとみなすべきではないだろうか[78]。

言語世界に参入するとき、主体は〈もの〉の状態にとどまることを断念させられる。これが去勢である。

(78) 向井雅明『考える足』、一八〇頁このこと自体、主体にとっては理不尽で耐え難いものであるのに加え、しかも選択の余地なく引き入れられた言語世界、すなわち象徴界は主体にとってまったく意味不明な冷徹な世界である。だが「人間として」生きていかねばならないかぎり、「強制された」この事態を甘んじて受け入れざるを得ない。あまりに理不尽である。それゆえこの出来事は心的外傷となり得る。そう、われわれは誰もが言語的存在であるゆえ心的外傷を抱える者たちなのだ。だからこそ、欲動がわれわれの身体の中で蠢いているのだ。

欲動は〈もの〉に回帰し、それを再興しようとする運動であった。しかし象徴秩序に同化し得ない〈もの〉の再興は失敗を運命づけられている。にもかかわらず、〈もの〉への執着は、たとえその試みが徒労に終わろうとも、衰えることはない。だから、この再興の試みは倦むことなく反復される。欲動の運動が目がけるのは一の印、シニフィエなきシニフィアンである。一の印は、〈もの〉が存在した痕跡を示しているからだ。それゆえ、欲動の運動は一の印を発見していくものとして展開される。

一の印は象徴界にわれわれを引き入れる。これがわれわれにとっては言語との出会いとなり、この事態が外傷的出来事となるのだ。反復強迫に襲われる者は無意識のうちに過去の外傷的出来事に回帰し、その象徴化を試みようとするのと同じように、われわれは誰もが外傷的出来事、つまり言語との出会いという場面に回帰し、これを象徴化しようと試みる。だが、それもまた失敗を運命づけられている。しかし、たとえ不可能なことであっても、背後から欲動が突き動かし、主体が意識しないところで、これを反復することになる。われわれがイデオロギー的行為を繰り返し反復するのは、言語との出会いという外傷的場面を再演しようとする試みなのだ。身体だけの存在となり、欲動に突き動かされる運動がイデオロギー的行為の反復として繰り広げられるのである。

言語との出会いは、あるいは〈他者〉（の欲望）との出会いでもある。〈他者〉は主体にとって意味不明な問いを投げかけ、「欲望せよ」と呼びかける。このこと自体もまた根源的な心的外傷となるだろう。心的外傷として無意識の中に残る体験はつねに〈他者〉の欲望に関わり、「原光景」や「性的誘惑」などにしても、「本質的には〈他者〉の欲望についての問いであり、答えとも言えるものなのである[79]。」

これと同じようにわれわれはつねにイデオロギーから呼びかけられ、それに応えようと必死にその意味を探し回り、呼びかけに相応しい主体となろうともがき続け、理由もわからぬまま、身体的行為を繰り返していく。そして、あるとき、私はつねにすでにイデオロギーの担い手であったと言える存在となるのである。

このようにイデオロギーからの呼びかけとそれに対する呼応は、機械の歯車がかみあうような単純なものではない。アルチュセールはあたかもそのようなものとしてイデオロギー一般の構造を説明してしまったがために、イデオロギーからの離脱はかぎりなく不可能であるかのような印象を与えてしまったのだ。これまで見てきたように、イデオロギーが狙いを定めるのがこの生身の身体であるのは、欲動を活性化させることで主体を享楽へと導き、幻想を揺さぶり、新たな幻想を立ち上げるためである。こうしたイデオロギーの主体化のプロセスが、言語でもイメージでも捉えられない対象aを追い求める、これまた可視化できない欲動が駆動力となっているかぎり、容易には捉えられないのに加え、特定のイデオロギーに呼応するかどうかは、主体ごとに異なり、しかもそこには合理的な（象徴的および想像的な次元で説明可能な）理由はない[80]。つま

(79) 同前、一八一頁

(80) 例えばジジェクは次のように言う。「ヒトラーが大衆の前に姿を見せると、大衆はやり場のない怒りとヒステリックな爆発とでも言うべきものに同一化した。」Slavoj Žižek. *The sublime object of ideology*, p.106, Verso, 1989.（スラヴォイ・ジジェク『イデオロギーの崇高な対象』鈴木晶訳、一六六頁、河出書房新社、二〇〇〇年）

りどのイデオロギーも絶対的なものではないのだ。この合理性のなさは同時に、或る主体にとって或るイデオロギーからの離脱を困難にしてもいる。こうした両義的な可能性をつねに帯びるのがイデオロギー一般の構造であり、そうしたことを引き受けた上で存在するのがイデオロギー装置である。

では、イデオロギー装置ではどのようなことが行われているのだろうか。

第4章 国家と国家イデオロギー
——国家とは支配階級の道具である——

国家とは何か

「国家のイデオロギー諸装置」という概念を提示することでマルクス主義国家論に新たな地平を切り拓いたアルチュセールではあるが、とはいえその基本的な国家観はきわめて古典的なものである——国家とは支配階級の道具である。

よく知られたマルクス＝レーニン主義の国家観、たしかに古色蒼然としているが、だからといって簡単に一蹴してはならない。現代の先進資本主義諸国家、とりわけこの国の現実のあり方を実に的確に言い表しているからである。例えば、二一世紀の初頭だけをとりあげてみても、長らく続く経済の低迷を打破するためにと言われ打ち出された経済政策アベノミクスは、格差社会で貧困に喘いでいる人々を尻目に、要は大企業が国の内外で活動しやすい環境をお膳立てし、大企業に利潤が流れ込む仕組みをつくり出すものでしかなかった。東京電力福島第一原発事故後、汚染水処理も制御できず、廃炉の目処もまったくつかない、使用済核燃料の最終処分場も見つからない状況の中、国民の大半が脱原発を望んでいるにもかかわらず、政府は資本の要請に従い再稼動を目論み、首相みずからが原発輸出のために海外へといそいそと出かける醜態を見せつける。さらには自民党のかつての票田であった国内農業をあっさりと捨て去り、製造業のためにＴＰＰを推進する。やはり国家は資本家の従僕にすぎないのだと思わざるを得ない。無論これは日本だけに妥当するものではなく、他の先進資本主義国、石油利権と軍事産業のために戦争を繰り返し、オバマ政権時代は自国の財政赤字と貿易赤字を削減するために利己主義丸出しで他国から収奪するシステムを構築しようとＴＰＰに邁進する米国も、典型的な資本家の道具としての国家の姿そのものである。枚挙にいとまはない。

事実がかくのごとくであるにもかかわらず、国民の大半は国家が支配階級という特定集団のために存在しているなどとは考えない。それ以前に、みずからが階級社会に住まうなどという認識もほぼない。

なぜ、このような事態が生じるのか。なぜ、被支配階級の人々は支配階級によって抑圧・搾取されているにもかかわらず、このことに気づかないのか。国家とは、所詮支配階級の道具にすぎないという認識に、なぜ人々は到達しないのか。大衆にはこの事実が見えないのは、なぜなのか。

法と抑圧装置

国家が存続するためには社会秩序が維持されてなければならないが、そこで必要になるのが法である。しかし当然のことながら、法は遵守されなければ法として機能しない。そのためには法が犯される危険性を可能なかぎり減少させることである。「〈法〉は、懲罰と相関する体系なしにでは存在できないだろうという点で、抑圧的である。言い換えれば、〈刑法典〉なしで可能な〈民法典〉はないということであり、〈刑法典〉とは

〈法〉の水準そのものにおけるその実現である[1]。」

人々に法を遵守させるためには、法を強制し、法を犯した者には刑法に従って懲罰を与えることである。国家の名の下で、警察、裁判所、刑務所という一連の懲罰の「体系」によって法の遵守は確保される。「強制ということは懲罰ということであり、懲罰ということは抑圧ということであり、ゆえに必然的に抑圧装置ということである。この装置は狭義の国家の抑圧装置のなかに存在する。それは警察集団、裁判所、罰金、刑務所と呼ばれる。法が国家と一体であるのはそれによってである[2]。」

法がなければ社会秩序は維持できないが、法が法として機能する、つまり人々に法を遵守させるためには、「抑圧装置」が必要となる。ここで古典的なマルクス＝レーニン主義の第一の国家論が出てくる。国家とは何よりもまず抑圧（暴力）装置なのである。

マルクス－レーニン主義の国家「理論」は、本質的なものに触れている。そしてこれこそ本質的なものであるということを忘れることは一瞬といえども許されないのである。国家を、プロレタリアートに対してブルジョアジーとブルジョアジーの同盟者たちによって推し進められる階級闘争において、「支配階級に奉仕する」抑圧的な執行と介入の力として定義する、この国家装置こそが、まさしく国家であり、また国家の根本的な「機能」を真に定義するものである[3]。

（1）Louis Althusser, *Sur la reproduction*, p.95.（ルイ・アルチュセール『再生産について』、上・一五〇頁）
（2）*Ibid.*,p.96.（同前、上・一五一頁）
（3）*Ibid.*,p.277.（同前、上・一八一頁

国家における社会秩序は、国家のための秩序であり、何よりも支配階級のための秩序である。見誤ってはならない。社会秩序は、民衆の素朴な幻想をあっさりと裏切り、国民全体のためではなく、あくまでも支配階級のために形成されるのである。それを最終審級において保障するのが、国家の抑圧装置である。

たしかに階級は様々な法の中には法的な人格として登場することはなく、それゆえ法的な意味では国家の所有者として見なすことができない。だが、支配階級は社会秩序の確保に必要となる抑圧装置を掌握することで、社会秩序をみずからの意のままにつくり出すことができる。このような意味で「国家は支配階級のものである」と言えるのであり、支配階級は抑圧装置を用いて国家をみずからのものにすることを可能にしているのだ。

たしかにわれわれは日常生活の中で「国家とは何か」などと考えることはなく、国家を意識することもほとんどない。だが、ひとたび反社会的な行為に出れば、国家の抑圧装置は猛烈な勢いでわれわれの眼前に出現し、圧倒的な力で抑えつけ、拘束する。その抑圧装置の相貌こそ、国家そのものなのである。合法性をまといながら、人々を暴力的に抑圧することができるもの、それが国家である。

法的イデオロギーと道徳的イデオロギー

社会秩序をつくり出す法、ところでそれは何を言っているのか。われわれはみな自由で平等であり、それと同時に一定の義務を負わねばならないということである。いまさら言うまでもないことだが、なにゆえ各人に自由と平等が保証されねばならないのかと言えば、自由で平等な経済活動を可能にするためである。ブルジョア革命で自由と平等が獲得目標になったのは、ブルジョアジーが自由と平等を必要としたからであり、何よりも自由で平等な経済活動を実現するためであったからである。そしてブルジョアジーは革命を成し遂げ、自由と平等を高らかに謳う法を樹立した。自由と平等がブルジョア・イデオロギーと言われる所以である。

だが、法ができることは、法の内部で自由と平等を保証することだけである。法は法が保証するかぎりでのみ各人はみな自由で平等であると言うことしかしないのだ。とはいえ、しかし法が何と言おうと、われわれは、人間はみな生まれながらにして自由で平等な存在なのであると信じて疑わない。この法の外部（以前）にある人々の思念を、「法的イデオロギー」とアルチュセールは言う。「法的イデオロギーは言う、人間たちは生来 *par nature*〔自然によって〕自由で平等である、と。法的イデオロギーにおいては、それゆえ、『人間たち』（略）の自由と平等の『根拠となっている』のは、『自然』であり、〈法〉ではない(4)。」

われわれが自由で平等であるのは、われわれ自身がおのれは自由で平等なのだという思い込みがあるからである。法はそれを法的に保証するだけである。

では、義務はどうか。普通、われわれが法における義務を果たそうとするのは、罰せられることを恐れているからではない。処罰に対する恐怖から義務を履行することなどほとんどない、つまり抑圧装置を意識した義務の履行はほぼない。たしかに社会秩序の破壊に対する予防的な観点からは抑圧装置は必要になるかもしれないが、しかし日常の法の遵守においては抑圧装置の出番はそれほどない。「抑圧が法的‐国家的に正規な手続を踏んで介入するのは、抑圧装置みずからが介入することなく、そして抑圧の過程が開始されることなく遵守される無数の契約から見れば、小数のケースにかぎられる。無数にある契約においては、圧倒的

（4）*Ibid.*,p.99.（同前、上・一五六頁）

に多くの場合、ものごとは波乱なく行われる、つまり諸契約の諸条項は遵守されるのである[5]。」

法が抑圧装置による「楯」を必要とするのは、日常においてはむしろ稀であり、端的に「法は法であるがゆえに、守らねばならない」という観念がわれわれに染み込んでいることによって法は遵守されている場合が多い。アルチュセールはこうした観念を「道徳的イデオロギー」と呼ぶ。法は、多くの場合この道徳的イデオロギーに補足されることで機能しているのだ。

このように、国家は抑圧装置のみでは存続できないのである。可能ではあるが、きわめて効率が悪い。そもそも抑圧ばかりが横行すれば、とりわけ自由と平等を謳うブルジョア社会においては矛盾をきたす。事実、現代のわれわれの日常社会では抑圧装置は日常では前面に出てこなくても、法は遵守されている。そこで重要な役割を担うのが、法的イデオロギーと道徳的なイデオロギーなのだ。

ここにおいて、それまでマルクス主義の領域では等閑に付されてきたイデオロギーの問題が前景にせり出してくる。国家について考察するとき、イデオロギーの問題が欠かせないのはこうした理由による。

国家のイデオロギー諸装置

あるいはまた、再生産の観点に立つことによってもイデオロギーは重要なものとなる。社会構成体が維持されるためには日々生産が行われ続けられねばならない。生産の維持は生産を可能とする生産諸条件が日々

（5）*Ibid.*,p.96.（同前、上・一五二頁）

更新されることを必要とする。生産諸条件とは生産諸力と生産諸関係であり、これを再生産し続けなければ社会構成体の生命は絶える。

では、こうした生産諸条件はどのようにして再生産されるのか。多くの場合、企業の外で、である。労働者が労働力商品として労働市場で売買されるようになるためには、各労働者が生産に従事する能力を有していることが必要である。読み・書き・計算からはじまり、その場に応じた理解力と解決力、それらがなければ労働者は企業で生産活動を行うことができない。さらには所与の生産関係の中で人間関係を円滑に進める能力も必要となろう。こうした能力を身につけることによってはじめて、われわれは与えられた生産関係を担う存在となることができる。

こうした能力を有した人間の生産と再生産の相当程度を担うのが各種の学校である。学校で一定の学業を修めた者は、一定の生産力を備えた労働力商品として企業の中で生産活動に従事することが可能となる。この学校こそ、「国家のイデオロギー諸装置」を代表するものである。国家のイデオロギー諸装置の存在なくして、社会構成体の未来はない。

国家のイデオロギー諸装置は、宗教・学校・法・政治・組合・情報・文化等と多岐に渡るが、それぞれのイデオロギー装置は、その構成員たちにみずからのイデオロギーを注入し、イデオロギーを担う主体にすることを目指していく。

学校、教会、新聞社、家族、政党、労組等、それらはみなイデオロギー装置であり、一見するとそれぞれは独自に存在し、関係がないように見える。だが、自立したそれぞれのイデオロギー装置は何らかの紐帯によって結ばれ、統一されているのだ。これらの「さまざまな〈国家のイデオロギー装置〉のあいだにある統一は、支配的なイデオロギー、すなわち支配階級のイデオロギーによって保証されるのである[6]。」無関係に見える各イデオロギー装置は、実は「支配的イデオロギー」によって統一され、支配されているとアルチュセールは言う。

現代においてもそれは貫徹されている。近年、日本を含めた全世界の資本主義国家を席捲した支配的イデオロギーと言えば、新自由主義であろうし、これの基礎となる経済主義（経済的人間）であろう。日本においても、現代の支配階級であるブルジョアジーたちのために、政権与党（だけではなく野党も）は新自由主義を高らかに宣言し、このイデオロギーに沿った政策を次々に推進してきた。日本中の各イデオロギー装置は、こうした趨勢に無批判的に追従し、当然のように喧伝する。大学というイデオロギー装置が典型だが、そこで教え学ばれる学問は、新自由主義を基礎とした経済主義的なイデオロギーにどっぷり浸かったものが中心となっており、その結果、大学生たちは、優秀な成績を修める者ほどこのイデオロギーの信奉者となり、どだい無理なことであるにもかかわらず、人間存在を含めたありとあらゆることを新自由主義的－経済主義的な言語で語り、理解する主体となる。大学ではそこで役に立たない学問は疎んじられ、結果、かつて宗教装置によって神を信奉する宗教的主体が製造されたように、みずからに疑念を一切抱くことがない主体が大量生産される[7]。無論、こうした主体を形成するためには学校だけでは不十分であり、歴史的につねに学校

（6）*Ibid.*,p.286.（下・一九六～一九七頁）

（7）　新自由主義によって推進される現代の金融主導型資本主義は、資本増殖を極端なまでに重視する。そのためにその過程で費やされる賃金などを「コスト」（余計なもの）としてしか計上せず、それを容赦なく切り捨て、圧縮することに駆り立てられる。新自由主義的主体はこうした事態を是認し、みずからを切り捨て可能なコマにすることへと差し出す「奇妙な」主体である。しかしこれもまたイデオロギーの効果である。

と手を携えきた家族装置、そしてマスコミ等の情報装置の存在が欠かせない。
前述した法的イデオロギーと道徳的イデオロギーも、かつては宗教装置が担っていたが、現代では学校を中心としながら諸個人に植え付けられ、現行の法を担う主体をつくり出していく。

〈学校〉は幼稚園から、あらゆる社会階級の子供たちをとらえる。また〈学校〉は、幼稚園から、新しい方法にせよ古い方法にせよ、何年ものあいだ、子どもたちが〈家族〉という国家装置と〈学校〉という国家装置のあいだに挟まれてもっとも「傷つきやすい」年月のあいだ、支配的なイデオロギーのなかにくるまれた「ノウハウ」（フランス語、算術、博物学、諸科学、文学）や、あるいはごく端的に、むきだしの支配的イデオロギー（道徳、公民科、哲学）を子どもたちに教え込む[8]。

学校は各種イデオロギー装置と結託して、学生たちに生産力を身につけるための「ノウハウ」と同時に、「人間は生来自由で平等である」という支配的イデオロギーをも注入する（「あなたは自由で平等なのだから、身につけたノウハウを生産現場で生かすことで自由と平等を謳歌しなさい！」）。
学校では知識だけではなく、人間関係の営み方も「教育」の中に組み込まれており、これが後の労働現場における生産諸関係の土台となる。資本主義的な生産諸関係は搾取関係であり、この関係に入ることは、みずからを搾取の担い手、あるいは搾取される当事者にすることである。無論、この関係は支配階級にとってはみずからの支配体制の維持には不可欠なものであり、この関係を担う主体となることは、結果として支配

（8）*Ibid.*,p.290.（同前、下・二〇四頁）

階級に奉仕する主体となることである。こうした主体を生産することが学校の役割であるが、教師も親も、自分たちの子どもたちを特定の人々の隷属者にしようなどとは思っていない。学校は「中立的」なものであるのだ。「中立」である学校は、それゆえ誰にとっても有益なものを子どもたちに授ける。これは「自然なこと」と親も教師も信じて疑わない。親と教師は「今日の〈学校〉を、われわれ同時代人にとって『自然』で、必要不可欠で有用な、さらには恩恵でさえあるように思わせるあの〈学校〉というイデオロギー的表象を保持し育成することに献身的に奉仕する[9]。」教師たちは職業「意識〈良心〉」に従って日々の職務に専念する結果、生徒たちを搾取関係の中への導くのである。「子どもたちの『良心』と『自由』を尊重する教師たちが、教師たち自身を手本として、知識や文学、さらにはそれらの『解放的な』効果を通じ、子どもたちを大人の自由、道徳、責任へと到達させる[10]。」

学校は、資本制社会において最も有力な国家のイデオロギー装置であり、「学校は中立的で、有用である」という学校イデオロギーによって見え難くなっているが、それが最終的に目指すのは生産諸関係の確立である。「国家のあらゆるイデオロギー装置は、いかなるものであれ、すべて同じ結果、生産諸関係の再生産、すなわち資本主義的な搾取の諸関係の再生産を目指す[11]。」

（9）*Ibid.*,p.292.（同前、下・二〇七頁）
（10）*Ibid.*,p.292.（同前、下・二〇六頁）
（11）*Ibid.*,p.290.（同前、下・二〇二頁）

抑圧装置とイデオロギー諸装置との相互補完関係

このように国家装置にはイデオロギー的なものと抑圧的なものという二種類があり、どちらか一方が欠けても社会構成体は維持されない。両者の差異は、イデオロギー的な機能と暴力的な機能のどちらが優勢であるかによって決まるが、ときにイデオロギー諸装置も暴力的に、抑圧装置もイデオロギー的に機能することを見失ってはならない。「〈学校〉と〈教会〉は、賞罰、排除、選抜、等々の適当な方法によって、彼らの祭式執行者のみならず、信徒をも『調教』するのである[12]。」

学校であれば、試験という形での抑圧は欠かせないものとしてあり、むしろ学校は選抜と排除の抑圧装置そのものである。さらには体罰という暴力はときとして用いられてきた調教手段である。他方、抑圧装置（警察や軍隊）も、内部の構成員に対するイデオロギー洗脳は必須のものとしてある。また外部に対しても、歴史的にどんな軍隊も戦時には決して民衆を守ることなどないという事実を隠すために、災害時の救援活動などを行いつつ、広報活動に余念なく勤め、マスコミ等の情報装置の助けを借りながらイメージアップをはかることも欠かせない。

しかし、国家のイデオロギー諸装置が機能不全に陥ることや、あるいは支配階級に従順でなくなることもあり得る。そのとき、抑圧装置による暴力が発動され、イデオロギー諸装置に介入する。抑圧装置「はまた、そしてとりわけ、〈国家のイデオロギー諸装置〉を動かす政治的条件を、抑圧（もっとも凶暴な物理的な力か

（12）*Ibid.*,p.283.（同前、下・一九二頁）

ら行政上の単なる命令や禁止、さらには、公然のあるいは暗黙の検閲、等々に至るまで）によって保証するのである[13]。」イデオロギー諸装置は抑圧装置によって制御され、支配されている。例えば学校への警察の直接介入、あるいは出版物に対する検閲や抑圧的な法制度の確立、学校のすべてはそもそも文部科学省（国家！）の支配下に置かれ、本来の自由を剥奪されている。

たしかに多くの場合、学校、情報機関（新聞社、放送局、出版社等々）のイデオロギー諸装置は国家の所有物ではない。だが、国家が、国家の抑圧装置を意のままに操る支配階級のものであり、そして各イデオロギー装置が、支配階級が掌握する国家の抑圧装置に制御され、従属せざるを得ない状況に置かれているのだから、その所有権が法的には支配階級に属さなくとも、支配階級のものであると言えるのである。さらには、各イデオロギー装置は、支配的イデオロギー、支配階級のイデオロギー、すなわち国家イデオロギーを担うことを強いられ、またみずからも進んで担おうとするがゆえに、国家のもの、国家のイデオロギー諸装置と言わざるを得ないのだ。

それゆえイデオロギー諸装置においては公私の区別は意味をなさない。そもそも公私の区別は法的問題である。「だが国家の領域はこの区別を免れている。なぜなら、国家は『〈法〉のかなた』にある。つまり支配階級の国家としての国家は、公的でも私的でもなく、逆に公私のあらゆる区別の条件なのである。（略）〈国家のイデオロギー諸装置〉を現実化する諸制度が『公的』であるか『私的』であるかは、どうでもよいのだ。重要なのは、この諸制度の機能の仕方である[14]。」

---

(13) *Ibid.*,p.287.（同前、下・一九七頁）
(14) *Ibid.*,p.282.（同前、下・一九〇頁）

公私の問題は法的問題であり、国家はその外部からその区別を決定し、ときにみずからが決めた区別をのりこえることができる。それゆえ、公私の区別など国家にとっては問題にならない。

重要なのは国家のイデオロギー諸装置の機能の仕方であり、それは結局、支配的イデオロギー（支配階級のイデオロギー）を担う主体をつくり出すことである。だから、「私的な制度は、〈国家のイデオロギー諸装置〉として完全に『機能』しうる[15]。」

自由な主体

もちろん、法的には公私の区別はあるわけだから、国家、あるいは支配階級と言えども抑圧装置と同じようにイデオロギー諸装置を意のままにすることは難しい。そのためには抑圧装置による強制ということになるのだが、これではきわめて効率が悪く、反発を招く恐れがある。そこで必要となるのは、抑圧装置が介入せずとも、人々が能動的に体制に従う状態を生み出すことである。こうした従順な主体は、言うまでもなく支配的イデオロギーを担う主体であり、これが自然に産み出される仕組みの創出こそ、支配階級が狙いを定めるものである。

だが、こうした主体は、興味深いことに「自由な主体」なのである。体制に従順に従う「自由な主体」。しかし、この矛盾した主体をつくり出すことが国家のイデオロギー諸装置のもう一つの役割である。

（15）*Ibid.*,p.283.（同前、下・一九〇頁）

イデオロギーのイデオロギー的表象は、あらゆる「主体」が、つまり一つの「意識」を与えられ、しかもその「意識」が主体に注入し、また自由に受け入れている諸「観念」を信じるあらゆる「主体」が、「自分の観念にしたがって行動」しなければならず、したがって自分自身がもつ自由な主体という観念を、自分の物質的な実践の諸行為のなかに刻み込まなければならないということを、みずから認めるように強いられているのである。もし主体がこのように振舞わなければ、「それは良くないことである[16]。」

どんなイデオロギーも、つねにそのイデオロギーを能動的に担う主体を必要とし、これをつくり出すことを目指していく。他方、われわれは自分を一人の主体であるとの確信を抱き、固有で、自由な存在だと信じて疑わない。現に、あらゆる行為をみずからが有する自由を使い選択している、そうすべきであると思い、またそうだとされている。それは至極自然なことであり、疑う余地はないと主体は考える。なぜなら、私だけでなく、周囲の者たちもみな自由な主体であり、みずからの自由を行使して選択しながら生を送っている、これは自明なことであるからだ。「あらゆる明証と同様に、あなたと私は主体である――そしてそのことはいかなる問題をも惹起しない――ということの『明証』はイデオロギー的なひとつの結果であり、イデオロギーの基本的な効果である[17]。」

もちろんここにおける「自由」は言葉の十全な意味での自由ではなく、「強いられた自由」である。とり

(16) *Ibid.*,p.300.(同前、下・二三三頁)
(17) *Ibid.*,p.303.(同前、下・二二九頁)

わけ資本制社会においては、「自由な選択」と称されるものは、実際はそれ以外の選択肢が用意されない中で示され、しかもそれを自分が「自由に選択した」と思い込むことを強いられる選択なのだ。そうだとしても、主体はみずからが本来の自由を有していると信じて疑わない。それを否定することは自分が主体であることを否定することになるからである。かくして、ひとはイデオロギー装置の中でイデオロギーを担う主体として産み出されるとき、自由な能動的行為者であるという幻想が与えられると同時に、イデオロギーに支配され、イデオロギーの隷属者になる。

> 主体とは、実際次のことを意味する。（1）自由な主体性、すなわち自己の行為の発案者であり責任者である、発意の中心。（2）優越した権威に服従し、従って彼の服従を自由に受け入れる以外、あらゆる自由を奪われた、従属的な存在。この二番目の用法が、個人は〈主体〉の命令に自由に従うために、したがって自己の服従を（自由に）受け入れるために、したがって服従の身振りや行為を「ひとりで達成する」ために（自由な）主体として呼びかけられる、という両義的意味をもたらすのであるが、この両義性はそれを生み出す結果の反映にすぎないのである。諸主体は自分が服従することによってのみまた自分が服従するためにのみ存在する、それゆえ諸主体は「ひとりで歩む」のである[18]。

「自由な主体」という近代的イデオロギーに染まりきった主体は、みずからの意志で積極的にイデオロギーを受け入れ、その主体となる。それは主体にとっては当然のことであり、疑う余地などまったくない自明な

（18）*Ibid.*,p.311.（同前、下・二四四頁）

ことだからである。これこそイデオロギーのもつ効果であり、イデオロギーの信仰者は、自分がイデオロギー的存在であることなどとは思わない。「イデオロギーは外部を持たない[19]」のである。そしてこの主体が、最終的に搾取関係である生産諸関係を担う主体となり、資本主義を推進し、みずからがその犠牲者となっていくのである。

言うまでもないが、現代の先進資本主義国では自由は権利としてすべての国民に認められている。自由がなければ自由主義経済が成り立たないからだ。それゆえ自由というイデオロギーは支配階級のイデオロギー、支配的なイデオロギー、すなわち国家のイデオロギーであることは忘れてはならない。

自由のパラドックス

ルネサンスのピコ・デラ・ミランドラ以来、もしくはキリスト教誕生以来、人間たちはみずからの本質を自由意志に見てきた。おのれの行為を自由に選択することができるのは人間のみである、と。他の禽獣たちのように肉欲に溺れることなく、それを内的に制御する理性的力を有するのは人間のみであり、この理性的力の証が自由であるというのが、西洋思想の基本的な流れであった。こうした西洋思想の王道を行き、さらに厳密な思索を展開したのが、カントである。

カントにおける自由の問題は道徳法則との関係で語られる。道徳法則の存在は疑い得ないという前提から

(19) *Ibid*.,p.306.（同前、下・二二四頁）

カントははじめる。なぜなら、われわれはでき得るかぎり善いことをすることに心がけ、善いことをなし得なかったときには罪悪感を抱くという事実があるからである。道徳法則が一人一人の内になければ、こうしたことは起こり得ない。このこと自体が、人間は自由であることの証左となる。物体が落下したり動物が欲求に忠実であるのは、それらが自然因果法則に従属しているからだ。それに対し人間は、自然因果法則から逸脱する行為もとり得る。人間は、もちろん他の動物のように自己保存や自己利益や幸福のために行為しもするが、それと同時に何が正しい行為なのかを考え行為することもできる。正しい行為のために自己利益や幸福を犠牲にすることもできてしてしまうのだ。人間の意志は生理学的な欲求という意志以外のものに逆らって、善いことを為すために自己の行為を自己自身で決定することができる。自己の意志によってのみ自己の行為を決定できる者こそ、自律的存在、つまり自由なのだ。

しかしカントは、その一方で人間は内面的にも外面的にも因果法則（原因・結果の関係）に従うものだと考えていた。行為は時間の流れの中で展開され、いま私が行うことは、私が自由にすることができない過去の出来事の蓄積を条件とし、そこから必然的に生起するものに規定されているからだ。「私は自由である」と素朴に考える「心理的自由」の中に自由の根拠を求めても徒労に終わるだけだろう。そこで示される自由の根拠はすべてがパトロジックな（意志以外のものに規定された）ものであるからだ。それゆえ、『実践理性批判』においても、人間の精神は全般的には、根源的にパトロジックな（感性的動因を持つ）ものであるという認識を基盤にする。つまり、他律的であるのだ。

さらには自由とは「自分のしたいことをする」ことではない。「したいことをする」とは、欲求などのパトロジックなものに規定されること、自己の意志とは異なる他のものに隷属すること、すなわち他律である。それゆえ自由とは、自分自身が自由に何かを欲望しているということが証明できない状態であるとジュパンチッチ言う。「実践理性における『自己』とは実は『お留守』であると、主体の自由な基盤は何らかの『異質な物体』の中にのみ存在しうる[20]。」「異様な物体」とは、いわば「私であって私でないもの」であり、そこに自由の根拠があるとジュパンチッチはみなす。そこで、次のような自由と罪悪感の関係に関するカントの発言は興味深い。

それを企図されたわけではない過失として、かんぜんに避けることがだんじてかなわなかったただの不注意として、したがってじぶんが自然必然性の奔流によって押しながされてしまった或るできごととして巧みに語りだし、みずからがそのふるまいについて負い目がないと宣言しようとするかもしれない。それでもなお本人がやはり見いだすところは、弁護人がじぶんに有利なように語ってくれたとしても、みずからのうちなる原告〔良心〕をけっして沈黙させることができないしだいなのである[21]。

人間にはみずからの行為を選択する自由がある。それゆえ人間は善い行為も悪い行為もなし得るが、それと同時に理性的存在者であるゆえに必ず善い行為を選択するはずだとされている。パトロジックなものに翻弄されることなく、それをのりこえ、断乎として善へと突き進むことができるのが人間なのだ。カントにとって普遍的に善いと言える行為は、幸福や自己愛などによって規定されてはならない。そうしたものによって規定されたものはつねに善い行為となるとはかぎらないからだ。普遍的に善い行為は、自己

(20) Alenka Zupančič, *Ethics of the real*, p.23.（アレンカ・ジュパンチッチ『リアルの倫理』、三七頁）
(21) Imaanuel Kant, *Kritik der praktischen Vernunft*, p.176, 1788.（イマニュエル・カント『実践理性批判』熊野純彦訳、二六四頁、作品社、二〇一三年）

の行為をただひたすら道徳法則に一致させるところにしかない。現世の具体的な幸福や欲求をのりこえ、善くあらねばならないという義務の意識を抱いたそのとき、自由が発現する。自由であるからこそ、善も悪も選択できる。自由であるからこそ、善をなし得なかったときに罪悪感を抱く。

ところが、カントは、「必然的なことの成り行きに流されてしまった」結果、悪事を働いてしまったときにも、われわれは罪悪感を抱いてしまうことに注目する。罪悪感を抱くには、行為以前に自由であることを前提とする。だが、「必然的なことの成り行きに流されてしまった」ところには自由はないはずだ。しかし、たとえ「自分ではどうしようもなかった」としても、ひとは罪の意識に苛まれてしまうのである。罪悪感を抱くという事実は、自由でなければあり得ない。それゆえ自由でなくても、罪悪感を抱くかぎり、自由なのである。パラドックスである。

> 罪悪感は、主体が根源的な自由と関係するときに生まれる。まさにここでわれわれは、倫理的な主体に特徴的な分裂――「私にはそうするより仕方がなかった、しかし悪いのは私である」という形で現れる分裂――を目の当りにすることになる。自由は、このような主体の分裂を通してその姿を現す。重要な点は、自由とは、「他にどうしようもなかった」という事実、「必然的なことの成り行きに流された」という事実と決して矛盾するものではないことである。逆説的ではあるが、自分が「必然的なことの成り行きに流されている」ことを意識したときにこそ、主体は自分が自由であることを知る[22]。

（22）Alenka Zupančič, *Ethics of the real*, p.27.（アレンカ・ジュパンチッチ『リアルの倫理』、四一～四二頁）

〈他者〉の〈他者〉は存在しない

カントは、おのれをおのれ自身で律する自律的な存在、自由な存在であると信じる主体も実は、みずからの支配の及ばない因果法則が働く次元の存在、〈他のもの〉によって規定された存在であると言う。主体の行為は主体自身の意志によって自発的になされているのではなく、実は何らかの法則、心的傾向、隠された動機という〈他者〉から拘束を受けている、と。ところが、「主体が心理的内発性から切り離されたとき、つまりこの心理的内発性もある種の因果法則にすぎないことが明らかとなり、主体がただの自動人形に成り下がったと思われるとき、カントはこの主体に言う――まさに今、君は君が知っているよりも自由である、と[23]。」

たしかに主体は、〈他者〉に拘束された他律的な存在と言えるのかもしれない。主体の行為はすべて〈他者〉によって決定されているかもしれない。だが、主体のすべてを決定し、説明しつくすことができる〈他者〉など、実際どこにも存在しないのである。

「〈他者〉の〈他者〉は存在しない」。ラカンはこのテーゼによって〈他者〉は完全ではなく、欠如の印を帯びているということを述べた。

主体が、もはや自分は自律的な存在でも自由な存在でもない、「『もう、どうでもいい』と言って自分を投げ出そうとするとき、カントはこの〈他者〉が隠しもつ『裂け目』を指し示し、そこに主体の自律性と自由を位置付けるのである[24]。」

（23）*Ibid.*,p.28.（同前、四三頁）
（24）*Ibid.*,p.28.（同前、四四頁）

行為の動因となっているものが、なぜ動因となっているのか、その理由を突き詰めていくと、それは説明できないことに気づかされる。カントはここで、たとえそれが必然に見えようとも、行為の動機を原因としているものは存在しない、原因の〈原因〉は存在しないと言っているのである。まさにそこにこそ、主体の自由の場がある。逆説的に、主体が必然的なことの成り行きに押し流され、みずからを不自由な存在ではないかと思ったそのときに、〈他者〉が隠し持っている〈他者〉の不完全性に主体の自由の場を発見するのだ。それゆえ「人間は彼が信じているよりもずっと不自由であるが、同時に彼が知っているよりも自由である[25]。」

主体を拘束する因果法則を徹底的に推し進めていくことで、「カントは、因果律による決定の内に、つまり原因と結果の間に、ある種の『躓きの石』があることを示す。そして、まさにそこにおいて、厳密な意味における（倫理的）主体と出会う[26]。」「躓きの石」、すなわち原因から結果への移行を可能にする「何か」、一方を原因とし、他方を結果として両者をとり結ぶ「何か」、それはまた時に原因と結果の関係を成立させないものとなり得るものである。そこに主体の自由の源泉がある。

〈他者〉の〈他者〉は主体である

しかし、主体がいくら自分は自由であると主張しても、「私はいままさに自由に行動している」などと言

（25）*Ibid*.,p.28.（同前、四三頁）
（26）*Ibid*.,p.29.（同前、四四頁）

いながらその自由を指し示すことはできない。それに努めるほど、自分の行為の原因を、自己保存、私利私欲、幸福などのパトロジックな動機で説明せざるを得ない。みずからを自由な存在であると考えようとも、人間は現実の世界に生きるがために因果法則に拘束されている、つまり自由ではない。「人間は彼が信じているよりもずっと不自由である」のだ。

たしかに主体は自分以外の〈他者〉によって決定され、説明されてしまう存在かもしれないが、しかし主体のすべてを説明し尽くすことが可能な〈他者〉など存在しない。〈他者〉の中にあいたこの穴にこそ、主体の自由の場がある。

固有な主体として存在するためには自由であらねばならないが、しかし自由に達するためには、逆説的なことに、不自由な状態を経験せねばならない。〈他者〉に完全に従属した状態、自己のあらゆる行為の動機を感性的な原因によって説明されてしまう「疎外」を通過せねばならないのである。すなわち「私が存在しない」状態を「経験」した後にはじめて「私は存在する」と述べることができるということなのだ。この「私が存在しない」状態は、主体自身が存在しないがゆえに主体にとっては「不可能な」状態であり、それゆえ経験することはできない。だが、この「不自由な」状態を経ることではじめて、主体はみずからが自由な存在であると主張できる。

ならば、因果法則の中にあるものを徹底的に掘り下げることである。因果法則が支配する世界では、人間の行為にも何らかの原因があり、それが駆動力となるが、しかし行為の原因となるものはひとや状況に応じて様々あり得る。たとえ或る者には「必然」と思念されているものであっても、万人に対してそうであるとはかぎらない。それゆえ「駆動力は、それ自体何の動機にもならない。それは、直接的には何物をも生み出すことができない。それは主体の行動原理に組み込まれたときにのみ、そのような力を発揮する、つまり『動因』あるいは『誘因』となる(27)。」

たとえ必然的なことの成り行きに流され「どうしようもなかった」としても、あるいは自己保存、私利私欲、幸福を行動原理とし、それらによって行為を誘発されたとしても、それらがおのれの行為の原因となってしまったのは、「私の中においてそれが自然な状態であるからではなく、私自身がそれらの原理としての権威を与えているからである(28)。」何かがおのれの行為の原因となっているのは、他でもない自分自身がその何かを権威的なものとして選択し、それに従って行為しているからなのだ。たとえその選択が自覚的なものでないとしても、無意識的に選択しているのである。無意識的な選択であるゆえ、必然的な流れの中には主体は存在しないことになる。

ここで精神分析の知見を生かすなら、フェティシズムの例が好便であるとジュパンチッチは言う。他の者たちには何の関心も抱かせない或るものに対してフェティシストは強烈なこだわりを示し、何らかの行為や儀式を行わずにはいられなくなる。フェティシストの行動原理にはその或るものが行為の誘因として引き込まれてしまっているのだ。とはいえ、フェティシスト本人は「『今日この日、私は、ハイヒールを私の欲望の対象、動因とすることに決めた』などとは言わない。彼は、ただこう言うのみである——自分ではどうしようもないのだ……私が悪いのではない……我慢できないのだ……(29)。」

フェティシストはみずからの行為がどれだけ非合理であるかは自覚している。にもかかわらず彼はそれを為さずにはいられない。他の者たちなら当然行わないことをフェティシストは行ってしまう。彼はどこかで

(27) *Ibid.*,p.34.（同前、四九頁）
(28) *Ibid.*,p.34.（同前、五〇頁、強調は引用者）
(29) *Ibid.*,p.35.（同前、五一頁）

みずからが執着する対象を行為の動因として引き込んだのだ。自分自身が意識できないところ、つまり無意識のレベルで選択したのである。それゆえ本人は「どうしようもない」としか言えないのである。彼は無意識の従属者になってしまっている。しかしそのとき同時に、彼は自由な存在なのである。なぜならそこで示される症状は主体自身の固有性となっているからである。特定の「これ」を行為の動因として選択することは彼自身しか行い得ないのだ。

それゆえこう言おう。「(自然な)ことの成り行きに流されるのもよかろう。だが最終的に、このような必然性という君の行動の原因を原因としているのは、他でもない。君自身である[30]。」主体の行動の原因を根拠付けるものは〈他者〉にはない。原因の原因は、他でもない、主体自身なのだ。〈他者〉の〈他者〉とは主体なのである。

超越論的主体と対象a

カントは普遍的に善い行為を為すためには、パトロジックなものを完全に排さねばならないとしたが、現象の世界に生きるわれわれにはそれは不可能であり、感性的なものが必ず残る。しかしそれと同時に、〈他者〉は感性的なものをすべて説明し尽くせる、〈他者〉はこれらすべてを吸収していると言い切れる保証もない。「言い換えるなら、他律性の場所としての〈他者〉それ自体の内に、それが完全な体系として閉じることを

(30) *Ibid.*,p.34.(同前、五〇頁)

妨げるような異質なものが全く含まれていない、という保証はどこにもない。主体と〈他者〉の関係には、何か他のもの――主体にも〈他者〉にも属さない、どちらの内にも外-在する何か――がある[31]。」

従属すべき権威として〈他者〉を選択したのは主体自身である。だが、この選択行為の担い手は主体の意識の「外部」に存在するものであるのだから、主体には属さない。こうした機能を果たすものをラカンは「対象a」と呼んだ。主体にも〈他者〉にも属さず、両者の間の関係を決定する、欲望の「原因としての対象」である。カント哲学において、この対象aの役割を果たすのが、現象のレベルにも「物自体」のレベルにも属さない超越論的主体である。

人間が人間になる、つまり言語的存在になる過程を振り返ってみよう。それは主体が構成される過程である。前言語的存在である子供が母に対し要求し、それに対する母からの応答が一致しているとき、母＝私という癒着関係が支配しているため、「私」という意識は確立されていない。ラカンはこうした母子が癒着した状態を〈もの〉la Choseと名づけた。〈もの〉は子供の中に満足体験として刻印されるが、しかしやがてそれらの不一致という事態が訪れてくる。そのとき子供は一つの問いを立てることを余儀なくされる。「〈他者〉は何を欲しているのか。」この問いによって主体は〈他者〉の次元、すなわち言語的領野へと導かれ、母を〈他者〉として位置づけることになる。そしてここで主体の欲望が構成される。

だが、〈他者〉はこの問いにいつまでたっても返答してくれない。〈他者〉は不完全なのだ。〈他者〉の〈他者〉は存在しない。それゆえ主体はみずからの力で答えを導き出さねばならない。対象aこそ、その答えである。そのとき同時に「幻想」が生まれ、幻想において主体の欲望が〈他者〉の欲望に結びつけられる。

(31) *Ibid.*,p.38.（同前、五四頁）

〈他者〉の領野である象徴界へと歩み出た主体は、シニフィアンの連鎖へと回送されていく存在となる。シニフィアンが他のシニフィアンに対して代理表象されるものであるかぎり、シニフィアンが主体そのものを表象することはない。そのとき生み出されるのが、対象aである。対象aはシニフィアンの連鎖からこぼれ落ちる余剰物なのだ。シニフィアンへの置き換えという過程自体が欲望することであるが、この置き換えの過程そのものが対象aを見出そうとすることである。こうした意味で、対象aは欲望を駆動させるもの、すなわち「欲望の原因としての対象」と言うことができる。対象aを求める過程に終わりがない以上、欲望にも果てがない。

対象aは欲動の対象である。欲動は〈もの〉を再興しようとする衝迫であるが、しかし去勢を受けた言語的存在にとって〈もの〉に遡行しそれを再興することは基本的に不可能である。そのとき対象aが生み出される。対象aは〈もの〉が象徴化の処理を受けた後に残るものである。それゆえ対象aが欲望の原因であるなら、欲望の駆動力は欲動である。

言語世界に住まう主体に対し、つねに一般的なことがらを表現する言語は個々の固有性を保証することはない。流動するシニフィアンの連鎖にただ流されるしかない主体に対し、言語世界には収まらない対象aは、主体に対し固有の場を確保してくれる。対象aは主体の固有性の拠りどころとなり、幻想はその具体的な物語である。対象aは乳房、糞便、声、まなざしであると言われるが、基本的にはイメージや言語では表わせない。それゆえどんなものでも対象aになり得るが、特定の何かを対象aとして、つまり欲望の原因、あるいは欲動の対象として引き込んだのは他ならぬ主体自身、正確に言えば主体以前の「主体」である。しかし、そうであるがゆえに、ここに主体の固有性、特異性が生まれる。固有な選択が主体の固有性、固有な主体性を保証するのだ。

あるいはまた、〈他者〉の欲望は未知であることによって主体の欲望は構成されるが、〈他者〉からの返答を期待し、〈他者〉に従属した受動的な状態では主体の存在は疎外されたままである。そのとき主体は能動的に象徴界から抜け出ることで、みずからを生み出すことを選択する。対象aと関係を持つこと、つまり幻想を持つことで独自の存在を得るのだ。ここに人間の自由の源泉がある。

「〈他者〉は何を欲しているのか」という問いに対して主体自身が導出した答えが対象aであった。かつて母の欲望の対象は私であったのだが、では、なぜ母は私を欲望したのか。それは私の中に欲望されるに足る「何か」があったからである。「幻想の対象である対象aは、私の中にあって私以上のあの『何か』であり、それによってこそ私は自分を『〈他者〉の欲望に値する』と認識するのである[(32)]。」主体は〈他者〉から欲望され、愛されることを欲望する。愛とは存在の承認の証である。この証を求め、みずからの欲望を〈他者〉に差し向ける。〈他者〉からの愛のまなざしを求め、みずから〈他者〉をまなざす。まなざしは対象aの一つである。愛される対象としてまなざされることを〈他者〉に求めるとき、まなざされるためなら主体は自分自身をまなざしそのものにするだろう。幻想の構造の主要なメカニズムは、対象と化してしまう主体の同一化である。

対象aが産出されるとき、主体は超越的な視点に立っていると言える。幻想の中で対象aを追い求めるわれわれは超越的な視点に立っているのだ。それ以降の日常世界でわれわれが自分自身を超越的な視点から見るときこの機制が基盤となり働く。「対象aは、私が私自身を超越的な視点から見るようになるとき、必要とされる支えである。この支えが私をめぐる人や物に現われて私が私の知らぬうちに超越的な視点へと抜け

（32）Slavoj Žižek, *The plague of fantasies*,p.9.（スラヴォイ・ジジェク『幻想の感染』、一二三頁）

出るのを助けてくれる。この支えがなかったら、私は自分を外から見ることができないのである。」[33]

この幻想におけるまなざしの視点は超越的なものであり、また「ありえない視点」でもある。なぜなら「この視線によって、主体は、彼／彼女自身の構成という行為においてすでに存在しているということになる[34]」からである。象徴界に入る以前には主体は存在しないはずなのだが、しかし幻想の中で見られる「私」はすでにそれ以前に存在し、しかもみずからを構成する担い手として存在することになっている。主体が主体自身によって構成される。まさに自由がそこに出来するのだ。われわれが抱く自由という観念はここに淵源する。

自由というイデオロギー

自由というイデオロギーが存在しないかぎり資本主義は成立せず、資本主義社会に生きるわれわれはみずからを生まれながらに自由な存在であると信じて疑わない。でなければ、主体としての「私」はこの世で消失してしまうからだ。だが、それと同時に「人間は彼が信じているよりもずっと不自由である」のも事実である。

ジジェクに言わせれば、精神分析的観点から見れば幻想はイデオロギーそのものである。そして「自由」

（33）新宮一成『ラカンの精神分析』、九九頁、講談社現代新書、一九九五年
（34）Slavoj Žižek, *The plague of fantasies*,p.21.（スラヴォイ・ジジェク『幻想の感染』、三二五頁）

は紛れもなくイデオロギーの一つである。しかも、支配階級のイデオロギー、支配的イデオロギー、国家イデオロギーである。われわれがみずからを自由な存在であると信じて疑わないのは、まさにそのような幻想、すなわちイデオロギーにどっぷりと浸かっているからに他ならない。人間はみずからが自由な存在であるとの幻想を有することではじめてこの世界に主体として存在し、欲望し、様々な経験をすることができるようになる。現実の経験世界でいくら不自由であったとしても、自由の幻想がその経験世界そのものを成立させているかぎり、おのれを自由な存在であると信じ込める。「私は自由な存在である」という幻想がなければ、私に不自由を強いるこの現実の世界が崩壊してしまう。だから、この現実の世界が成立している以上、私は自由である。これこそまさにイデオロギーの機能そのものである。

イデオロギーは閉鎖性を特徴として持ち、或るイデオロギー内にいる者はみずからをイデオロギー的存在だと思わない。私が自由な存在であることは自明であり、疑う余地は一切ない、と。われわれはたとえ不自由であって、それでもしかし自由な存在なのであり、〈他者〉に服従することで、自由な存在となるのだ。こうした主体を産み出すのが、イデオロギー装置である[35]。

(35) フーコーのパノプティコンに関する議論は、まさに「自由な主体」がいかにつくられていくかを具体的に説明したものである。第三章でも言及したように、監獄で目指されたことは、人間を身体を有した対象とみなし、精神ではなく、身体に働きかけることで、犯罪者の精神を矯正すること、社会に適応可能な精神を再構築することである。これを可能にするのがパノプティコン（一望監視装置）というシステムである。

パノプティコンは、円環状に配置した建物の中心に監視塔を立て、そこから周囲の建物のすべての部屋が監視できるようにした装置である。この装置では中央の監視塔に監視者が常駐している必要はなく、監視される可能性があるだけで十分なのだ。監視されている可能性が監視される者の精神の内面に第二の監視者を生じさせる、これがこの装置の目指すことである。

精神の中にみずからを監視する者がいるという構造は、道徳的な主体の精神の構造であるのと同時に法の原理とも同じであり、この構造を主体自身の中に構築するのである。これによって、国家の抑圧装置が個々のケースにわざわざ介入せずとも、自動的に法に従う自律した主体をつくり出すことが可能となる。パノプティコンは権力を自動的なものとするのである。

監獄は言うまでもなく抑圧装置である。犯罪者たちを強制的に暴力によって収容し、自由を奪うという仕方で懲罰を与えるものである。しかし、そこで目指されることは体制に能動的に従う主体を製造することである。その方が効率的な支配が可能となるからだ。アルチュセールの議論では、これはイデオロギー装置が目標とすることであるが、しかし、ときに抑圧装置がイデオロギー的に機能したり、あるいはイデオロギー装置が抑圧的に機能したりもするのであり、監獄という国家装置はそのことを示す事例である。まさに監獄という装置は、両者の機能を同時に持っており、しかもそこで用いられるシステムは他の用途にも応用されている。

監獄において犯罪者たちを監視することで正しい判断とふるまいが可能となるよう矯正するように、精神病院において患者を見張り、学校において生徒を教育する、あるいは職場において労働者を働かせる、そこではこのパノプティコンのシステムが機能している。このシステムは資本主義社会の基本的なモデルとなっているのだ。権力に従順な主体を形成し、個人の身体に注がれるまなざしによって道徳的な主体をつくり出す。これによって生み出された主体は、他者からのまなざしを内在化することで、みずからを自由な主体であると信じるようになる。パノプティコンは支配される者の精神と身体を拘束することで、その道徳性を向上させ、生産性を上げることを目的とするのだ。

国家のイデオロギー諸装置の脆弱性

国家のイデオロギー諸装置は国家の抑圧装置に制御され、圧倒的な力と数で民衆を囲い込み、支配的イデオロギーを照射する。民衆はそれが強制されたものであると微塵にも思わず、自由な主体となって支配的イデオロギーの追従者になる。一見すると、まったくの出口なし、国家のイデオロギー諸装置は実に強靭なものであると見えてしまう。しかし、国家のイデオロギー諸装置は、それほど強いものではない。「われわれはもろもろのＡＩＥ〈国家のイデオロギー装置〉は（略）もろもろのＡＩＥを襲う階級闘争の影響のために、比較的不安定な装置と見なさなければならないような『素材』でできており、そしてそのような仕方で機能するのであり、打撃を加えるのがよりいっそう難しい、まったく別の『素材』でできている〈抑圧装置〉とは異なっている、と言うことができるだろう。あるいはむしろ、見かけ上の脆弱さをもつ〈装置〉と言おう[36]。」

実際、学校ではつねに「問題」が発生し、たえることがない。マスコミもいつも体制に従順であるとはかぎらない。学校とつねに手を携えてきた家族装置も「問題」をはらみながら何とか存続してきたにすぎない。つねに国家のイデオロギー諸装置は軋みの音を立てている。

それゆえ、国家と支配階級はたえずイデオロギー諸装置に介入し続けるのだ。支配階級も被支配階級に対国家のイデオロギー諸装置の「脆弱さ」は、あくまでも「見かけ上」であることを忘れてはならない。

(36) Louis Althusser, *Sur la reproduction*, p.120.（ルイ・アルチュセール『再生産について』、上・一九六～一九七頁）

する階級闘争を日々行っているのである。階級闘争は、被支配階級の支配階級に対するものだけではない。被支配階級の階級闘争は華々しく行なわれるのでつい目を奪われてしまうが、支配階級も、日々、絶え間なく、しかも合法性をまとっているがゆえに意識され難いが、みずからの欲望を相手の階級に押しつけるという階級闘争を行っているのだ。その主戦場の一つがイデオロギー諸装置であり、そこで勝利し続けることができなければ、支配階級は権力の座に居座り続けられない。「いかなる階級も、〈国家のイデオロギー諸装置〉に対して、またはそのなかで、同時に自己のヘゲモニーを行使しなければ、国家権力を永続的に掌握することはできないのである[37]。」

支配階級は国家のイデオロギー諸装置を舞台にした階級闘争で勝利し続けているから、支配階級であり続けられるのだ。たしかにイデオロギー諸装置はもともとは脆弱であるのだが、支配階級が圧倒的な力でそれらを支配しているがゆえに、結果として「もろもろのＡＩＥはとてつもなく強固で頑強である[38]」ように見えてしまう。

だが、イデオロギー諸装置はすべて支配階級のものではなく、法的にも理念的にも自由が保証されているのだから、「権力の座にある階級（あるいは諸階級の同盟）は、ＡＩＥにおいては、国家（の抑圧）装置における ほどわがもの顔に振舞うことはできない[39]。」したがって、支配階級が押しつける支配的イデオロギーが、所詮、支配のためのイデオロギーにすぎないがゆえに、強引にそれを押しつけようとすると矛盾が噴出する可能性がある。そのとき階級闘争が顕在化する。

（37）*Ibid.*,p.284.（同前、下・一九三頁）
（38）*Ibid.*,p.120.（同前、上・一九七頁）
（39）*Ibid.*,p.284.（同前、下・一九四頁）

問題はイデオロギー諸装置のヘゲモニーをどの階級が握るかであり、それが国家権力奪取の試金石となる。「〈国家のイデオロギー諸装置〉が、ただ単に階級闘争の賭金であるばかりでなく、同様に階級闘争の場であり、またしばしば階級闘争の苛烈な諸形態の場でありうる(40)。」

国家のイデオロギー諸装置が一見強靭に見えるのは、それらが階級闘争の要所であるために支配階級が圧倒的な力で制圧しているからである。ただイデオロギー諸装置を押さえるだけではない。そこで支配階級が最も恐れていることは、階級間の敵対性が露見し、階級闘争が出現することである。それゆえ支配階級は、実際には存在する、社会の階級構造を隠蔽せねばならない。そこで必要になるのが、「平等」というイデオロギーである。それを担うのが国家のイデオロギー諸装置である。支配階級がそこでヘゲモニーを失えば、みずからの支配を根底で支える自由と平等の幻想が人々の中で消失してしまうことになる。それゆえ、この階級分裂の隠蔽こそがイデオロギー諸装置における第一の目的となる。

ところが昨今、日本も含めた世界の先進資本主義国では、この隠蔽機能がまったく機能していないどころか、支配階級が階級分裂を積極的につくり出しているありさまである。格差社会の出現である。だからこそ、いま、世界中で民衆の直接的な蜂起が巻き起こっているのだ。

(40) *Ibid.*,p.284.(同前、一九四頁)

第5章　理論と実践をめぐって

理論実践としての哲学

「革命的理論なくして、革命的運動はない。」アルチュセールはレーニンのこの言葉を幾度となく繰り返し引用した。共産主義運動に与する中で、哲学者であることの自覚は、彼をマルクス主義で唱え続けられてきた「理論と実践」という問題の再検討へと赴かせた。

変わることを望まれながらも社会はなぜ変わらないのか。その一つの理由は、現行社会を構成するわれわれが、どのようにすれば社会は変わり、どのような社会を展望すればよいかわからないからだ。そのわからなさは、思考するとき拠りどころにするいまある理論に原因する。いまある理論が、結果的にわれわれをいまある社会におしとどめ、そこからの離脱を不可能にしているのだ。それゆえ、社会に変革をもたらすためには、変革実践を可能にする理論を創出し、それを現実に適用することである。理論と実践の関係は従来このように考えられてきた。

しかし、現実に適用される理論に現実を変える力がなければ、変革実践は徒労に終わり、社会変革は成し遂げられない。マルクスはかつて「理論もまた大衆をつかむやいなや、物質的な力となる」と述べたが、理論が大衆を覚醒させ、社会変革運動へと力強く前進させる原動力となったとき、新たな世界の地平が出来する。だから、理論を鍛え上げねばならない。理論活動そのものを社会変革運動における実践として位置づけること、それは真に変革を目指すなら不可欠な実践となる。アルチュセールは哲学者として、何よりもこの理論実践を自己の任務として引き受けたのである。これを持ってしか革命運動の「はじまり」はない、と。

科学主義というイデオロギー

「イデオロギーから科学へ！」、アルチュセールの理論活動はこの標語の下で行われてきた。われわれの認識の地平を切り拓くのはつねに科学であり、科学こそがイデオロギー的閉鎖性を打ち破り、人々の認識を刷新する。そのとき、理論的な革命が生起するのだ。未来を展望できなければ、社会変革運動に決起する者などいるはずがない。闇雲に実践しても社会は変わらない。革命的理論なくして、革命的運動はないのだ。それゆえアルチュセールにおいてはつねに実践に対する理論の優位性がある。吟味されていない理論で実践を行っても意味がないからである。

アルチュセールにおける「実践」とは、それゆえ何よりもまず理論的な「実践」を指す。単純に理論を現実に適用するのではなく、人々を支配し拘束するイデオロギーを突破していく理論を創出すること、すなわち理論活動そのものが「実践」である。

われわれの認識の地平を切り拓くのはつねに科学である。それに続き哲学（＝イデロギー）の誕生がひきおこされ、科学はそれによって再び汚染される。しかし再び新しい科学理論が誕生し、イデオロギー空間を食い破り、人々を新しい認識の地平へと導く。しかし、アルチュセールがとるこの立場も「科学主義」というイデオロギーである。ソ連などで主張された正統派マルクス主義も同様に科学主義の立場にあった。科学こそがわれわれに最も正しい認識をもたらし、未来を切り拓いてくれるはずだという「思い込み」は、しかし現代に生きるわれわれにも共有された信念である。だが、科学はつねにわれわれの期待に応えてくれるわけではない。そのとき、科学が最も正しい認識をもたらしてくれるとする「科学主義」もやはり紛れなくイデオロギーであることを再確認させられることになる。

ところで、哲学史では自然科学を頂点とした近代科学の哲学的な基礎づけを行ったのはデカルトであるとされている。デカルトは当時抬頭してきた自然科学の世界を一変させる力を眼前で見せつけられるにつけ、自然科学の成果を無視することは不可能であると考え、実際みずからの哲学の核心にこれを据えた。

自然科学は爆発的な勢いで世界について解き明かし、真理を示す。その力を生み出す源泉は自然科学が土台にする数学にあるとデカルトは考える。数学は万人に対しつねに真理を示す。「2＋3＝5」であることを疑う者は誰もいないのは、まさにこれが真理であるからである。これと同じような効果を発揮する真理を持ってしか、哲学は――それが真理を獲得する営みであるなら――はじまらない、こうデカルトは考えた。

疑う余地があれば、そこには真理は現前しない。それゆえ徹底してあらゆることを疑うこと、デカルトは真理を捕獲するための方法として懐疑を用いた。すると、どんなものも懐疑可能になってしまう。ところが、ただ一つだけ、疑い得ないものが残る。それは疑っている「私」が存在することである。疑っている「私」が存在しなければ、「疑う」という思考自体が成立しないからだ。これは、誰もが自己の内側から直観的に認めることができることである。「2＋3＝5」が明瞭かつ判然と、他の仕方では考え得ない仕方で誰もが直観できるのと同じように、「考える私が存在すること」は真理である。これこそが哲学が出発点とすべき真理である、ここに「われ思う、ゆえにわれあり」というテーゼが確立される。

だが、このテーゼによって「思考する私」の確実性は認められても、それ以外のことがらについての確実性は何一つ得られていない。コギト（思考する私）はいわば点的なものでしかなく、私自身の身体も含めた、広がりを持つ物質で構成された世界はコギトを除いたすべてが未だ不確実なままなのである。あるいは、科学的認識はなにゆえ正しいと言えるのか。科学理論とそれが対象とする自然との合致は何によって保証されるのか。こうしたことをコギトは証明してくれない。しかしデカルトは、このコギトの確実性を中心としながら、「主体はついに他の表象の確実性の獲得に乗り出すことができるのである」とベルナール・バースは言う。

主体はそれをすることができる。しかしもし主体が、思考するものとしての自己の直観からなる極小点以上のものでないことに甘んじたくなければ、とりわけそれをしなければならない。こうして主体は、自己以外のものについて確実性を取り戻さなければならない。（略）さて、懐疑する主体が懐疑が可能であると判断した最後の諸表象は、まさに明晰かつ判明な生得観念である。すなわち、本質的にいって論理学や数学の諸原理、認識の鎖に必要な諸原理である[1]。

(1) Bernard Baas(&Armand Zaloszyc), *Descartes et les fondements de le psycanalyse*.p.22.（ベルナール・バース『純粋欲望』、九五頁）

問題は、では、われわれに真理をもたらす生得観念、生まれながらにわれわれが持っている真理の基準、これの原因は何なのか、である。何によって生得観念はわれわれにもたらされたのか、あるいは人間という有限な存在が有する生得観念――論理学や数学――は何をもって真理の基準たり得ると言えるのか。これを証明するためにデカルトは奇策に出る。神の存在を証明する中（第三省察及び第四省察）[2]でそれを行うのだ。コギトは「科学の通時的鎖への移行を保証するのも十分でない。すなわち、それにはさらに、真なる神の存在についての保証が必要になる[3]。」

神を信奉するか否かにかかわらずひとは神の観念を持つ。では、神の観念はどこに由来するのか。やはり神の観念は人間の捏造物でしかないのか。

どんな観念もそれが存在するためには必ずその原因となるものがあるはずだ。あらゆるものは因果関係に従い、さらにはどんなものでも無から生じることはない、これは明瞭かつ判然たる根本原理である。この根本原理は、原因の中には結果よりも多くの、あるいは同じだけの実在性、すなわち完全性が含まれていなければならないことを示す。もし原因が結果よりも実在性・完全性が少なければ、結果の中に含まれている実在性の一部は無から生じたことになるからだ。

もしわれわれが神の観念をつくり出したとすると、不完全なものが完全なものの観念をつくり出したことになる。これは根本原則に反する。それゆえ、神、すなわち最も完全なものという観念はわれわれ人間がつ

（2）René Descartes, *Meditationes de prima philosohia*, 1641.（ルネ・デカルト『省察』山田弘明訳、ちくま学芸文庫、二〇〇六年）

（3）Bernard Baas(&Armand Zaloszyc), *Descartes et les fondements de le psycanalyse*.p.22.（ベルナール・バース『純粋欲望』、九七頁）

くり出したものでもなく、経験的に習得した観念でもない。ではどこから生み出されたのか。残るは一つしかない。

完全者、すなわち神自身がつくり出したものであるのだ。そして神がその観念をわれわれに植えつけることで、われわれは神について思考することができるようになったのである。われわれが神の観念を持つという事実によって神が存在するということが証明される。この証明によって、われわれの前途は輝かしいものになる。ひとたび神の存在が証明されれば、われわれの認識に確実な根拠が与えられるからだ。

完全なものである神は完全な性質をすべて有する。その中で最も重要なものは「誠実」であり、それゆえ神がわれわれを欺くことはあり得ない。われわれが他者を欺くのは不完全で弱い存在であるからだ。これに対して、完全である神はわれわれを欺く必要などない。それゆえ神が創造した世界の姿は隠れなきものとして直にわれわれに届けられているはずなのだ。われわれは神によって示された世界を、ただ理性の力によって認識すればよい。ときに誤った認識を下してしまうこともあるが、それは明瞭かつ判然たる観念を持ち得ないところで判断を下そうとするからだ。誤った認識の原因はつねに人間自身にある。神の誠実を信頼し、明瞭かつ判然たる認識を心がけるところには誤った認識が生じる余地はない。神の存在が証明されることで、われわれの認識の確実性が一挙に得られる。自然科学的認識の正しさもこれによって保証される。科学理論と自然との合致は神が保証してくれているはずだからだ。

自然科学の認識は確実であり、つねに真理を示すとされる。しかし、真理が認識と対象との合致であるなら、その合致を保証する――普遍的で永遠であるはずの真理を保証する――ことなど、有限な存在でしかない人間が担えるはずがない。そのとき、デカルトは神にすがりつく。無限である絶対者、すなわち神に頼ることでしか自然科学的認識の確実性を保証することはできない。神は無限であるゆえ人間の思考を超絶した力を持つ。この力に人間は科学的認識の根拠を託す。

デカルト哲学こそ、科学に代って科学について語る哲学の典型例である。科学的認識は確実であると主張する「科学主義」はやはりイデオロギーである。もちろん科学主義者は神を前提にすることなく科学的認識の正しさを主張する。それどころか、宗教的なものは過去の迷妄であるとして排斥しさえする。だが、実は科学的認識の正しさを誇る者は、無意識裡に神という絶対的な外的権威を信仰しているのだ。本人には意識されることのない無意識の領野でまさに宗教的なものが蠢いている。

認識を対象に完全に一致させる能力など人間には与えられていないのだから、科学が誤り得るのは当然である。にもかかわらず、科学主義を主張し得るのは、どこかで――無意識で――絶対的な〈他者〉の存在を前提とし、信仰していればこそである。だから、ラカンは言ったのだ。「われわれが精神分析において取り扱う主体は、科学の主体でしかありえない[4]。」「科学の主体」とは、そう、われわれ自身である。科学の主体は、無意識に絶対的権威（神！）を信仰しているのだ。

デカルトは神の存在証明を「論理」によって証明してみせようとするが、「論理」の無謬性を背後で保証してくれるものが神であり、デカルトはこの保証を神に期待しながら「論理」を展開する。だが、デカルトの神の存在証明は循環論に陥っているとバースは言う。「神の存在についてのこの論証は、おのれがその真理を打ち立てようとするもの自体を真なるものとして前提している[5]。」たとえ循環していようとも、しかしこの循環こそ神の存在証明の要であり、中心点である。循環するこの思考を中心に据える者こそ科学の主

（4）Jacques Lacan, *Ecrits*,p.858.（ジャック・ラカン『エクリⅢ』、三九三頁）
（5）Bernard Baas(&Armand Zaloszyc), *Descartes et les fondements de le psycanalyse*.p.24.（ベルナール・バース『純粋欲望』、九八頁）

体であり、科学主義に染まり切ったわれわれである。科学の主体は神に科学的認識の正しさを保証してくれることを期待し、神に絶対的な信頼を寄せるのである。「中心点とは、デカルトにおいて（そして、彼においてだけではないが）神の名を持つ〈他者〉とのこの基本的な関係がなければ、主体は何ものでもないということについて刻まれ、書き込まれたマークなのである[6]。」

われわれはつねに〈他者〉にみずからが何者であるのか同定してくれることを期待し、呼びかける。だが、その答えは永遠に返ってくることはない。精神分析的臨床の場面でも同様である。分析主体は自分でもわからないみずからの病について教えてくれるよう分析家に懇願する。そのとき分析家は知を想定された主体として立ち現れ、転移関係が両者の間に形成される。デカルトにおいても同様である。「〈他者〉としての分析家は、〈他者〉としての神の相同物である[7]」デカルトの神は、われわれにとっての〈他者〉と同じ位置に想定されたものなのだ。

とはいえ、デカルトの神はわれわれにとっての〈他者〉、あるいは分析場面における分析家とすべてが全く同じものであるとは言えない。「なぜなら、デカルト的主体が神の内に求めるのは、神が無限に完全であるものであるかぎりで、完全性であり、あるいは少なくとも、自己自身を確かな主体として構成する完全性の印、指標、痕跡であるからだ[8]。」これに対して、われわれにおける〈他者〉（あるいは、分析場面における分析家）はシニフィアンの宝庫でありつつも、しかし、その宝庫には肝心なシニフィアンを欠如させている。私が何者であるかを示すシニフィアンがそこにはないのだ。〈他者〉がそのシニフィアンをわれわれ

（6）*Ibid.*,p.25.（同前、九九頁）
（7）*Ibid.*,p.63.（同前、一三八頁）
（8）*Ibid.*,p.61（同前、一三四頁）

に差し出してくれることを期待するが、つねに裏切られる。だが、デカルトの神は主体が期待するもの、「自己自身を確かな主体として構成する完全性の印」を差し出してくれる。この違いはどこからくるのか。

デカルトは不正行為を犯している、ラカンはこう言う。「われ思う、ゆえに ergo われあり」の「ゆえに ergo」において不正行為はなされているのだ。「ゆえに ergo」という接続詞によって、デカルト的主体は思考する存在という私の実在性を一挙に得ることになる。「この ergo は、主体によるその本性領有の行為である。そして、まさにこの領有の行為こそ、ラカンが他のところで『密輸入の行為』として告発しているものである[9]」とバースは言う。デカルト的主体は「ゆえに ergo」の背後で秘密裏に何かを得ているのだ。「密輸入」されている「何か」とは「私」の存在である。論理が「私」の存在を確実なものとして主体にもたらしているのである。デカルトは「ergo」を介して、言表の主体と言表行為の主体との一致を実現させる。「そこでは『われ』はつねに同じ平面において理解されているが、それは（『われ思う』において）思っている『われ』と、『われ思う』と言っている『われ』とは同じではない。言表の主体と言表行為の主体は同じではないのである[10]」にもかかわらず、デカルトは秘かに（むしろ「堂々と」と言うべきか）両者を一致させている。

ジュパンチッチはここでカントによるデカルト批判を想起せねばならないと言う。「カントによれば、表象の主体の形成にはある種の喪失が伴う[11]。」主体が主体自身について考えられるようになったとき、すなわち主体が形成されるとき、何かが失われる。それは「自分自身に対する直接的接触」、つまり物自体としての「私自身」である。主体が主体自身を認識できるようになったとき、当然主体以外の様々なものの認識

（9）*Ibid.*,p.35.（同前、一一八頁）
（10）*Ibid.*,p.36.（同前、一一九頁）
（11）Alenka Zupančič, *Ethics of the real*,p.193.（アレンカ・ジュパンチッチ『リアルの倫理』、一六六頁）

も可能となっているはずだ。つまり、認識とは様々なものを「対象」とすることであり、それは「私」も例外ではないということ、「私」の表象もその他の対象の表象と同じものであるということである。「『私』とは単なる思考の産物、あらゆる表象と同様、単なる表象にすぎない[12]。」カントにとって認識の対象とは現象であり、物自体は認識し得ない。人間の認識の対象にはなり得ない以上、物自体としての「私」も認識し得ない。

このような根源的な喪失あるいは「疎外」が、考える主体が生まれる条件、思考を持ち、表象を操る主体が生まれる条件である。この喪失によってはじめて「客観的現実」――現象としての現実――が開かれ、主体が主体として自己を認識することが可能になる[13]。

主体が主体になった瞬間、物自体としての「私」は私の手元から滑り落ち、永遠につかむことはできなくなってしまう。しかしこの喪失によってしか主体は形成され得ず、この「疎外」こそ、主体成立の条件である。デカルトはコギトという表象によってみずからをつかむことができたと考えたが、しかしそのとき「本当の私」「私の存在」（物自体としての「私」）は消失するのだ。表象を物自体に一致させることなど迷妄にすぎない以上、「思考する私」と「私の存在」を一致させることも有限な存在である人間には不可能なはずである。言表の主体と言表行為の主体は一致しない。

（12）*Ibid.*,p.143.（同上、一六六頁）
（13）*Ibid.*,p.143.（同上、一六六頁）

ところがデカルト的主体は「ergo」によって一挙に両主体間にある壁を飛び越えてしまう。それを許すのが論理、(デカルトによれば)人間が生まれながらに有する生得観念としての論理である。しかし、論理の正しさは何によって保証されるのか。神である。神が論理の正しさを保証するのだ。なぜなら、生得観念としての論理は神に由来し、神は完結性を有するからである。

しかし、そもそも神が完結性を有することも、あるいは完結性を有する神が存在することも決して自明なことではない。それはデカルトにおいても同様であるとバースは言う。「というのも、神の存在の論証の彼方には、デカルト哲学においては、次のような執拗な指示があるからだ。すなわち、それによれば、真理の探究に身を捧げる主体にとって神の完結性は決して与えられず、決して得られず、決して把握されない。逆にこの完結性はつねに先延ばしされ、無限に先延ばしにされているのである[14]。」神が完結性を有しているのかは、有限である人間には永遠にわからない。そもそも神は無限な存在であり、無限な存在であるかぎり、有限な存在である人間の理解を超えている。まさにこの神の力の理解不可能性こそが、神の偉大さ——完結性——を呼び込んでくる。「神の力は理解不可能である。だが、この理解不可能性は、われわれがそれに抱く尊敬——われわれがそれに払わねばならぬ無限の尊敬、であることに注意しよう——の広がりの原因となる[15]。」科学の正しさを主張する以前に、コギトの明証性、「私は私である」と主張することも、神の存在を証明することなしには不可能である。無限で完全なる神が存在するはずだという神への信仰、いやむしろ「願い」が、それらを成立させる基盤にあればこそ、である。

(14) Bernard Baas(&Armand Zaloszyc), *Descartes et les fondements de le psycanalyse*.p.71.(ベルナール・バース『純粋欲望』、一五二頁)
(15) *Ibid*.p.74.(同前、一五八頁)

科学は、権利上、特定の主体を持つことはない。「科学の主体」とは、そもそも矛盾した言い方である。しかしそれは存在する。科学の主体は、科学の正しさを顕揚する主体、すなわちデカルト的主体である。それは――神の存在を無意識の中に忘却した――われわれ自身である。そこに「科学主義」というイデオロギーが出現する。「科学主義」は、神を戴く宗教的観念によってはじめて成り立つものである。まぎれもなく、それはイデオロギーである。アルチュセールが言うように、イデオロギーはそれを担う主体をつねに必要とする。われわれは科学主義というイデオロギーを信奉し、担う「科学主義」の主体なのであり、アルチュセールもその担い手一人だったのだ。

政治としての哲学

明確に示さなかったとはいえ（それゆえ教条主義的な印象を与えることになってしまったが）、アルチュセール自身もそれに無自覚ではなかった。哲学もやはりイデオロギーの一つでしかないからだ。「イデオロギーから科学へ」と唱えるアルチュセールにとって哲学の存在はやはり科学に比してネガティヴなものでしかない。イデオロギーをのりこえるならば、同時に哲学も終わらせねばならない。しかもただ終わらせるのではなく、「哲学にふさわしい死」をもたらすことである。それを担うのが弁証法的唯物論である。弁証法的唯物論は、科学がイデオロギーをのりこえることを促す哲学、革命が達成された暁にはみずからも消滅していく哲学である。イデオロギー的な存在である人間が純粋な科学に一体化することなどそもそも不可能であり、いまあるイデオロギー空間を突破しようと努めても、この営み自体がいまあるイデオロギーの中でのそれとの格闘でしかない。弁証法的唯物論は、こうした事情を熟知し、いわば科学に与するイデオロギーである。アルチュセールは、このイデオロギー闘争こそ、マルクス主義哲学者が担わねばならない理論実践だとした。

われわれはイデオロギーに背を向けながらもイデオロギーがたえず「現実的な事物の理解」を困難にし、科学を身動きのとれない状態におき、現実の諸特徴を曇らせているのに気がついた。そこでわれわれは、たえざる批判によってイデオロギー的幻想の脅威を減少させる役割を哲学に委ねた。そして哲学にこのような任務を委ねるために、われわれは哲学を、純然たる科学意識につくりかえた。つまり、すべての点で文字通りに科学の本体に還元されるのだが、その油断なき意識、外部意識として否定的な外部へ立ち向かい、それを消滅させる純然たる科学意識につくりかえた。哲学はまさしく終わったのである[16]。

とはいえ、人々の世界認識を刷新し、歴史を切り拓くこの科学の力を顕揚するあまり、アルチュセールの主体的立場が後景に退き、科学に対する他力本願的な傾向を醸し出していたのは事実である。それゆえ、「理論（偏重）主義」と自己批判したその傾向をただすべく、アルチュセールは「実践」をめぐる考察をさらに深化させていく。スタティックな印象を免れない自己の立場を払拭すべく、実践を再び躍動的な営みとして再構築する中で、アルチュセールは自己への問いかけを再開する。「哲学者は何をなすべきか。」その問いは、さらに「哲学とは何か」という根源的な問題へといきつく。

（16）Louis Althusser, *Pour Marx*, p.19.（ルイ・アルチュセール『マルクスのために』、四一頁）

哲学は科学ではない。どのような科学も固有の対象を持つのに対して、哲学は、科学が対象を持っているという意味では、対象を持たない。もちろん哲学的対象と言われるものもありはするが、しかし科学のそれとは性質を異にする。科学的対象はその科学が守備範囲とする領域に限定された、その科学固有の対象であり、対象によってその科学の固有性も規定される。しかし、哲学には特定の領域というものが存在しない。哲学が真理を探究する営みであるならば、その真理はあらゆる領域で妥当する普遍的なものであるとされているからである。科学理論が自己の対象から抵抗を受けることで補正されることに対して、哲学の営みはつねに自己の内部で展開され貫徹されていく。こうした意味で哲学には対象がないと言うのである。では、哲学とは何か。

哲学は真理と虚偽を区別し、それを見極める方法を確立することを目指す。哲学は真理を創出しない。真理を創出するのは科学である。真理は普遍的なものであるとされているが、しかし事実は時代と地域が変われば変わり得る。この変化をもたらすのが科学である。科学からもたらされた真理から虚偽を区別するのが哲学なのだが、虚偽はイデオロギーである。ある観念がたとえ真理として君臨していたとしても、科学によって世界認識が刷新された地平から見れば、かつての「真理」は一つのイデオロギー、虚偽となる。哲学の営みとは、この区別を哲学の内部でいち早く遂行すること、「科学的なものとイデオロギー的なものとの間に境界線を引くこと[17]」である。

(17) Louis Althusser, *Lénine et philosophie*,p.50, Maspero, 1969.(ルイ・アルチュセール『レーニンと哲学』西川長夫訳、七二頁、人文書院、一九七〇年)

それゆえ、「哲学とは何よりもまず実践である。[18]」イデオロギー的なものから科学的なものを救い出す哲学とは、唯物論哲学である。「科学が唯物論である[19]」かぎり、唯物論はつねに科学に与する。これを阻害するのが観念論である。観念論は、科学によって拓かれた認識の地平をかすめ取り、自己の内に閉じていき、人々を閉鎖的な認識空間に閉じ込めるだけでなく、新しい科学理論の芽を圧し潰す。これを打破するのが唯物論である。

しかし哲学の歴史は永らく観念論によって支配されてきた。マルクスは「支配的思想は支配階級の思想である」と述べたが、観念論が支配的思想であったのは、近代以降支配階級であるブルジョアジーがそれを必要としたからである。観念論は人間の主体性を顕揚し、人間を世界の中心に置き、人間を地上において自由を有する唯一の存在としてきた。他方、資本主義的な経済活動は人間の自由を含めた自然権が万人に与えられてなければ成立し得ない。ここに哲学的な基礎を提供してきたのが観念論であった。観念論が「ブルジョア・イデオロギー」と呼ばれるゆえんである。

支配的イデオロギーであるこの観念論を打倒すべく果敢に立ち上がるのが唯物論であり、人々にまだ見ぬ未来を到来させる革命的な哲学である。現実世界において支配階級の打倒を目指す革命派にとって、唯物論は理論領域でブルジョア・イデオロギーとの闘争を担い得る唯一の哲学である。それゆえ、哲学の実践はおのずと政治性を孕むことになる。アルチュセールは言う、哲学は理論における政治である。単なる政治ではない。支配的哲学である観念論によって虐げられてきた唯物論が担い手となって行われる政治、支配される

(18) Louis Althusser, *Philosophie et philosophe spontanée des savants*, p.27, Maspero, 1974.（ルイ・アルチュセール『科学者のための哲学講義』西川長夫・阪上孝・塩沢由典訳、三一頁、福村出版、一九七七年）
(19) Louis Althusser, *Lénine et philosophie*,p.50.（ルイ・アルチュセール『レーニンと哲学』、三六頁）

ものが支配するものを打倒し、歴史の主体として登場しようとする政治、すなわち階級闘争である。ここにマルクス主義者としてのアルチュセールの主体的立場が鮮明に打ち出される。「哲学は最終審級における、理論における階級闘争である[20]。」

唯物論と観念論との闘争はプロレタリアートとブルジョアジーとの階級闘争の延長にあり、この階級闘争を理論領域で実践することである。「哲学は民衆の階級闘争を、理論において代表する[21]。」アルチュセールは唯物論に自己の立場を置くことを高らかに宣言する。この「哲学における党派的な態度の決定[22]」こそ、マルクス主義哲学者として、アルチュセールが新たに打ち出した理論実践の姿である。

イデオロギーは外部を持たず、また外部でしかない

アルチュセールがイデオロギーを「誤った意識」としていたのは事実である。「イデオロギーは諸個人が彼らの現実的諸条件に対して持つ想像的な関係の表象である[23]。」この想像的な認識こそイデオロギーであるということだが、西欧の哲学的・神学的伝統においては、「想像」はわれわれを騙すもの、つまり誤った

(20) Louis Althusser, *Solitude de Machiavel*, p.190, Presses universitaires de france, 1998.（ルイ・アルチュセール『マキャヴェリの孤独』福井和美訳、二三九頁、藤原書店、二〇〇一年）
(21) *Ibid*.,p.155.（同前、一九八頁）
(22) Louis Althusser, *Lénine et philosophie*,p.52.（ルイ・アルチュセール『レーニンと哲学』、七六頁）
(23) Louis Althusser, *Sur la reproduction*,p.296.（ルイ・アルチュセール『再生産について』、二一八頁）

認識であると考えられてきた。しかし、かつてマルクス主義が言っていたように、正しい認識に到達すればイデオロギーから離脱できるなどとはアルチュセールは考えていなかった。

たしかにイデオロギーは想像的なもの、誤った認識ではあるが、それと同時に人間の認識はつねにイデオロギー的である。それゆえ、イデオロギーから逃れることはわれわれには永遠に不可能なのである。

さらに、イデオロギーは閉鎖性という特性を持つ。真理であると人々に思われている一つの観念も、時と場所を変えれば、イデオロギーと認識される。しかしイデオロギーの中で示される真理は、疑念を一切抱かせることなく人々に「真理である」と信憑させてしまう。真理は真理であり、正しいことは正しいのであるというような、この「自明性」を創出することこそ、イデオロギーの特性である。つまり、イデオロギーの中にある者は自分がイデオロギー的存在だとはついぞ思わない、みずからが所属するイデオロギーに「外部」があるなどとは微塵も考えないのである。これをもってアルチュセールは言う。「イデオロギーは外部を持たない」しかし同時に「イデオロギーは外部でしかない[24]。」

「イデオロギーは物質的な存在を持つ[25]。」例えば、街頭で背後から警官に呼びかけられた者が、振り向くことによってイデオロギー的主体になるのだとアルチュセールは言う。もちろん、警官の呼びかけに応える行為が瞬時に個人をイデオロギー的主体に変えるなどということではない。このような行為を習慣化させている、つまり何も考えずに、無意識にその行為を遂行できる者こそ、イデオロギー的主体であるということなのだ。

さらにパスカルの述べた例である。周囲の者たちが神を信じているのに、自分はどうしても神を信じられ

(24) *Ibid.*,p.306.（同前、二三四頁）
(25) *Ibid.*,p.298.（同前、二二四頁）

ない、どうすれば神を信じられるのかと問う者がいれば、このように答えればよい。「ひざまつき、唇を動かして、祈りの言葉を唱えなさい。そうすれば、あなたは神を信じるだろう[26]。」何も考えずに、イデオロギー的行為を反復することで、いつの間にかイデオロギー的主体になれるということである。イデオロギーは、それが観念的なものであるにもかかわらず、直接精神に宿るのではなく、身体による行為の中にこそ宿る。そして、学校、家族、教会、政党、マスメディア等々の各種イデオロギー装置の中で行われるイデオロギーに沿った行為を反復することで、各人にイデオロギーが住み着くことになる。ここでなされるイデオロギー的行為を自然な行為として、意識を媒介せずに――無意識に――遂行できる者こそ、イデオロギー的主体なのである。「一つのイデオロギーはつねに一つの装置のなかに、さらにはその装置の実践、あるいは諸実践のなかに、存在する[27]。」イデオロギーは実践行為の中に実現されるゆえ、イデオロギーは（意識の）外部にしかないと言えるのである。

哲学的テーゼは独断的命題である

外部がないのと同時に外部にしかないイデオロギー、われわれ人間が逃れられない運命にあるイデオロギー、それから離脱する方途の一つをアルチュセールは哲学をめぐる探求の中で見出した。

（26）*Ibid.*,p.301.（同前、二二四頁）
（27）*Ibid.*,p.299.（同前、二二一頁）

哲学が実践として規定される中でアルチュセールは言う。「『あらゆる哲学的命題はテーゼである』、したがってそれらは独断的命題である」。哲学的テーゼが独断的命題と言い得るのは、「それが厳密に科学的な意味で（数学や論理学で証明に関して言われている意味で）証明されえず、また厳密に科学的な意味で（実験科学で検証に関して言われている意味で）検証されえない[28]」からである。

たしかに哲学は、科学のように対象を持たないのだから検証されることもない。また、哲学は自分のことしか語らないのだから、独断的である。一見するとネガティヴな特性が、実はイデオロギーからの離脱を可能にさせてくれると上野修は言う。「イデオロギーから逃れるためには、生きられ得ない外を思考できる者でなければ、自分がイデオロギーの中にいることすら判らない。『私はイデオロギーの中にいる』とか『私はイデオロギーの中にいた』ということに意味があるとすれば、それはこうした『独断論的スタイル』によってイデオロギーの外へと一挙に身を置く思考によってのみである[29]。」

たとえイデオロギーからは逃れられなくとも、しかし科学がイデオロギーの閉鎖空間を突破したとき、イデオロギーからの離脱が実現する。だが、イデオロギーをのりこえた科学理論はすぐさま別のイデオロギー的汚染を受けてしまうだろう。それゆえ、あくまでもイデオロギーからの離脱は束の間にすぎないのだが、とはいえこのことは個別のイデオロギーからの離脱はあり得ることを示している。実際に複数のイデオロギー間を渡ってきた経験がある者や歴史はかくのごときものであることを知っている者なら、実際にいま自分が何らかのイデオロギーの主体であれば、「私はイデオロギーの担い手である」なり「かつて私は或るイ

(28) Louis Althusser, *Philosophie et philosophe spontanée des savants*, pp.13-14.（ルイ・アルチュセール『科学者のための哲学講義』、一三〜一四頁）
(29) 上野修「アルチュセールとスピノザ」『現代思想』一九九八年一二月号、二一八頁、一九九八年

デオロギーの中にいた」と自覚することができる。こうした者こそ特定のイデオロギーに縛られ続けることなく、ときに歴史を推進する者、すなわち弁証法的唯物論者となり得る可能性を持つ。

とはいえ、イデオロギーの中にいる者は大概、みずからがイデオロギー的存在などと考えることはまずない。知識人とて同様である。知識人たち「は水中の魚のごとく文化の中にいる。だが魚は、自分がその中を泳いでいる水を見ない[30]。」イデオロギーにどっぷりと浸かった知識人は自分の学問的主張がイデオロギー的であると考えることなど一切なく、「実証主義」という科学主義イデオロギーを振りかざし、学問上で実証性を欠いた主張がなされようものなら、一気に潰しにかかるなり、無視することだろう。

だが、哲学は科学ではない。「科学を経験主義的実証科学という意味で言うなら、哲学はそうした科学的真理には関わらない。哲学は『テーゼ』をたてる[31]。」どんな哲学もテーゼをたてる、つまり「主張をする」のみであり、それゆえ独断的なのだ。「これはイデオロギーである！」「誤った認識である！」と主張することで真理と虚偽の間に境界線を引くこと。これは哲学にしか、なし得ない。

さらに、「哲学的テーゼは、科学的な証明あるいは検証の対象たり得ないのだから『真である』（数学や物理学のように、証明される、あるいは検証される）とは言えない。哲学的テーゼは単に、『正しい』と言えるのみである[32]」とアルチュセールは言う。では、「正しさ」は何からもたらされるのか。アルチュセールはレー

(30) Louis Althusser, Louis Althusser, *Philosophie et philosophe spontanée des savants*, p.43.（ルイ・アルチュセール『科学者のための哲学講義』、五〇頁）

(31) 上野修「アルチュセールとスピノザ」、二一九頁

(32) Louis Althusser, Louis Althusser, *Philosophie et philosophe spontanée des savants*, p.14.（ルイ・アルチュセール『科学者のための哲学講義』、一四頁）

ニンに学び、こう言う。「レーニンにとってその戦争を正しいものにしているのは、単なる正義（その下で、そしてその中でこれらの人々が彼らの存在条件や彼らの闘争の諸関係を『生きる』イデオロギー的観念）ではありません。ある戦争は、所与の力関係の情勢の中で、正しい立場と正しい路線に一致するとき、階級闘争の方向に一致した実践的な介入として、正しいのです。階級闘争の方向によって正されるゆえに正しいのです[33]。」「正しさ」は、変革の原動力、歴史の動因である階級闘争を推進するか否かで決定される。「われわれが問題にしている正しさは、既定のものではありません。それは正しことの以前には存在しない。正しさは、正すことの結果なのです[34]。」

弁証法的唯物論者が行う、哲学における実践は、超越的な基準に照らしながら真理を主張することではない。「正しいか否か」が問題なのであり、その「正しさ」の基準もあらかじめ決められたものではない。おのれの正しさが万人に受け入れられるかどうかは、実践途上ではわからない。「個々の思考の外部にあらかじめ基準を想定して真理と虚偽を『分割』するのでなく、むしろ、これまでは自明のごとく見えていたものがそうでなかったことが判明するような、そのつど新たな『切断』として真なる思考を考えること。新なる思考を権利や法に基づく『判決』としてではなく、絶えざる係争過程、『訴訟』（procès）として考えること[35]。」正しさを主張している係争過程では、正しさは判明しない。結果を持つしかない。科学とイデオロギー、つまり真理と虚偽の間に境界線を引くことによって、虚偽は葬られ、真理が勝利することだろう。なぜなら、人々は虚偽とされたものを受け入れるはずはないからだ。もちろん、それは認識論的切断が達成される、つまり

（33）*Ibid.*, p.57.（同前、六四〜六五頁）
（34）*Ibid.*, p.58.（同前、六五頁）
（35）上野修「アルチュセールとスピノザ」、二一八頁

理論における階級闘争が勝利したときである。哲学が担う理論における階級闘争とは、こうした実践であり、この実践で勝利したときにはじめて、弁証法的唯物論者の実践の「正しさ」は確証される[36]。

（36）フーコーの「エピステーメー」という概念は、アルチュセールと類似した問題意識を抱く中から考案された。エピステーメーとは、ある時代の学問を成立される基盤であり、その時代に生きる人々の認識と思考を成り立たせているものである。エピステーメーは歴史の中で変化していき、それに応じて以前には「見えなかったもの」が「見えるもの」となり、存在しなかった学問を出現させる。しかしエピステーメー自体はその学問や人々からは認識し得ない。認識し得なくとも、エピステーメーなしでは学問や認識は成り立たない。

しかし問題は、なぜその時代の人々はその時代のエピステーメーの下で思考し、認識するのかということ、言い換えるなら、どうしてひとは何らかの観念を「真理」としてしまうのかということである。「真理」とされるものは時代ごとに代わるとはいえ、人々が真理を求め、真理として信仰してしまうことは、いつの時代でも見られる現象である。ならば、どうして人間は真理を欲するのか。ここにフーコーは、ニーチェの系譜学を復権させる。

「普遍的な真理など存在しない、あるのは解釈だけだ」とニーチェは言った。そして、そのひとにその解釈をさせる原動力になっているのは、そのひとの生存条件であり、「力への意志」なのだ、と。そこに真理があるのは、それを真理だと信じる者、真理だと「解釈」する者が存在するからである。それゆえ、「誰が真理を語るのか」を問わないかぎり、なぜそれが真理として存在するのかという問題は解けない。

哲学は真理を求め、真理について語る。真理とは普遍的であり、永遠であるとされる。しかし、実際には何が真理とされるかは時代の推移とともに変わるものであり、その時代固有の条件によって変化し、決定される。「真理」とされるものはどのようなものであれ、時代の特殊性に拘束され、それゆえ歴史性を帯びる。だが、真理はそれを隠蔽する。真理は普遍的であり、絶対的なものとされているからだ。

系譜学は真理を絶対的なものとしない。或る思想が真理であるのは、それを真理であると語る者がおり、それを真理として語るに足る生存条件があるからだ。もちろん生存条件は各々によって異なる。それゆえ、何を真理として信じるかも各々異なる。とすれば、複数の「真理」が存在するはずなのだが、どの時代にも大多数が信じるただ一つの支配的な真理が存在してしまう。なぜなのか。
様々なレベルで真理をめぐる闘争が行われ、その闘争において勝利した者が語る真理が、その時代、地域の支配的な真理として君臨することになるのだ。階級闘争の結果、勝利した者の思想が、その時代に生きる多くの人々が信仰する思想、あるいは真理となる。結果、「その時代の思想は支配階級の思想である」となる。真理は何ら普遍的なものではない。その真理が普遍的とされるのは、その真理を語る者がみずからの真理を普遍的だと主張するからに他ならない。系譜学は真理のこの欺瞞性を暴く。

系譜学は伝統的な真理観を解体する。真理とは力のせめぎ合う場であり、このせめぎあいの中で勝利し、抜きん出た思想が、その時代の支配的な真理となる。だから、その時代の支配者になるためには、真理をめぐる攻防戦で勝利せねばならない。真理そのものが生存を賭けた階級闘争の場であるのだ。それゆえ、真理には歴史性が刻印されている。マルクスは「人類の歴史は階級闘争の歴史である」と述べたが、真理にはこの階級闘争の歴史が刻み込まれているのだ。

真理はそれを語る主体とは無縁ではあり得ない。それゆえ、系譜学は真理を語る視点、立場を考察の対象にする。真理を語る者の社会的・経済的立場、すなわち生存条件を考察しなければ、なぜ、これが真理として信じられてきたのかという問いに答えることはできない。系譜学を経由することで、真理に関する問いは、おのずと政治的問いとなる。

ニーチェは「真理とはそれなしではある種の生物が生存し得ない誤謬である」と語ったが、たしかにある時代のある地域の真理は、後の時代や他の地域の人々から見れば「誤った観念」なのかもしれないが、真理は、その地域の人々にとっては、それ以外の仕方では考えることができないもの、疑いを一切抱かせないものである。それと同時に人間はどんな時代にあっても、真理を欲する存在である。真理なくして人間は生存できない。それゆえ、人々は全身全霊をかけて真理を語る。真理がおのれの生存を成り立たせているものであるからだ。自己の力を増大させようとする者は、おのれの真理を同時代の真理として君臨させるために、様々な方法を用いて他者に対しそれを押しつけるだろう。そのとき、権力関係が現れる。この権力の問題を抜きにして、真理の問題は語れないだろう。

シニカルな主体

アルチュセール以降、イデオロギーをめぐる考察は彼のイデオロギー論を基礎としながら、様々に展開されてきた。スラヴォイ・ジジェクもそのうちの一人である。

ジジェクはマルクスにおけるイデオロギーの最も基本的な定義は、『資本論』第一部第一篇第一章第四節「商品の呪物的性格とその秘密」で展開された「物象化論」における次の一節ではないかと言う。「彼らはそれを知らない。しかし彼らはそれをやっている[(37)]。」

貨幣は実際には社会的諸関係の凝縮物にすぎないが、人々はあたかも貨幣がそれ自体で富の具現化したものであるかのようにみなし、日々商品交換を行っている。こうしたことを分析する中でマルクスのイデオロギー観が端的に示されているとジジェクは言う。

一般的にマルクス主義では、イデオロギーは社会的現実に対する「誤った意識」であると考えられてきた。人々はみずからが行っていることの中で、まるで貨幣がその物質的現実性において富そのものの直接的具現化であるかのようにふるまっている物神崇拝者である。彼らが誤認しているのは貨幣の真の姿であり、彼らが「知らない」のは貨幣が有しているかのように見える性質の背後にある現実である。こうした真理や現実を覆い隠している幻想こそがイデオロギーであるということである。

こうした従来のイデオロギー論に、ペーター・スローターダイクが「シニカルな主体」を対置したことに

(37) Slavoj Žižek, *The sublime object of ideology*,p.28.（スラヴォイ・ジジェク『イデオロギーの崇高な対象』、四六頁）

ジジェクは注目する。イデオロギーがシニカルな主体に担われることで、従来のイデオロギーに対する手続きは無意味なものになってしまう。

シニカルな主体は、イデオロギーの仮面と社会的現実との間に相応の距離をとっているにもかかわらず、仮面に執着する。つまり、「彼らは自分たちのしていることをよく知っている。それでも、彼らはそれをやっている[38]」のだ。シニカルな主体においては、幻想は認識の方にはない。認識の方にあるなら、ポスト・イデオロギー的な立場、要するに幻想のない立場、「彼らは自分たちのしていることをよく知っている。だから彼らはそれをやっている」ということになる。

他方、幻想が「やっている」という現実の中にあるとしたら、この公式はまったく違った形になる。「彼らは、自分たちがその活動においてある幻想に従っているということをよく知っている。それでも彼らはそれをやっている」。これがシニカルな主体である。

シニカルな主体は、貨幣には魔術的なところなど何一つなく、その物質性において社会的諸関係の表現に他ならないことをよく知っている。われわれの中に自生してくるイデオロギーは、貨幣を「それを所有する者は社会的産物のある一定部分に対して権利がある[39]」ということを示す単なる記号に還元してしまうのと同時に、物と物の関係の背後には人間と人間の関係があるのだということも彼はよく知っている。にもかかわらず、シニカルな主体は、まるで貨幣がそれ自体で富という属性を有していることを信じているかのようにふるまう。とはいえ、シニカルな主体ももちろんイデオロギー的幻想から逃れているわけではない。相変

(38) *Ibid.*,p.29.(同前、四七頁)
(39) *Ibid.*,p.31.(同前、五一頁)

わらず、彼はイデオロギー的幻想に囚われているのだ。

イデオロギー的幻想は認識の方にあるのではない。シニカルな主体が見落としているのは、彼らの行為が物神崇拝的な転倒という幻想によって導かれているということである。彼らが誤認しているのは現実ではなく、彼らの現実の行為を構造化している幻想である。現実についてよく知っているにもかかわらず、知らないかのようにふるまうシニカルな主体においては、二重化の幻想が存在する。一つには現実に対するおのれの現実的な関係を構造化している幻想を見落としているという誤認としての幻想であり、そしてこの見落とされた無意識的な幻想である。ジジェクは後者を「イデオロギー的幻想」と呼ぶ。「イデオロギーの根本的なレベルは、事実の実体を覆い隠している幻影のレベルではなく、私たちの社会的現実そのものを構造化している、この（無意識的な）幻想のレベルにある[40]。」

問題とすべきは、無意識的な幻想、すなわち「イデオロギー的幻想」である。

信念

法、宗教、思想、国家、何であれひとがイデオロギーに従って行為するとき、そのひとには何らかの「信念」があるはずだ。そのイデオロギーに従うべきだとの信念があるからこそ、そのイデオロギーに従うのだろう。イデオロギーの主体は、日常の中で、そのイデオロギーに沿った行為を繰り返し、それを「習慣」としてい

（40）*Ibid*.,p.33.（同前、五三頁）

る。「信念」があるからこそ、イデオロギー的行為を日々反復できるのだろう。ところが、習慣をその起源までつきつめていくと、習慣の持つ権威そのものを破壊してしまうことになる。

例えば法についてである。われわれは日常において法に従っている。なぜか。法は正しく、良いものであり、あるいは何らかの利益をもたらしてくれるからだ、そうわれわれは答えるだろう。ところが、実はそうではない。法にわれわれが従うのは、「たんにそれが法だからである」とジジェクは言う。

そもそも確信に基づいた遵法は真の遵法とは言えない。なぜなら、単に確信という主観性、つまり自分の判断に従っているにすぎないからだ。権威は正しく、良いものであり、それに従うことは有益であるという功利的判断によってなされる服従は、権威に対する真の服従ではない。こうしたことは「外的」な社会的権威に対してだけでなく、信念という内的権威に対する服従にもあてはまる。

ここでわれわれの一般通念は覆される。「信仰や宗教的命令への服従を裏づけてくれるような、理にかなった理由を探さねばならないが、最も重要な宗教体験は、その理由がすでに信仰を持っている者にしか明かされないということである[41]。」何らかのイデオロギーを信奉する者であれば、その信仰の理由を問われれば、答えられるだろう。しかし、その理由をもってはじめられた信仰は、権威に対する真の服従、真の信仰ではないのだ。「われわれが、その理由がわれわれの信仰を証明していると思うのは、われわれがすでに信仰を持っているからである。信仰のための十分な理由が見つかったから信仰する、というものではない[42]。」ならば、われわれはその内容や服従の理由を納得も理解もできぬまま、イデオロギーに服従しようとする

(41) *Ibid.*, p.37.（同前、六〇〜六二頁）
(42) *Ibid.*, p.37.（同前、六二頁）

ということなのか。そうである。権威に対する服従の真の条件とは、イデオロギーからなされる服従の呼びかけが「『理解不能』であるかぎりにおいて、『指令』に従うことである。理解不能とはすなわち、それが『外傷的』『非合理的』性格を保持しているということである。このように、外傷的で統合されないという法の性格は、権威を隠しているのではまったくなく、権威の決定的条件なのである(43)。」

ジジェクは、これは精神分析における超自我という概念の基本的特徴であると言う。超自我はエディプス・コンプレックスが解消された後にそれを引き継ぎ、われわれの倫理的能力の土台となるものである。ところが、われわれの一部であるにもかかわらず、超自我が発する命令は、われわれにとって「理解不能」であり、「無意味」だと感じられる命令である。主体の象徴的な世界、つまり言語的領野には統合され得ないのである。これを土台にしながらわれわれは日常世界の中で何らかのイデオロギーに服従し、服従の理由を問われたなら、何ほどかのことを答える。だが、そこからは見えない、意識化できないものがある。それが権威に対する服従の決定的な条件となっているものである。イデオロギーに服従する者は超自我からの命令に従う者であるが、その命令は無意味で理解不能であるゆえに、そのこと自体が無意識の中へと抑圧されているのだ。イデオロギーに従うとき、本人も気づかぬところで（無意識に）、この機制が働いているのである。

(43) *Ibid.*,p.37.（同前、六二頁）

イデオロギーは実践に宿る

こうしたことは、すでにアルチュセールが別な形で述べていたことである。神を信じたければ、信じるに足る理由などなくてもよい、何も考えずに、教会に行き、ひざまつき、唇を動かし、祈りの言葉を唱えれば、神への信仰はおのずと訪れてくる、これである。イデオロギーに対する信仰は、信仰に足る理由があるからなされるのではない。あたかも信じているかのように装うこと、イデオロギー的儀式を何も考えずに（無意識に）遂行し、これを反復する（習慣とする）ことによってイデオロギーはそのひとに住み着く。逆から言えば、街頭で警官に呼び止められ、振り向くことができる者、イデオロギー的儀式を習慣化し、自然に（無意識に）行える者こそ、イデオロギー的主体なのだ。イデオロギー的儀式に「服従するとき、われわれはすでに、それとは知らずに信仰を持っている、つまり、われわれの信仰はすでに外的な儀式の中に物質化されている。言い換えれば、われわれはすでに無意識のうちに信仰を持っているのだ。[44]」われわれは各種イデオロギー装置に投入され、そこで特定のイデオロギーに即した行為をひたすら繰り返す。この繰り返されるイデオロギー的実践の中にこそイデオロギーは実現される。

だが、ジジェクは、「アルチュセールは国家のイデオロギー装置とイデオロギー的呼びかけとのつながりを解明できなかった[45]」と言う。その「つながり」をつくり出すのが、イデオロギー的呼びかけ（命令）の

（44）*Ibid.*,p.43.（同前、七〇頁）
（45）*Ibid.*,p.43.（同前、七〇頁）

無意味さ、理解不能性であるが、しかしなぜそれが権威に対する服従の決定的条件となるのか。言い換えれば、無意味で理解不能なものになぜわれわれは魅了され、服従してしまうのか。

イデオロギー的呼びかけ・命令の受容は決して全面的には成功しない。つねに積み残し、残滓がある。「無意味」であるからだ。だがそれと同時に、この「無意味性」や「非合理性」として「この残滓は、主体がイデオロギー的命令に全面的に服従するのを邪魔するどころか、それの前提条件に他ならない。」むしろ「無意味さ」という言語世界には「統合されない余剰こそが、法に無条件の権威を授けるのだ[46]。」

イデオロギー的呼びかけは、つねにイデオロギーとの同一化抜きの、あるいはそれを能動的に担う主体化抜きの呼びかけからはじまる。イデオロギーは、われわれが自己を同一化できるような大義を与えてくれないのである。呼びかけられる個人は自分がなぜ呼びかけられるかがわからない。それゆえ、自分が同一化できるような理由を必死に探しまわる破目になる。アルチュセールが見落としている点はここである、とジジェクは言う。「同一化や象徴的な再認／誤認に囚われる前に、主体（$）は、〈他者〉の中心にある欲望の逆説的な原因として対象（a）、〈他者〉の中に隠れていると思われるこの秘密を通して、〈他者〉に囚われる[47]」ということである。

（46）*Ibid.*,p.43.（同前、七一頁）
（47）*Ibid.*,p.44.（同前、七一頁）

イデオロギーの執拗さ――欲望の原因としての対象a

アルチュセールの議論からまさにこぼれ落ちているがゆえに「見えなくなっている」もの、それは対象aである。ラカン精神分析理論の概念である対象aとは、イメージや意味、言語では捉えられない現実界のものである。人間がイメージや意味の領野である想像界から言語的領野である象徴界へと飛躍を遂げるとき、余剰物としてこぼれ落ちるもの、それが対象aである。私が何者であるのか、その答えは、言語の領野である〈他者〉からもたらされるはずなのだが、しかし〈他者〉はいつまでたっても返答してくれない。言語は一般的なことがらについては語ってくれるが、比類なき存在である「私」については語る能力を持たないからだ。そのとき主体は象徴界を抜け出て、自力で答えをつかもうとする。その答えが対象aである。それゆえ、対象aは言語では捉えられず、意味を持たない。だから無意味なのだ。

われわれは日々欲望を抱きながら生を送り、生そのものは欲望がないかぎり成立しない。この欲望の原因としての対象と言われるのが対象aである。欲望とは「欠如」あるいは「欠如を満たすこと」であり、欲望を根底からかきたてる原因となっているのが対象aなのだ。対象aは私の固有性を示すものであると主体が想定したものであり、言語によって織りなされた世界〈他者〉において言語が欠如した場に暫定的に置かれるものである。だが、それはあくまでも暫定的であり、その答えを求め続けることが、すなわち欲望すること、欠如を満たそうとすることである。しかし言語によっては完全には捉えられないがゆえに、それは生が途絶えるまで永遠に続けられる。

この対象aによって幻想が生起する。精神分析的概念である幻想の典型が性的幻想である。対象aが主体の固有性を示すものであるなら、性的幻想もまた私秘的なものであり、それを抱く者ごとに内容を異にする。こうした幻想という物語を抱くことで主体はおのれの独自性を獲得し、主体の欲望は支えられる。しかも幻想はわれわれの「現実味」をも創出する。「幻想の枠が崩壊すると、主体は『現実味の喪失』を感じ、現実を『非現実的な』確固とした存在論的基礎が何もない悪夢のような宇宙として知覚する[(48)]。」これは精神分析でいう「不安」の状態である。不安は対象aを見失うことで生起する。幻想は、主体の精神を安定させると同時に、精神の病の原因ともなる。ヒステリーの原因としてフロイトがつきとめた「性的誘惑」も幻想である。また、しかし健常者の心的構造の基礎にあるエディプス・コンプレックス。あるいはそれを継承する超自我の命令もまた幻想なのだ。

ジジェクはイデオロギーの根幹を形成しているのが幻想であると指摘する。われわれがイデオロギー的存在であるのは、幻想が人間にとって必然的なものであるからだ。「イデオロギーは夢のようなものだと決めつけてしまうと、事物の現実の状態、すなわち現実そのものが見えなくなってしまう。イデオロギーの眼鏡をはずし、『しっかり目を見開いて、現実そのものを見るように努める』ことによって、イデオロギーの夢から抜け出そうとしても、それはできない[(49)]。」愚かにも特定のイデオロギーを信奉することで、自分だけではなく多くの者を不幸へと巻き込んでしまう悲劇を目の当たりにして、「目覚めよ！　イデオロギーから離脱せよ！」と叫んでも、その叫びは虚空にこだまし無力感だけが漂うなどという事例を、これまでわれわれはどれほど見てきたことか。

（48）Slavoj Žižek, *The plague of fantasies*,p.84.（スラヴォイ・ジジェク『幻想の感染』、一〇七頁）

（49）Slavoj Žižek, *The sublime object of ideology*,p.47.（スラヴォイ・ジジェク『イデオロギーの崇高な対象』、七七頁）

イデオロギーを幻想として捉えたとき、既存のイデオロギー論は意味をなさなくなる。

彼（ドイツ人の反ユダヤ主義者）は、ユダヤ人は悪の化身だとか、怪物だとか、陰謀家だとかといった反ユダヤ的なプロパガンダを散々聞かされている。だが、帰宅の途中で、隣に住むユダヤ人のシュテルン氏に出会う。彼は好人物で、よく晩におしゃべりをするし、子どもどうしも友達だ。この日常体験は、イデオロギー的構成物に対して不屈の抵抗を提供するだろうか。答えはもちろん「否」である。もしわれらが哀れなドイツ人がよき反ユダヤ主義者だとしたら、彼は、イデオロギー的なユダヤ人像（陰謀家だ、策士だ、われらが善良な男を食い物にしている、等々）と、シュテルン氏という善良な隣人に対するごく普通の日常体験との間のギャップに対して、どう反応するだろうか。彼の答は、このギャップそのものを反ユダヤ主義を擁護するための議論へと転化するというものだろう。すなわち、「やつらはどんなに危険か、わかっているのか。やつらの本性を見抜くのは難しい。やつらは日常生活では仮面をかぶり、自分の本性を隠している。そして、自分の本性を隠すというこの二重人格こそがまさにユダヤ人の本性の基本的特徴なのだ」と。[50]

まさに「彼らは自分たちのしていることをよく知っている。それでも彼らはそれをやっている」である。「イデオロギーというものは、はじめは矛盾しているように見えた事実さえもが、そのイデオロギーを支持する

（50）*Ibid.*,p.49.（同前、七九頁）

議論として機能しはじめたときに、真の成功をおさめたといえるのだ。[51]」それゆえ、イデオロギーがいかに誤った認識であるかを「知ること」ができたとしても、イデオロギーはのりこえられない。イデオロギーは対象aという理解不可能で言語を超えたものを懐に抱くことによって機能しているからである。主体の存在を根底から支える対象aがイデオロギーの中に認められたとき、ひとはイデオロギーに魅了され、固執し、離れようとしなくなる。イデオロギーののりこえは困難を極める。

何も考えずに行為せよ

では、イデオロギーののりこえはまったく不可能なのか。期せずしてアルチュセールの議論の中にその可能性を見出すことができる。

新しい科学理論の誕生はそれまでのイデオロギーをのりこえ、革命的な認識の地平を切り拓く、アルチュセールはつねにこの構図を基礎にして理論実践を展望してきた。だが、イデオロギーをのりこえた科学理論も、のりこえた途端にイデオロギー的汚染が待ち受けているのだから、たとえ理論革命が成し遂げられたとしても、結局、或るイデオロギーから別のイデオロギーへの移行にすぎない。だが、ここにこそ、イデオロギーからの離脱の可能性がある。

イデオロギーの物質性を説く中で示されたパスカルの例、何も考えずにただイデオロギー的儀式を行為せ

(51) *Ibid*.,p.49.(同前、七九頁)

よ、そうすればイデオロギー的主体になれるだろう。これはイデオロギー的主体がいかにして創出されるかを説明したものであるが、新たに特定のイデオロギーの担い手となる主体も、しかしそれ以前には別のイデオロギーの主体であったはずだ。人間は生まれながらにイデオロギー的主体であるのだから当然である。人間が或るイデオロギーの主体になるとは、つねに別のイデオロギーからの離脱も意味するはずなのだ。

意識のレベルでは理解しているにもかかわらず或るイデオロギーから逃れられない、あるいは或るイデオロギーにどっぷりとつかってしまい、自分がイデオロギー的主体であるとの疑念を一切抱かない状態、そうしたことは、そもそもイデオロギーには外部はないのだから往々にあり得る事態ではある。人間とその身体は意識という牢獄の中に閉じ込められているのだ。このような閉ざされたイデオロギー空間に閉じ込められている者に、そこから解放される契機を与えてくれるのが、無意識的な身体的反復行為である。イデオロギー的主体は、意識や思考を媒介にしない身体的行為によって創出される。そこには「意味」や「理解」など不要である。

もちろん、執拗にまとわりつくイデオロギー（一般）から逃れることは、われわれには不可能である。だが、個別のイデオロギーからの離脱の可能性はつねにあり、これを永続的に繰り返すこと、幾度も個別のイデオロギーをのりこえていくことである。

しかし、この機制は同時に権力関係に取り込まれていく際にも働くものであることは忘れてはならない。とりわけファシズムが席捲するときに日常生活の惰性の中であれよあれよという間にファシズムの主体が産出されていく過程は、まさに無意識的な身体行為が反復されていく過程である。こうした歴史の負の遺産を反省し、繰り返さないために「意識」の重要性が哲学・思想の領域を中心としながら唱えられてきたのも事実である。だが、その「意識」が認識論的障害物、つまりイデオロギーとなり、そこからの離脱を不可能とすることも同時に忘れてはならない。権力なるものに抵抗する者たちもやはりイデオロギー的主体であり、別の権力の担い手であるということを。

具体的状況の具体的分析

アルチュセールにとっては、「理論と実践」ではなく、理論活動そのものが実践であり、とりわけ哲学は実践そのものであった。科学理論がその対象を認識し、その対象に影響を与えようとするとき、その理論自体がイデオロギーに汚染されたままでは対象をつかむことも影響を及ぼすこともできない。それゆえイデオロギーをのりこえねばならず、のりこえ自体が理論実践である。これを成し遂げるために新たな科学理論が創出されねばならず、それを促すことが唯物論哲学の役割であった。このように、アルチュセールの「理論と実践」の問題は、哲学者として自己の役割を定めようとする中で考えられたがゆえに、おのずと哲学の役割へと収斂していく。

では、もう一つの側、科学理論の方はどうなるのか。アルチュセールが顕揚する科学理論が行う理論実践についてである。「理論とは、ある固有な対象に働きかけ、その結果、固有の生産物、すなわち、認識を生みだすような、種差的な実践である[52]。」これを考察するために持ち出されたのが、他でもなくアルチュセールが与するマルクスの科学、『資本論』で展開された理論に関する議論である。

（52）Louis Althusser, *Pour Marx*,p.175.（ルイ・アルチュセール『マルクスのために』、三〇〇頁）

マルクスの理論は歴史の科学である、こうアルチュセールは唱えた。歴史が歴史であるのは、そこに変化があるからだ。変化をダイナミックに生み出すのが革命である。そう、マルクスはいかにして革命が起こるのか、すなわち歴史形成のメカニズムを説いた科学である。もちろんこれが唯物史観である。

一般的に（スターリンによって定式化された）マルクス主義では歴史の原動力は「矛盾」である。唯物史観では、生産力の増大がやがて生産関係との間に「矛盾」を発生させる。この「矛盾」を解きほぐし、桎梏と化した事態を解決する根本的手段が、革命である。「矛盾」が次の時代を呼び込むほどの爆発力を潜在させるためには、資本主義が相当程度発展していなければならない。もちろん西欧が経験したように、資本主義の発展には市民革命の達成は不可欠である。にもかかわらず、市民革命も経ていない、資本主義が未成熟なロシアにおいて、社会主義革命が人類史上はじめて達成されてしまった。「『資本論』に反する革命」。この事態をどう説明するか、である。

旧来のマルクス主義を批判しつつも、しかしアルチュセールにとっても「矛盾」は歴史の原動力である。だが問題は、実際にマルクスの理論を現実に適用することで成し遂げられたと言われる現実の諸革命とそれによって実現された各国社会主義のどれもが、マルクスの理論から逸脱しているということ、見方を変えればマルクスの理論ではそれらの革命を説明できないということである。とりわけ、ロシア革命である。この革命を主導したレーニンは、所与の状況の中で独自の理論を開発し、これを通して革命へと到達した。アルチュセールはレーニンのこの理論的営為に注目する。「不均等発展の法則」という理論の創出である。

ロシアではなぜ革命が可能だったのか。資本主義はそもそも不均等に発展する。この不均等な発展の中で、ロシアは帝国主義の鎖の最も弱い環であった。ロシアを革命へと到達させたのは、「ロシアが当時可能であったもっとも多くの歴史的諸矛盾を累積していたからであり、またロシアがもっとも遅れていると同時にもっとも進んだ国家であったからである[53]。」

矛盾はつねに特殊・個別的である。生産力と生産関係との間の矛盾という矛盾一般のみだけでは「革命的状況」を誘発することもなく、ましてや革命の勝利を誘発することはできない。矛盾が、体制を顛覆させる破壊力を持ち、革命を招来させる力となるためには、「『状況』と『潮流』の集積が必要である。そのときこそ、これらの状況と潮流は、支配階級が防衛力を失った体制にたいする攻撃に人民大衆の大多数を結集するという結果に到達するのである[54]。」

矛盾は単一ではない。起源も方向も水準も場も同一ではない異質なもの諸要素が融合し、集積され、統一された破壊力として一体となって活動しはじめるとき、革命を呼び込む爆発的な力となる。労働と資本との矛盾も、歴史的・具体的な諸形態と諸状況によってつねに特殊化される。上部構造の諸形態によって、あるいは内外の歴史的状況によって矛盾はつねに新奇な唯一性を持ったものとしてしか現れない。これらの諸現象が従うのが「不均等発展の法則」である。経済発展はどの時代どの地域でも同じように発展するのではなく、その場そのときの情勢、あるいは過去の遺制の存在によって不均等に展開し、それゆえ矛盾も様々なバリアントを持った組み合わせによって生じ、それぞれが固有性を有している。つまり「矛盾は、原理的に言って重層的に決定されると言うことができる[55]。」

矛盾はつねに重層的に決定される。この「重層決定(多元決定)surdétermination」という概念は、アルチュセールが精神分析から借用してきたものである。症状や夢などの無意識の形成物は複数の原因が組み合わさった

(53) *Ibid*.,p.96.（同前、一六〇頁）
(54) *Ibid*.,p.98.（同前、一六三頁）
(55) *Ibid*.,p.100.（同前、一六五頁）

結果としてあり、それゆえ単一の原因に還元することはできない。そして無意識の形成物を構成する無意識的な要素は、それぞれの場面に応じて異なった意味を組織し得る。それゆえ解釈も可能となり、それぞれの水準に固有の一貫性ある意味を持ち得るということである。重層決定されるものの典型が夢である。重層決定は圧縮の結果であり、圧縮は新たな統一性を形成することによって、脈絡のない思考を凝縮させ、一つの表象が数多くの連想を代表する連鎖を形成するものである。

したがって、革命を標榜する者に求められるのは、矛盾がどこに生じ、どのように構成されるかをつねに見極める能力である。一見関係がない要素も別の要素と邂逅し、融合することで矛盾を構成することになるかもしれない。理論は基本的に一般化されたものであるのに対し、現実に生じる矛盾は様々な組み合わせによって生じ、あるいは生じなかったりもする。そして生じるときも様々な相貌をともなっているだろう。要するに、それは状況次第なのであり、個別的なのだ。現実は理論を凌駕する。現実が理論をはみ出るから、「矛盾」であるのだ。そこで要請されるのが実践である。ここに実践のまた新しい姿が立ち現れる。実践は理論の応用ではない。理論を超える現実と対峙し、それに介入すること、これが実践である。しかし闇雲に行われてはならない。それゆえ「具体的状況の具体的分析」なのである。日常意識では「見えない」ものを見ようとすること。関係がない諸要素を連関させること。こうした鋭い洞察と力動的な大胆さこそ、革命を招き寄せようとする革命家には必要なのだ。曇った眼には、革命の兆しを示す微光は捉えられない。

第6章 いま、ここにあるコミュニズム

アルチュセールの共産主義像

マルクス主義者として人々を共産主義革命へと誘うことを自己の使命としてきたアルチュセールではあるが、しかし向かわねばならない共産主義社会とはどのようなものであるのか、これについて語ることはほぼないままアルチュセールはこの世を去った。見出せるとすれば、自伝の中で示された次の一節である。「教条的」マルクス主義者アルチュセールの共産主義のイメージは第二次世界大戦時の捕虜時代に得た体験にあったようだ。

イギリス軍部が収容所から一五〇キロの地点にせまった頃、すでにドイツの瓦解が加速度的に進行していたこともあって、ダエルはそれまでと違う戦略的原則を実地に適用した。ドイツ軍当局者と会って取引をもちかけたのだ――皆さんは出て行き、私たちが後を引き継ぐ、その代わり皆さんには品行証明書を出しましょう。ドイツ軍はこの提案を受け入れ、備品もすべて残したまま一晩のうちに姿を消した。

後は好きなように備品を使えばいい。私たちの生活に急激な変化が起こった。トトはすかさずこの機会を利用し、香水の匂いを嗅いで以前からその所在をつきとめておいたドイツ女と、とりあえず事務室で寝るという特典を手に入れた。カップルが何組も誕生し、ポワリエ神父からそれ相応の祝福を受けた。食料を調達するために大勢で狩り出しをおこなえばダマジカにヘラジカ、そして野兎その他の小動物がいくらでも獲れるし、野菜や酒を手に入れることもできた。川の流れを変えて飲み水も確保した。最後にはフランス風のパンも焼いた。地域の住民を集めて情報を与え、政治の研修会も開いた。ドイツ人の男女に武器の扱いを覚えさせ、英語とロシア語を教えたところ、最初のうちはおびえていた若者たちの顔に、やがて安堵の表情が浮かんだ。サッカーの試合もしたし、本物の女が舞台に立つ芝居も楽しんだ。どれもこれもまるで日曜日のように楽しく、つまりはこれが共産主義だと思わせるような毎日だった[1]。

牧歌的と言えば、あまりに牧歌的である。重厚な理論で武装しマルクス主義の正しさを主張してきたアルチュセールの理論活動の軌跡から見れば、やはり拍子抜けの感は拭えない。どんな活動家・理論家にせよ、若き日の体験がその後の活動の源泉となるのはよくあることで、アルチュセールもまた然りということだろう。それゆえ等閑に付してもかまわないのかもしれないが、しかし、あえてこの凡庸事にこだわってみたい。なぜなら、ここに共産主義者アルチュセールのはじまりがあり、ここからアルチュセールは思想的な活力を

（1）Louis Althusser, *L'avenir dure longtemps*, pp.352-353, Stock/IMEC, 1992.（ルイ・アルチュセール『未来は長く続く』宮林寛訳、四三四～四三五頁、河出書房新社、二〇一二年）

汲み出してきたからである。

パリ・コミューンと六八年〈五月革命〉

アルチュセールをして「これが共産主義だ」と言わしめた、ドイツ軍から解放された捕虜収容所は、いわば「コミューン的なもの」、束の間実現されたにすぎないにせよ、自治的共同体がそこに出現していた。しかし、共産主義社会の具体像をコミューンに重ねることはさして特異なことではない。もちろんそのとき参照されるのは一八七一年のパリ・コミューンである。アルチュセールが何度か引く、パリ・コミューンはわれわれにとっての「模範」であるというエンゲルスの発言（『ルイ・ボナパルトのブリュメール十八日』第三版の序文）に見られるように、マルクス、レーニン、トロツキーなどが学ぶべき対象としてパリ・コミューンをあげてきた。マルクス主義の伝統では「模範」とされてきたパリ・コミューンは、しかしその後の変革運動の中でもつねに参照軸となり続けてきたのである。例えば、一九六八年の〈五月革命〉である。アンリ・ルフェーヴルは「パリ・コミューンとは何か」と問いかけ、みずから答える。「巨大で雄大な祭りであった」と。

フランス人民と人民一般の精髄であるパリの人民が、自分自身に捧げ、かつ世界に示した一つの祭りであった。シテ島における春の祭り、財産を奪われた者とプロレタリアの祭り、革命的祭りであるとともに大革命の祭り、現代の最も大きな全体的祭りであったこの祭りは、何よりもまず壮麗さと喜びの中で繰り広げられる[2]。

一九六八年当時パリに滞在し、直接〈五月革命〉を体験した西川長夫は「六八年五月革命とは何だったのか」と問う中で、このアンリ・ルフェーヴルの文章を引用しながら述べる。「ルフェーヴルは『祭り』がパリ・コミューンに固有のスタイルであり、また現代の革命は『祭り』のスタイルをとる傾向にあることを述べているのであるが、その限りにおいてこの指摘は六八年革命についても適合的であろう[3]。」

共産主義の「模範」とされてきたパリ・コミューンとは「祭り」であり、「祭り」という闘争スタイルは現代の変革運動においても見られる傾向であるとする見解は、しかし六八年代当時においても洋の東西を問わずすでに主張されていた。当時日本において繰り広げられた全共闘運動を振り返る中で笠井潔は言う。「〝六八年〟の時点でも、アンリ・ルフェーヴルの著作から『パリ・コミューンのスタイルは祭りのスタイルだった』という冒頭の一句はしばしば引用されたし、全共闘運動では『祝祭としての叛乱』という言葉が好んで用いられていた[4]。」

祝祭としての叛乱――パリ・コミューン、六八年後〈五月革命〉、全共闘運動には共通してこのような側面を持つ。もちろん「模範」とされてきたパリ・コミューンを「祝祭」という一言で表すことは一面的すぎ

（2）Henri Lefebre, *La proclamation de la commune*, pp.20-21, Gallimard, 1965.（『パリ・コミューン 上・下』河野健二・柴田朝子・西川長夫訳、上・四二頁、岩波文庫、二〇一一年）
（3）西川長夫『パリ五月革命　私論』、四四二頁、平凡社新書、二〇一一年
（4）笠井潔「デモ／蜂起の新たな時代」『情況』「思想理論編」第1号、一一五～一一六頁、情況出版、二〇一二年

るとは言え、しかしこれもまた否定しがたい事実である。コミューン運動が「祝祭」としてあるゆえ、それは魅力を放ち、人々を惹きつけてきたからだ。歴史的に大衆叛乱-蜂起が巻き起こるとき、コミューン的なものが出現し、祝祭空間がそこに広がる。祝祭とは社会生活を一時中断し、日常世界の緊張から解き放たれた人々が、非日常的な時空を分かち合い、その中で連帯を確認し合う場である。大衆叛乱が生み出すコミューンが人々を惹きつけるのは、そのような祝祭的側面があればこそである。

祝祭と供儀

しかし、なぜひとは祝祭に魅惑されてしまうのか、そもそも祝祭とは何なのか。こうした問題に深く切り込んだのがバタイユである。

祝祭では何が行われているのか、とバタイユは問う。まったく無益、無駄なことである。だが、これに人々は惹きつけられ、その中へと吸い寄せられていく。有益なものを何ら産み出すことなく、めくるめく混沌の中でひたすら消費と濫費が繰り返される。有益性を求め生産し蓄積することこそ価値があるとするわれわれの日常世界では許されないことが祝祭では堂々と挙行される。祝祭は日常世界の秩序を打ち破り、われわれが親しんできた日常的な価値を破壊してしまうのだ。これこそ祝祭の最大の特性であると述べるバタイユは、この特性を形づくってきたのは供儀であることをつきとめる。

古来、祝祭と供儀は一体であり、祝祭には供儀が内蔵されていることはつねであった。人々は供儀の中で、神々に対して自分たちが食料にしてきたもの、遊牧の民は動物を、定住し農耕を営む民は穀物や果実などを、捧げてきた。それゆえ、遊牧の民から人類がはじまった以上、供儀の原型は動物の供儀である。人々は神々に贈り物を捧げると同時に、供儀に参列する者たち皆でそれを食した。祝祭は、これを行う氏族にとっては祝い事であり、そこでの供儀儀礼は参加者によって行われる。神とその信者がともに同じ物を食す、つまり同じ肉と血を体内に取り込むことで神とその信者が一体化し、信者たち同士の間にも紐帯が生み出される。供食という儀礼は同じ肉と血を分かち合い、互いの絆をたしかめ合い、一体感を生み出すことになった。

だが、なにゆえこのような儀式が生まれてきたのか。バタイユはこれを究明するために人間存在そのものに迫る。

死の禁忌

人間は動物の一種であることは間違いないが、しかし人間は他の動物とは異なる存在、異なった存在様式を有する生き物である。なぜ、人間はそのような存在になったのか、どのようにして人間は他の動物と分かたれ、いかにして人間は人間になったのか。バタイユは太古の時代へと遡り、文化人類学などの知見を生かしながらこれを解き明かそうとする。

ネアンデルタール人や「ラスコーの壁画」を描いた人々は狩猟民であり、様々な遺跡を残した。遺跡には埋葬を行っていたことがわかる人骨や動物の骨、石器などが残されており、これらは太古の人々がどのような存在であったかを示す決定的な証拠となる。埋葬を行っていたということは、彼らは「死を意識する」、あるいは「死を対象化する」ことができていたことを示している。

これに対して動物は死を知らない、死を意識することがない。もちろん動物たちもみずからの命が危険に曝されることになれば、それから逃れようとするだろう。それは、動物たちができ得るかぎり自己の命を永らえようとする自己保存の本能を有しているからであり、この本能が動物たちをして死に至る危険を素早く察知させ、それを回避させようとするのだ。しかしそれは「死の意識」から生じてくるのではない。

死の意識とは、命あるものは必ず死を受け入れざるを得ず、人間もどうあがいても結局は死なざるを得ない有限な存在でしかない、これは自分とて例外ではないということを意識することである。あまりにも理不尽でありながらも、しかし厳然たるこの事実を、動物たちは意識することがない。生きている間にいずれ訪れてくるおのれの死に恐怖を覚え、絶望感に苛まれ、嘆き、どんな手段を使ってでも死を遠のけておこうなどとは動物たちは考えることがない。

もちろん生きている間は誰も死を経験し得ない。人間たちが知る死とはつねに他人の死である。私の同胞はときに病を患い、事故に遭い、老衰し、やがて動かなくなる。呼吸を止め、冷たくなった身体は、物体と化し、時間の経過とともに腐りはじめ、悪臭を放つ。他者の身に何かが襲いかかったのだ。死を意識しはじめた人間たちは、死者は不気味な力によって死へと至らしめられた、端的に「殺された」と直感した。腐乱した屍体が放つ悪臭は、どこからか到来する、生命力を奪う魔力の存在を喚起し、不安と恐怖をかきたてる。

「接触しないこと」、他者の死を前にし、たじろぎ、おずおずと引き下がる生者のとる唯一の手段はこれである。物理的にも心的にも死との接触を断つことである。これによって不意に襲ってくる死という猛威が自分に及ばないよう阻止し、ふり祓うのである。そのためには死を自分たちの生活圏から追放せねばならない。こうした思いによって人間は同胞の屍体を埋葬するようになったのである。墓をつくり、死にとりつかれてしまった他者の身体を生活圏から追放し、死という魔力に侵されてしまった同胞の魂を鎮めようとしたのである。「残される者の胸を締めつけるような現象が引き起こす恐怖[5]」が死者を埋葬することへと向かわせたのである。

われわれの殺害の禁止もこの死の禁忌に淵源する。死体が放つ不快感と不穏さから逃れるためには死全般を遠のけておかなければならないのだから、死を産出する殺害などもっての外なのである。でき得ることならば死とは無関係でありたい、人間は必ず死ぬということがわかっていても、この事実を認めたくないという思いが、よりいっそう死の日常世界からの排除を後押しする。「死の禁忌」が「死の意識」の根幹となって、人間を他の動物と分かち、人間を精神的存在へと導く。

そう、まさに人間は精神的存在である。地球上で「自己意識」を有する唯一の生命体であるからだ。この「自己意識」を生み出すのが、「死の意識」である。「死の意識とは本質的に自己の意識であること、また逆に、自己意識は死の意識を必要とした[6]。」必ず訪れる私の死は他の誰かが引き受けてくれることは決してない。私の死は私のものであって、他の誰かが私に代わって死ぬことなどできない、この私の死の固有性、かけがえのなさが比類なき私の存在を意識させることになる。

（5）Georges Bataille, *L'histoire de l'erotisme*, p.69, Gallimard/œuvres comprères 7, 1976.（ジョルジュ・バタイユ『エロティシズムの歴史』湯浅博雄・中地義和訳、一一一頁、ちくま学芸文庫、二〇一一年）
（6）*Ibid*.,p.71.（同前、一一四頁）

道具――内在性の拒否

遺跡で発掘されるものには石器もある。石器は自然の中にある石をそのまま受け入れることなく、何らかの用途のために砕き研磨した加工物である。道具であるからにはそこには何らかの意識が介在しているはずである。時間の観念である。狩りであれ、収穫であれ、道具として石器を用いる場合、所与の自然の一部である石を加工している間には未来に措定された目的を果たそうとすることが前提されているはずだ。いまここで即座の享受をいったん留保して、未来の自己のためにこれを役立てようとする。こうした企図の中にすでに「現在」と「未来」との時間性が意識されている。道具は、より多くの利益がもたらされる、やがて訪れる時のために製作される。いまここでの享受を一時断念し、現在を未来のために従属させる。いまよりも多くの利得を求めて直接性が中断され、時間が分節＝接合される。道具の製作は、このように時間性を導入すると同時に実に理に適ったこと、つまり「理性的」な行動である。言うまでもなく、理性は古来人間の特性と考えられてきた。「動物に欠けているのは、行動と結果、現在と未来を区別し、現在を、獲得すべき結果に従属させつつ、待つことなしに即座に与えられるものの代わりに、何か別のものを待機する方向に向かう基本的な知性の作用である[7]。」

動物は空腹などの生理的欲求に見舞われ緊張が高まると、これを解消するために食べるという行動に、即座に、しかもひたすら向かう。動物は、生を維持するために予め備わる本能的な欲求を覚えれば、抵抗する

（7）*Ibid*.,p.71.（同前、一一五頁）

ことなく従順に従う。動物は本能的な欲求にその都度翻弄されつつも、充足されると、途端にそれから解放されてしまう。これに対して人間の欲望は、たしかに抗いがたくはあれ、ときにこれに抵抗し、いったん保留することもでき、しかもその満足はつねに仮のもので、欠乏感は永遠に続く。

所与の自然の拒否、道具の使用に見られる人間のふるまいは、みずからに与えられた自然を否定することである。これに対して他の動物たちは所与の自然をそのまま享受する。というよりも、むしろ動物は自然の一部であり、自然の流れの中でたゆたう。人間と動物との違いを画する線はここにある。いわば文化と自然とを切断するものである。「人間は自然的な与件を単純に受け入れるのではない動物であり、自然的な与件を否定する動物である[8]」。人間が人間となって以来、人間にとっての「自然」はいったん否定され、拒否された「自然」、媒介された「自然」であり、そこからは動物が日々直接触れている根源的な自然には永遠に到達できない。人間が触れることができないこの根源的な自然を、バタイユは「動物性」と呼んだ。「動物性は直接＝無媒介＝即時性であり、あるいは内在性である[9]。」

動物の特性とは自然環境に対して内在性としてあることだとバタイユは言う。なにゆえ「内在性」なのか。例えば、「食べる」ということである。「ある動物が何か他の動物を食べるときに与えられるのは、いつでも食べる動物の同類である。この意味で私は、内在性と言うのである[10]。」ある動物が他の動物を食べるとき、その動物は食べる動物に対して超越的な地平にはないという意味で「内在性」であり、「他の動物を

（8）*Ibid.*,p.43.（同前、七〇頁）
（9）Georges Bataille, *Théorie de la religion*. p.293. Gallimard/œuvres comprères 8, 1976.（ジョルジュ・バタイユ『宗教の理論』湯浅博雄訳、一九頁、人文書院、一九八五年）
（10）*Ibid.*,p.293.（同前、二〇頁）

食べるこの動物が、その相違をはっきり肯定しながらその他の動物に対立するということはあり得ないのである[11]。」

これに対して人間は、食べる動物をまずは「対象」として措定する。自己（主体）に対立する「客体＝対象」と据えるところに人間の人間たるゆえんがある。あらゆるものを対象として措定するのが超越的な立場であり、動物はこの場に立たないし、立てない。

超越的な場に立つことを人間に許したのが道具の使用である。人間は所与の自然をそのまま受け入れるのではなく、そこから切断されたものとして自然を捉えた上で受容する。これに対して動物はまさに自然と一体化し、そこにとどまり続ける。「道具はある一つの世界の中に、外部性というものを導入する。つまり主体はそこではみずからが区別している諸要素の性質を分かち持ち、また世界の性質を分有しつつ、『ちょうど水が水の中にあるように』とどまっている世界の内に、外部性を導き入れるのである[12]。」動物たちがとどまる世界は「ちょうど水が水の中にあるように」内外の区別がない、まさに「内在性」のみが支配する世界である。この動物的世界、いわば「根源的な」自然界に「外部」を導入するのが道具である。人間は道具によって内在性の世界から超出し、それとは別の世界を切り拓いた。自然とは異なる、媒介された世界、文化的世界、精神的世界、人間的世界である。

（11）*Ibid.*,p.293.（同前、二一〇頁）
（12）*Ibid.*,p.295.（同前、二一二頁）

言葉は物の殺害である——否定する力

これを可能にしたのが、つまり道具の使用の根底にあるのが「死の意識」である。自然の一部である動物を食す対象として措定するとき、人間はそれを一つの「物」として認識する。「一つのものとされるためには、死んでいるのか、あるいは家畜化していなければならない[13]。」動物もそれが人間にとって益をもたらすもの、つまり道具として認識されるとき「物」と化す。生命を抜き取られ、消去された「物」、つまり死んだものである。物と化した動物の肉片はすでに道具の一つなのだ。「それは炙り焼き、網焼き、煮物といった形においてはじめて十分に物となるのである[14]。」動物は死が与えられることで物（道具）と化し、物は人間に有益なものとなる。所与の自然を直接に受容するのではなく、料理など加工した上で間接的に受容すること、動物には見られないこの文化的営みは「死の意識」によって可能になる。

言葉は物の殺害である。ひとが言葉を用いるとき、言葉が指示しているとされる当の物の実在を無視してもそれは可能である。そもそも言葉は指示対象そのものではない。言葉は「シンボル」であり、指示される対象とは別のものである。鳩そのものは「鳩」という言葉ではなく、また「平和」でもないが、しかしこれを理解した上で用いられるのが言葉である。一般通念では、それ自体として存在している世界を言葉は事後的に表現するものであると考えられているが、実は言葉は自存している世界を無視し、そこから切り離され

(13) *Ibid.*,p.304.（同前、四八頁）
(14) *Ibid.*,p.304.（同前、四八頁）

たところに成立する「シンボル」でしかない。言葉と物との一致を保証するものは何らない。言葉が指示対象（物）と一致するとの信念は、他者もまた或る対象を指示する際その言葉を用いるという事実があるからにすぎない――廣松渉はこれを共同主観性と呼んだ。ただそこにある（人間には到達不可能な原初的）世界を、言葉によって区切り、分節化したものをわれわれは「世界」と認識しているにすぎないのだ。つまり物そのものを「殺す」ことではじめてわれわれは語ることができるのである。

そもそも人間が言語能力を有することがなければ、道具をつくろうとはしなかっただろう。道具はいまここには実在しないものが想定されてはじめて求められ、用意される。直接見て、触れ、聞くことができる眼前にある「このもの」に拘束されずに、そこから解き放たれた次元を形成するのが言語である。現在と切り離された未来を構成するのは言語の機能そのものであり、未来を想定できてはじめて道具はつくられる。この直接性の否定、内在性の中にとどまる動物にはこれができない。人間だけが所与のものを否定し、言語によって媒介された世界を築き、そこに住まう。

この言語能力を人間にもたらしたのが、「死の意識」であるとバタイユは考える。生きたものを物体（＝屍体 corps）と化してしまう、この恐るべき力を有する死を前にして、人間は戦慄する。その前ではただ恐怖するしかない死がいつの日かおのれに及んでくることにおののきながらも、しかし逃れられない必然として死は自己のもとに訪れてくる。この不条理をつきつけられ悲痛な叫びをあげながらも、しかしこの事態を甘受する態勢を人間は整えていく。

死を自己の中に取り込むのだ。あらゆるものを「無化」し、破壊してしまう力をみずからの中に内面化させるのである。この死の内面化によって人間の中に生み出されたのが言語能力である。自然的所与を無化し、否定する力としての死の力が、言語能力として人間においてよみがえったのだ。内在性の中でたゆたう動物のように、自然法則の一部である本能にひたすら服従することなく、これを否定し制御する力を死の意識によって人間は授かったのである。

命あるものはすべて時がくれば死すべき運命にあり、これは自分も例外ではないことを受け入れること、客観的事実としておのれの死を認識することが人間を超越的な地平に上昇させる。自己をも一つの対象として措定するのである。「われわれは自分自身を外から一個の他者として見ることができるようになった日に、はじめて自分自身を判明かつ明晰に認識するのだということである。[15]」自分自身も含めたあらゆることを対象化する能力を身につけることで、人間は超越的な立場に到達し、内在性に満たされた動物の世界から抜け出ていったのである。

俗なる世界の成立——性的なものの禁忌

道具は人間に利益をもたらすものであり、道具によって切り拓かれた世界は、それゆえ「有用性」を至上の価値とする世界である。人間は道具を用いて自然に働きかけ、そこから自己に有用なものを引き出す。これが人間の固有な活動、すなわち「労働」である。労働は人間に利益をもたらす行為である。人間は自然を所与のまま受容するのではなく、道具を用いて労働するという媒介過程を経る。所与の自然を拒否し、つくり変えていくという否定的契機を経ていくことが人間の特性である。「人間とは、自然を否定する動物である。

(15) *Ibid.*,p.299.(同前、三七頁)

人間は労働によって自然を否定し、これを破壊して人工的な世界に変える。人間が自然を否定するのは、生の創造活動の側面においてであり、また、死の側面においてである[16]。」栄養摂取という生理的欲求を満たすために、人間は所与の自然にそのまま依存することなく、これを拒否した上で受容するのは、死を内面化した人間の示す現象である。

自然の動植物を牧畜や農耕という労働の対象として措定し、狙いを定め、加工された生産物として享受する。その際基準になるのは「有用性」である。自然の一部としてあったものを切り離し、人間のために「役に立つもの」として改造する。「有用性」を高めるためには労働のあり方を改善することもするだろう。「有用性」という基準に照らして理に適った仕方を選択すること、理性的な世界がここに拓かれる。

人間にとって生産活動としての労働が「食べる」という生存維持のための必須の契機となっているかぎり、そこでの価値が日常生活全体を覆うようになる。人間はつねに「有用性」を価値基準にして、生産活動とは異なる領域でも合理的に思考することを心がけるようになるのだ。到来する未来においてより多くの利益を獲得するためにいまここでどうすべきかをつねに意識するようになる。ここに「俗なる世界」が形成される。有用性を基準にしながら合理的に思考し、ふるまい、労働に勤しむ世界、それはわれわれが日々生きる日常世界である。

所与の自然を直接享受する動物性を拒否することで拓かれるのが、「俗なる世界」である。死の意識が所与の自然を否定する力を人間に与えたが、死と並んで原初の人々にとってタブー視されたのが、「性」である。死と同じく性が禁忌されるのは、それも恐怖の対象であったからだ。性欲は個体の意思にかかわりなく突如

(16) Georges Bataille, *L'histoire de l'erotisme*, p.51.(ジョルジュ・バタイユ『エロティシズムの歴史』、八二~八三頁)

現れ、それを満たすために個体を突き動かし、翻弄する。死が不意に訪れ、襲いかかるように、性も抗い難い力として個体を圧してしまう。動物たちにとっては性的なものは種の維持にとっては不可欠な能力であり、本能の中に埋め込まれている。個体は世代を超える自然の大きな流れの中で種の保存のために奉仕し、あたかもおのれを踏み台として差し出すかのように献身的にふるまう。性的なものは個体を本能という自然のもとに服従させるのだ。人間たちは動物性の中へと回収していくこの力に恐れをなし、嫌悪し、否定しようとする。「人間が行う二つの否定――与えられた世界の否定、および自分自身の動物性の否定――は結びあわされている[17]」。

性は人間と動物に共通する事象であり、人間が動物性に最も接近する部分である。人間たちは、自分も動物と同じように性行為を介して同類の肉体から生まれてくることを嫌悪し、これを隠そうとする。それに加えて、自己が産み落とされる生殖器官は排泄器官と同じ、もしくは隣接するがゆえに、自分が排泄物と同等のものであることに羞恥心を覚える。もちろん性的事象を嫌悪し、羞恥するのは人間固有の現象である。人間にとっても、動物にとっても性的衝動は抗うことが困難な力として感受される。性的衝動は個体を突き動かし、即座に欠如を満たそうとさせる。動物にとって種の存続には不可欠な性は、本能という自然のメカニズムの一部であり、これに従うことは所与の自然に命じられるがままにこれに平伏すことである。欲求を直接的に満たそうとする性的衝動は、人間をしてみずからを動物性にとどまらせる危険な力であると感受させる。欲求を直接満たそうとする動物性を否定することによって、人間は道具の産出へと到達したが、まさに動物性の最たるものとしての性を人間は嫌悪し、否定した。「人間的なもの」が所与の動物性を拒否す

(17) *Ibid*., p.43.(同前、七〇頁)

ることで創出されるのであれば、性を拒否し、否定することもまた自己を人間として成り立たせることであると同時に、そこに「俗なる世界」を確立させることでもある。こうした「人間化」の過程が進行していくほど、性は死と同様に、その前ではおのれを無力化してしまう凶暴な力として感受されていく。俗なる世界では、合理的な判断を基軸にして進められる日常世界を壊乱し、破綻させてしまう危険を秘めた力を性は潜めている、だから避けねばならない、と。結果、性は遠ざけられ、隔離され、禁忌された。

近親相姦の禁止――文化人類学な知見によれば、動物と人間、すなわち自然と文化を区別する境界線にはこれが横たわる。動物的性欲は、親子、兄弟姉妹関係を難なくのりこえ、自己の充足を求めていく。これに対して人間はそのような「違法な」行為に踏み出すことは絶対にあり得ない。だが実際、われわれはあえて禁止されずとも想像するだけで嘔吐感を覚えるほど、近親相姦の禁忌は絶対的である。荒ぶる性の力を制御しようとしてきた人間たちの営みは、みずからの精神と肉体の中に刻み込まれているのだ。

たしかにわれわれ人間の世界、つまり生産と蓄積を理性的に求めていく「俗なる世界」では、性に対して最大級の警戒がたゆまず行われている。性的行為の乱れは日常生活の生産活動を停滞させ、蓄積を破綻させる危険があるから、監視の目は緩めてはならない。理性的な判断からは、性的なものは制御され、ときに排除・抑圧せねばならない対象である。そこに規範と禁止が成立する。「性的なものの抑制」は道徳の根幹に組み込まれ、これを逸脱した者には法によって制裁を加える。性的衝動に逆らえずにこれに服従してしまう者は、社会秩序を破壊する者として抑圧・排除されるのが、人間の社会、「俗なる世界」である。

聖なるもの――禁止と侵犯

とはいえ、言うまでもなく、性的なものはわれわれの俗なる世界において依然として魅惑的なものとしてあり続け、人生に彩りを添え、めりはりを与える。性的なものは文化的営みの中心をなし、あたかも文化は性的なものを讃えるかのような様相を呈している。もちろん性の破壊力は抑圧され、一定の秩序の中に馴致されてはいる。抑制された形ではあれ、性的なものは俗なる世界で生き続ける。「自分に所属している物そのものをみずからに禁じるものが行う留保＝慎み――それは人間的な態度を規定するものであり、動物的な貪欲さの対極にある[18]。」人間も動物の一種である以上、性的衝動に流されるがままになるときがなければ、子孫を残すことができない。だが、人間の示す性的現象は、ときに性的秩序の壁をのりこえることを企てる。いったん否定され、拒否されたはずの性が俗なる世界で再び生気を与えられ、動物性における性を凌駕する、いっそう強い力としてよみがえるのだ。

人間の性的現象は動物のそれとはまったく異なる。動物の性的行為は繁殖期の一定期間のみ行われるのに対し、人間はたえることなく性欲を覚え、それを実行に移し、たとえ性的機能を失っても性欲は消えることがない。あるいは動物の性的行為はつねに生殖を目的として行われるのに対し、人間の場合は生殖を目的とするのはむしろ稀である。しかも、フェティシズムに顕著に見られるように、生殖能力を持たないものを性的対象にし、惹きつけられることがある。もちろん動物の性欲は本能であり、本能が個体のすべてに同じ行

(18) *Ibid.*,p.47.（同前、七七頁）

動パターンを引き起こすものであるのに対し、人間の性欲はその現われ方が個々によって異なる。このように人間の性は動物とは異なった目的、あり方、強度を持った形で俗なる世界に現れる。

なぜなのか。動物性が遠のけられ、排除されることで築かれた俗なる世界に、なぜ動物性が肯定的なものとして現われ出てくるのか。いったん否定され、拒否された性がよりいっそうの魅力を放ちながら俗なる世界によみがえるのはなぜなのか。

人間は所与の自然を直接享受し、それに依存し、服従すること、欲求を即座に満たすことを厭い、嫌悪し、否定し、拒否する。それは動物性そのものを体現することだからだ。この否定する力は、すべてを無化してしまう死の恐るべき力を自己の内に取り込んだ結果である。死と性を禁忌し、動物性を否定し、所与の自然を直接享受することを拒否することで、人間は人間になり、そこに俗なる世界が築かれる。動物たちが住まう世界を「禁止されたもの」とすることで、人間の世界が拓かれるのだ。

ところが、俗なる世界が築かれると、今度はこの世界が直接的な所与とみなされるようになる。生存の維持を可能にするために生産と蓄積を合理的・効率的に行う俗なる世界に依存し、服従しているおのれのあり様に対し、死を内面化することで獲得された否定する力が蠢き、姿を現わし、標的を定める。今度は、俗なる世界を否定し、拒否するのだ。何ものにも依存しない自律性を求めて、所与の自然に依存する動物性を拒否する力が、今度は俗なる世界に依存することの拒否となって現れる。そのとき、最初拒否された動物性が今度は魅惑するものとして人間の前に立ち現れる。

「聖なるもの」――俗なる世界を否定することで現れる人間たちを魅惑し引き寄せるものをバタイユはこう呼んだ。「事実、反抗の精神が所与として拒絶していた自然が所与とは見えなくなるとすぐさま、自然を拒絶していた精神自体が、以後自然を所与（強制し、自分の独立性を奪うもの）とはもはやみなさなくなる。

その精神が所与とみなすのは、自然の対立物である禁止、自然に対する従属を否定するために最初はみずから服従した禁止なのである[19]。」

しかし、「聖なるもの」は最初に拒否された直接的な自然ではない。直接的な所与の自然は否定され、拒否され、禁止されることで別のものへと変貌を遂げる。動物的な与件を拒否することで人間となった存在にとっての「自然」、禁止という媒介を経ることでよりいっそう魅力を放つことになった「自然」である。そもそも、ただ嫌悪され、恐れられていたものにすぎなければ、それをあえて禁止する必要はなかった。魅惑するものだから、その接近が禁じられるのだ。とりわけ性などは、放置しておけば社会秩序を破壊しかねない危険性を孕むものであるゆえ、忌避され、規範化され、禁止されつつも、しかしやはりひとを惹きつけるものとしてあったに違いない。人間はどこかで動物性に憧れていたのだ。こうした両義性を孕んだものが禁止されることで、いっそう魅力的なものへと変貌を遂げる。

拒否の拒否、否定の否定、俗なる世界が拒否されるとき、禁止されていたものが一挙に羨望のまなざしで見つめられる対象となる。禁止を侵犯し、その向こう側へと突き進む衝動が人間を襲う。理性的な世界を破壊しかねないにもかかわらず、禁止をのりこえる侵犯行為が魅惑的なこととして感じられる。禁止されていることが、よりいっそう禁止されているものに魅力を賦与するのだ。「禁止は性的な活動の暴力性を変質させるのではなく、人間的な環境を打ち立てることによって、それを動物性が知らなかったものへと、つまり規範の侵犯へと変えるのである[20]。」禁止の彼方に垣間見えるものこそ、「聖なるもの」である。「聖なるもの」

（19）*Ibid.*,p.66.（同前、一〇六頁）
（20）*Ibid.*,p.47.（同前、七八頁）

と認識された性は、もはや快を直接満たそうとする荒ぶる力、得体の知れない不穏な力としての動物性ではない。「それはもはや単なる自然ではなく、変容を遂げた自然、聖なるものであった。根源的な意味で、聖なるものとはまさに禁じられたものである。[21]」まさに「人間的な性」と呼ぶべきこれをバタイユは「エロティシズム」と名づけた。エロティシズムは侵犯されることによって昂揚し、さらなる魅惑を放つ、人間に固有な性である。性的現象における動物と人間との差異はここに淵源する。

勤勉と理性的ふるまいが推奨される俗なる世界の秩序を維持するために、死や性などの「呪われた部分」は封じ込められていた。にもかかわらず、人間はこの世界を拒否し、封印を解き、禁止されていた領域に手を突っ込み、まさぐり、取り出そうとする。この行為自体が社会秩序を壊乱し、社会を顛覆しかねない危険な行為であることは十分わかってはいても、否、そうであるがゆえに、ひとはこれに惹きつけられてしまう。拒否の拒否、否定の否定はまさに社会に対する反抗と不服従として現出する。

だが、これを実践に移したとき、ひとは聖的なものに包まれ、エロティシズムに陶酔する。これが爆発する場が祝祭である。

贈与

資本主義は生産と蓄積を追い求める俗なる世界に成立した。生産と蓄積の効率性を高め、そこから利潤を

(21) *Ibid.*,p.80.(同前、一二七頁)

引き出すことをひたすら追求するシステムが資本主義である。ここで前提となっているのが貨幣を媒介にした等価交換である。交換相手の所有しているものは自分にとって有用であるゆえに、それと同じ価値を持つ自己の所有物と——相手がそれを望めば——交換するのが、資本主義経済における交換の基本である。もちろんこの交換においては、どちらか、もしくは両者とも、貨幣というあらゆるものと交換可能な特殊な商品を有しているので、交換はスムーズに行われる。このようなことが日々自然に行われている世界に中にあれば、生産物の交換はつねに等価なもの同士で行われることに疑問を感じることはない。ところが、かつて古代の人々は等価交換ではない交換、生産も蓄積も求めず、有用性を度外視した交換を行っていた。社会秩序が崩壊しかねないのではないかとのわれわれの危惧をよそに、これによって社会秩序を維持し、むしろ社会秩序の維持には欠かせないものとなっていた。

かのポトラッチである。アメリカ北西岸のインディアンたちは、通過儀礼、結婚、葬儀など、個人の地位に何らかの変化があるときにポトラッチという儀礼を行っていたのである。或る氏族は外から招いた氏族の前で、これ見よがしに自分の富を破壊尽くす。みずからの労働の成果である富を手放し、放棄するということが「贈与」であるなら、破壊行為であるポトラッチもまた「贈与」である。生産と蓄積を合理的に推進し、自己の所有する富を増大することを至上のものとするわれわれの目には奇妙に映るこの破壊行為も、しかし一定の合理性を有した面があることがわかる。目前で破壊行為を見せつけられた者は、それに応じて返礼を行うのだ。贈与は、恩恵を受けたという負債の念を生じさせ、その負い目の払拭に急き立てていくのである。自己の負債を穴埋めする義務感を贈与された者に生じさせることで、贈与された者を贈与－返礼の交換のサイクルの中に引き込んでいくことになる。

ポトラッチは、交易と同じように、富を循環させる手段であるが、駆け引きは行われない。これは首長が競争相手に、巨大な富を厳かに贈与するという形で行われることが多い。この贈与は、相手に屈辱を感じさせ、挑戦し、債務を負わせるということを目的としている。贈与された者は、この屈辱を晴らし、挑戦に応じざるを得ない。贈物をうけとったために生まれた債務を返済する必要があるのである[22]。

「挑戦する」、自己の富を破壊する者は、あたかも自分は富などまったく興味がないかのような雅量を相手に見せつける。富を放棄し、相手に贈与することで、相手に屈辱を味あわせるのだ。日々ケチケチと蓄積し続けることなど一顧だにしない「鷹揚さ」を見せつけ、「挑まれた」相手は、この屈辱を晴らすためにさらなる破壊行為で応答する。贈与で生じた負債の念を晴らすのである。これによって贈与のサイクルが回転しはじめることになる。

しかし、交換のサイクルが生じてしまう以上、ポトラッチは純粋な贈与ではない。破壊行為を通して贈与する者は「栄誉」を得るからである。その場で富という貴重なものを消失したとしても、相手の眼前で並々ならぬ行為を挙行し屈辱を味あわせることで、後に「栄誉」という貴重なものが戻ってくるからである。「失うことがまず恐ろしいものでなければ、栄誉あるものとはならないということである[23]。」こうした意味では、ポトラッチもまた、「所有」を基軸にしながら展開するのであるから、見返りを求めない贈与とは言えない。

現代では一般的には、名誉や高貴さ、偉大さなどの高い地位、あるいは権力の源泉は富の「所有」にある

(22) Georges Bataille, *La limite de l'utile*. p.203, Gallimard/œuvres comprères 7, 1976.（ジョルジュ・バタイユ『呪われた部分　有用性の限界』中山元訳、八八頁、ちくま学芸文庫、二〇〇三年）

(23) *Ibid*., p.256.（同前、一七六頁）

と考えられている。どれだけ希少なものを多く所有するかでそのひとの社会的地位がはかられるのだが、バタイユが注目するのは、ひとに栄誉ある地位と権力を与えるのはむしろ「消失」であるということである。古代の王の有していた権力も実は「消失」に由来しているのだが、近代に入りそのことが抑圧・忘却されてしまったのだ。有用性など度外視し、蓄積された富を破壊し、濫費し、蕩尽することによって、高貴な者と権力者は人々からの尊敬を集めたのである。反対に日々あくせくと富を蓄積する者は低俗な者である。

もちろん、ポトラッチのように「贈与」は「所有」に転化しやすく、両義性を孕んだものであるが、バタイユは「消失」を源泉とする「栄誉」にいま一度注目する。自己の富を完全に放棄するという「贈与」こそが、ひとに高貴さを与えるという純粋贈与など、しかし、あり得ない。あり得なくとも、この「至高な瞬間」を求めるのもまた人間であるからだ。

至高の瞬間

ポトラッチにおいては富が破壊される。なぜ富が破壊されるのか。

富とはまさに有用なものであり、事物の有用性は人間に利益をもたらす。富が有するこの有用性こそ、破壊者たちが狙いを定めるものである。有用性は交換のエコノミーを産み出す。有用性を求め、生産活動に従事し、合理的に思考するようになることでわれわれは人間となり、俗なる世界が築かれた。破壊者たちが目指すのは、俗なる世界を超出することである。俗なる世界の彼岸にある至高の世界に触れた者こそ、高貴だからである。

こうした破壊行為の典型が供儀である。供儀においては、例えば遊牧民なら家畜である羊が殺害され、農耕民であれば丹精込めて育てた農作物が、供物として神に捧げられながら、破壊される。その氏族にとって最も貴重で、それをまっとうに用いれば利益を上げ、再生産につながる有用な生産物がその祝祭のためだけに惜しげもなく濫費される。もちろん儀礼が済めば、それら供物は参加者たちによって食されるのだが、厳かな儀式の中で動物たちは殺され、農作物は大判振舞され一気に消費される。一個人の消費であれば、食物は明日の労働のためのエネルギーとなり、消失しながらも有用性は持続の中で保たれる。「合理的な思考では、人間の活動を生産と財の保存に還元する傾向がある。こうした思考においては、人間の生の目的は、増大すること、すなわち富を増大させ、保存することにあると考えてしまうのだ。そして消費は、エンジンでガソリンが燃焼されるのと同じことだと考える。消費とは、生産に必要な要素にすぎないとみなすのである[24]。」

だがそうした食物が供儀の中で個人だけで消費されるのではなく、他者に贈与され、消失されてしまう。農作物の濫費はともかく、しかし動物の殺害はどうなのか。死は禁忌されているはずだ。あえてなぜこの禁忌を破ってまで供儀を挙行するのか。

自分たちが生産し蓄積した富に宿る有用性を破壊するためである。言うまでもなく動植物は自然の一部であるが、しかし人間がそれを対象化し、生産すべき対象として措定し、生産活動である労働に従事することで、自然から引き剥がされ、俗なる世界にもたらされる。つまり所与の自然を否定することで生み出されたのがこれら有用な生産物であり、俗なる世界に意味のあるものとして存在するものである。だが、供儀において生産物は破壊され、それが持つ有用性が抹消されてしまう。死を内面化することで人間が持つことになっ

(24) *Ibid.*,p.201.(同前、八三頁)

た否定の力がこのように現象するのだ。これが否定の否定である。こうした企図を通して目指されているのは何か。自然から切り離された家畜や農作物を再び自然へと戻すことである。

このとき必要になるのが「死をもたらすこと」、つまり殺害である。しかし死とならんで殺害も禁忌されていたはずである。なぜなら死を遠のけ、生活圏から排除することではじめて人間化が生じ、俗なる世界が拓かれたからだ。ところがここで否定の否定がなされる。俗なる世界を所与とみなし、これを否定し、ここから抜け出ることを目指すそのとき、禁忌の侵犯が敢行されるのである。禁忌されたものを侵犯した彼方には魅惑的な世界があるからこそ、これが行われるのだ。接触を禁じられたために、死と殺害はより増大された魅力を放ちひとを惹きつける。これを目指し、ひとは人間性の敷居を跨ぎ越えようとするのだ。では、禁忌の侵犯の彼方にはいったい何があるのか。

動物性である。動物たちは人間たちのように死や性を恐れず、死や殺害に対する禁忌、性の禁忌を持つことなく、その規範に服従することなどしない。人間のようなひ弱で陳腐な存在ではなく、死や性に恐れを抱くことなく堂々と生きる存在、実に荒々しい力を持った存在が動物であり、それゆえ畏怖すべき存在、高貴な存在である。だから人間は動物性に恐れを抱きながらも、惹きつけられる。

自己が生産し所有する富を破壊することは常軌を逸しており、俗なる世界の構成員である自分を失うことである。有用性の連鎖の中から富を引き離し、供儀のため以外には何にも役に立たない形で、瞬時に、非生産的に消尽することは、富などに執着せず、むしろ執着することを軽蔑する「大胆さ」や「鷹揚さ」を誇示することである。まさに富の破壊行為は行為者に「威信」を与え、至高性をおびた存在にする。晴れがましく富を破壊する者は俗なる世界を離脱し、至高の世界に触れているのだ。

これが行われる場が供儀を内蔵した祝祭である。供儀では供物が破壊され、神に捧げられる。有用物を破壊することで、神性の世界への扉が開かれる。世界を創造し統括する神はわれわれ人間のように生産や蓄積に汲々とすることなく、人知を超えたところに存在する。そこに触れるためには少なくとも俗なる世界を超出する必要がある。だから富の濫費は晴れがましく行われ、それは光輝に満ちた行為なのだ。何か他のことを目的にするのではなく、そのこと自体を目的とし、それがなしとげられる瞬間だけに集中された、純粋贈与がここに現れる。

供儀の参加者たちは魅惑的な瞬間に陶酔しながらも、しかし不安に襲われる。人間的世界を離脱することは自己を失うことであるからだ。対象化の能力が死の内面化によってもたらされるなら、死をのりこえてくことは通常の認識の枠組みを崩壊させることである。自己を喪失し、不安に苛まれても、しかし至高な瞬間はひとを魅了し、惹きつける。富の破壊者は同時に自己の破壊者でもある。晴れがましくすべてを破壊尽くす至高な人間である。「祝祭に伴う断絶は、決して獲得した独立を放棄する一形式ではなく、むしろ自立へと向かう運動の到達点である。そしてこの運動こそ、永久に人間それ自体の同意語なのだ(25)。」

資本主義的欲望を超える欲望

資本主義は生産と蓄積をひたすら、しかも合理的に求める俗なる世界に成立した。俗なる世界が成立することで、無益な消尽を敢行する祝祭は、愚行の烙印を押され、否定され、抑圧された。「ブルジョアの世界は、

---

(25) Georges Bataille, *L'histoire de l'erotisme*, p.76.（ジョルジュ・バタイユ『エロティシズムの歴史』、一二四頁）

この濫費への恐怖、祝祭と供儀への恐怖によって成熟した[26]。」

資本主義は人々の欲望を駆動力にし、また欲望を喚起することで回転し、成長する。その欲望とは「有用なもの」を「所有する」欲望である。有用物をわがものにする所有欲こそ、資本主義には必須の要素となっている。

しかし人間の欲望は所有欲をときに凌駕することがある。理性的な思考を超脱し、後先のことも考えずに、その場その瞬間にすべてを蕩尽してしまおうとする欲望、自己を失うことで至高性の高みへと上昇していこうとする欲望である。これが体現されるのが祝祭である。

日々生産と蓄積に勤しみ、損失を出さぬよう細心の注意を払い、浪費を最大の愚行とするけちくさい世界から抜け出て、晴れやかに破壊し、濫費する行為は栄誉ある行為であり、これを行う者には威信がみなぎる。こうした行為が実現する場が祝祭である。だからひとは祝祭に惹きつけられるのだ。

大衆蜂起の時代

二〇一〇年末、チェニジアからはじまった北アフリカ・中東における「アラブの春」、ギリシャ財政危機に見舞われたギリシャ政府が緊縮政策をとることに反対する人々、「われわれは九九パーセントである」を合言葉にした米国ウォール街占拠運動、中国の反日運動を装った反政府運動、スペイン、ブラジル、トルコ、

(26) Georges Bataille, *La limite de l'utile*. p.210.（ジョルジュ・バタイユ『呪われた部分　有用性の限界』、一〇五頁）

台湾、韓国のろうそく革命、香港の雨傘革命……。世界のいたるところで、いま、民衆に抑圧と搾取を強い、統治能力を失った現行政府に対して民衆の憤激は具体的な形となって出現した。そして日本においても脱原発を訴える万余の民による首相官邸前行動や経産省前テント、安保関連法に反対して国会周辺を埋め尽くした人々の群れ、そして沖縄辺野古・高江の反基地闘争。いまや世界は民衆蜂起の時代を迎えている。

十年前のオルター・グローバリゼーションの運動はいわばノマド（遊牧民）的な運動だった。サミット、WTO（世界貿易機関）、IMF（国際通貨基金）、G8などの国際会議が開かれるたびに、世界各地の会議会場に赴き抗議行動を行っていたのに対し、二〇一一年以降の運動は、その場にとどまる。否、むしろ移動することを拒否する定住的な運動である。そこにはコミューン的なものが出現していた。

体制に叛旗を翻し、異議を唱え、その場にとどまることによってコミューン的空間を打ち立てる人々の行動をどのように評価するか。アントニオ・ネグリとマイケル・ハートは言う。

> それらの構成的プロセスに含まれているオルタナティヴな時間性が、知識の創出と普及を促進するばかりでなく、政治的情動の教育を育成するものでもある。（略）これらすべての現場が強烈な情動によって特徴づけられたものであることは明らかだ。そこでは情動が表出されているのである。
> だが、より重要なのは［単なる表出ではなく］情動の生産と実習訓練《トレーニング》がそこでは行なわれているということだ。プロの政治家にとって、いやそれどころか実際に泊り込んで時を過ごしたことのない人びとにとって、それらの構成的な経験がそれほどまで情動の流れ《フロー》とおおいなる喜びによって活気づけられた

ものであったかを理解するのは、不可能ではないにしても、困難なことであるにちがいない(27)。

その場にとどまり、移動することを拒否する占拠運動は、敵——資本と国家——に脅威を与え、敵の欲望を挫くだけでなく、その場に集った人々にとって「政治的情動の教育を育成するものでも」あり、連帯の絆を生み出すものでもあった。たとえ、そのときの闘争に敗れたとしても、その場で培われたものが再び新たな闘争を現出させることだろう。闘争現場に現れたコミューン的なものは、未来の可能性を開くのである。では、占拠運動に参加した人々はそこで何を獲得し、何を実現したのか。ネグリ＝ハートの現状分析を通してこれを見出したい。

世界を変容させる「対テロ戦争」——戦争の常態化

二〇一一年以降の民衆蜂起が巻き起こった世界とは、「対テロリズム戦争」一色に染め上げられ、どの国家もこれを合言葉にして国の内外を問わず政治を展開する世界である。対テロ戦争は戦争のあり方を変えただけでなく、世界そのものを一変させてしまったとネグリ＝ハートは言う。

これまでの戦争は、主権を有する政治存在、つまり国民国家が行うものとされてきた。ところがグローバ

(27) Michael Hardt and Antonio Negri, *Declaration*, pp.55-56, 2012.（マイケル・ハート＋アントニオ・ネグリ『叛逆——マルチチュードの民主主義宣言』水島一憲・清水知子訳、一〇三～一〇四頁、日本放送出版協会、二〇一三年）

リゼーションの進行によって国民国家の主権は減退してゆき、その一方では世界のいたるところで戦争が行われている。だが、その多くが国民国家間の武力衝突ではなく、片方の陣営は主権を持たないテロ組織などの民間組織である。この事態はこれまで国際法で規定されてきた「戦争」ではなく、ある主権領土内での「内戦」である。

近代の主権理論では、戦争を日常世界から外部へと追放し、恒常的な戦争状態を回避することが目指されていた。戦争を起こす権利は主権を有する君主や国家だけであり、その相手も別の主権権力にかぎられていた。戦争は国家の外部において国民国家が主体となって行われるものであり、まさにそれは「例外」であり、平和が「常態」とされてきた。戦争は「例外状態」であったのだ。

ところが、今日の世界は逆に戦争が常態化し、平和な状態と戦争状態の区別が曖昧になっている。「例外状態」が常態化し、永続し、全般的なものになったのである。

クラウゼヴィッツは「戦争とは別の手段による戦争の継続である」と述べたが、戦争が日常化した現代においては、むしろ政治が別の手段によって行われる「戦争」となりつつある。それは戦争こそが日常的社会の主要な組織原理になったことを示しており、政治はそれの手段でしかない。

こうした時代にあって、ネグリ＝ハートはフーコーによって提示された「生権力」という概念に注目する。フーコーは、生を与える権力である福祉社会が、他方で戦争を行う社会、死をもたらす権力であることを明らかにした。これは戦争における原理が、日常の社会の隅々にまで行き渡り、社会形成の原理になったことを示している。戦争は、生権力の体制、すなわち住民を管理するだけでなく、社会生活の全側面を生産・再生産することを目的とする支配形態となったということである。

こうした戦争は明確な空間的・時間的境界を持たない。以前の戦争は、特定の場所で行われ、空間的に明確に限定され、降伏や勝利、あるいは当事国間の停戦協定によって終結するのが一般的であった。ところが、現代の「対テロ戦争」は、世界中に無際限に拡大され、無期限的に続けられていく可能性がある。テロリストたちを撲滅し、社会秩序を創出するための戦争には終わりはないのである。そのためには継続的な暴力の行使が必要になる。そのとき戦争は、警察活動とかぎりなく接近し、一体化する。軍事活動が潜在的に警察活動的な側面を強く持つようになったのだ。

これによって国際関係と国内政治とが一体化する。対テロ戦争では、日常世界に潜むテロリストを摘発することなど、テロリズムを未然に防ぐ警察活動と軍事活動とが混然一体となって行われるようになったのである。このようにして、以前では国民国家の外部にあった戦争が、内部へと持ち込まれる。国外では低強度の戦争を、国内では高強度の警察行動が行われるようになったのだ。すると、これまでは国外に存在されるとされた「敵」は、国家や資本に抵抗する国内の「危険分子」と区別ができなくなってしまう。

政治家たちやジャーナリストたちは、テロリストは「悪」であり、それゆえ対テロ戦争は「正義」であると声高に叫び、テロリズムに怯える人々もこれを当然のものとして受け入れる。対テロ戦争は「正戦」であるのだ。「正戦」という言葉の下で、地球上のすべての人々が、テロリズムという漠然とした対象に対抗すべく一致団結することが促される。「正義」を体現するとされるこの戦争は、まさに「正義」であるゆえ、個別の利害を超えた、人類全体の普遍的なものであるとされる。それゆえ、この戦争に反対する者は、テロリストの一味であり、人類全体に対する裏切者となる。「正戦」としての対テロ戦争一色で染め上げられた社会は、実に非寛容な社会と化す。

このような社会においては、人々の自由は制限され、投獄件数が増加する。政府の国民管理の手段がこうしたことを中心にして押し進められるようになり、いわば恒常的な社会戦争が巻き起こる社会である。もちろん、このような社会の中では民主主義も停止される。例外状態が日常化した世界である。

戦争技術の発展が人類全体を破滅させることが可能なレベルに達した現代においては、戦争は絶対的なものとなった。二〇世紀の大量破壊兵器の登場によって、死の大量生産の極致に達したのである。象徴的にはヒロシマとアウシュヴィッツ、すなわち核兵器と大量虐殺《ジェノサイド》である。これらは生命に直接働きかけ、歪め、消滅させてしまう能力を持つ。こうした破壊手段を持つ権力はまさに生権力、しかも最も残虐な生権力である。生権力とは、一個人だけでなく、集団を、さらには人類全体の死を直接支配する権力である。

しかし、生権力が極限的な死を大量生産する技術を獲得したとはいえ、自国民の多くを死に至らせることはできない。したがって脅威として用いるか、用いてもきわめて限定的でなければならない。そもそも生権力は「生を与える権力」である。グローバルな戦争は死をもたらすだけでなく、生を生産し調整せねばならないのだ。

防衛からセキュリティへ

「防衛」から「セキュリティ」へ——これは、二〇〇一年九月一一日以降、対テロ戦争の中で米国政府が打ち出した政策転換である。これが意味するのは、現在の国内の社会的・政治的秩序を維持することからそれを変革することへ、そして戦争を外からの攻撃に反応する受動的な姿勢から先制攻撃を行う積極的な姿勢へと転換することである。従来、国際法においては、それぞれの国家主権を守るための予防攻撃や先制攻撃は禁止されてきたが、今日においては、「セキュリティ」の名の下に予防攻撃や先制攻撃は正当化されてしまう。もはや国境など意味がなくなり、それぞれの国家主権もないがしろにされる。

テロが実際に起こってから行動するのでは遅すぎる、テロを未然に防ぐために積極的かつ恒常的に軍事活動＝警察活動を行うことで安全な環境を構築すべきだとセキュリティの重要性が声高に叫ばれる。セキュリティは、社会的生を全般的でグローバルに形作るという意味で、現代の生権力の主要な形態となったのだ。戦争が例外状態ではなく常態になっているなら、つまり世界中が戦争状態と化しているなら、もはや戦争は既存の権力構造に対する脅威、あるいは不安定をもたらす力ではなくなり、現在のグローバル秩序を創出し強化し続ける積極的なメカニズムになっているということである。

「政治の延長」、つまり政治で解決できなかった問題を解決する最終手段として考えられてきた戦争が、いまや政治そのものの基盤に移行した。現代のグローバル権力は、戦争を終結させる、あるいは外部へと留めおくのではなく、恒常的な戦争行動を直接の基盤とする規律的行政と政治的管理の体制を築き、これによって秩序を創出する。暴力を絶え間なく利用しながら、規律と管理を機能させるのである。戦争は社会秩序の創出と維持において不可欠な活動になり、社会的生を統制することを目的とする生権力の一形態になった。

近代国民国家の主権の根幹の一つは、国家内部においても対外国諸国との関係においても、正統な暴力を独占していることである。他方、国際的には、原則的にはどの国家も戦争をする権利を平等に有する。この権利の根拠はもともと国内の法的構造におかれていたが、後に国際的な法的構造におかれるようになった。ところが、二〇世紀後半になると、国家暴力を正統化するメカニズムが機能不全に陥る。国際法と国際協定の発達によって、ある国民国家による別の国民国家への正統な武力行使や兵器の集積に制限がかけられるようになるのだ。例えば、冷戦中の核拡散防止条約や生物化学兵器に対する様々な規制である。これらによって、東西の二つの超大国は軍事能力や交戦権において圧倒的な優位を保つことになった。なぜなら、この二つの国にはそれらの条約は適用されなかったからである。他方、国内では、人権意識の拡大とそれに伴う制度の設置などによって、国民国家がふるう暴力にも制限が加えられるようになった。人権意識の拡大は、人権に基づく軍事介入や法的措置という形となって現れ、たとえその国民国家の領土内であっても国民国家による暴力行使には正統性がないと否定されることになった。このように、国民国家は領土の内外を問わず、以前のようにみずからの暴力を正統化することが困難となったである。とはいえ、国家が自国の国民や他の国家に対して行使する暴力が少なくなったわけではなく、むしろ、事実はその反対である。少なくなったのは、あくまでも国家暴力を正統化する手段である。では、いったい何によって国民国家の行使する暴力は正統化されるのか。

道徳性である。テロリストは「悪」であり、それと戦う軍隊＝警察は「悪」を一掃しようとしているのだから「善」であり、その戦いは「正義」であるという道徳性が、国民国家の内外に対する暴力を正統化するのである。

こうした中、正統でない暴力を罰するための新しい制度——国内法と国際法のこれまでの図式を超えた制度——が出現しつつある。旧ユーゴスラヴィアとルワンダに適用するために一九九三年と翌九四年に国連安全保障理事会によって設置された国際刑事法廷や、二〇〇二年にオランダのハーグに創設された常設の国際刑事裁判所（米国が加盟を拒否しているためその権限は大幅に減じられている）といった機関である。

従来の国際法が国家主権や人民の権利を基盤にしていたことに対し、これらの機関は人道に反する犯罪や国際裁判所の活動といった概念を要素とする。これによって、問題があるとされた国家とその支配者、そしてその国民の権利と主権を破壊するのである。例えば旧ユーゴで見られた、ミロシェヴィッチ元大統領以下元指導者に対してなされた国際刑事法廷である。彼らが国内法に違反していたかなどは問題ではなく、彼らは国内法だけでなく国際法の外で正統でない、つまり「罪がある」と判断が下されたのである。彼らの犯したのは人道に反する犯罪である。それぞれの国家の主権も国内法も無視し国際法の枠組みも超えて機能する司法制度である。

二〇世紀において、国際法が強者が弱者にふるう暴力を正統化し、支持してきたのと同様に、これらの司法制度もいかに弱者の罪を訴追し、強者の罪を見逃しているかを認識せねばならない。これらの司法制度が、国連安全保障理事会や先進諸国といったグローバルな支配権力に依存するかぎり、必然的にそうした国々の意向に沿い、現行の国際政治のヒエラルキーを再生産することになってしまう。それは、米国が、一方で超法規的な行動をとっているにもかかわらず、他方では自国民が他国あるいは超法規的な法的機関で裁かれるのを拒否していることに如実に表れている。法の前の平等は、権力の不平等の前で脆くも崩れ去る。

軍事革命（RMA）

当然のことながら、戦争の変容に伴って軍隊や軍事活動も変化を求められる。冷戦終結以降、米軍においては「軍事革命」（RMA）と呼ばれる動きがはじまった。RMAには三つの基本的な前提がある。新しい技術によって新しい戦闘形態が生まれたこと、米国がいまや他のすべての国家をしのぐ圧倒的な軍事的優位を保っていること、冷戦の終結に伴い予想可能な大規模衝突という戦争のパラダイムも終焉したということである。巨大な部隊によって組織されてきた米軍は、根本的な再編成の必要に迫られた。

さらにRMAでは、新しい通信・情報技術を最大限に利用することによって、米軍に他の同盟国や敵国に対する圧倒的な優位をもたらすことが目指された。これによって、米軍の軍事作戦行動は、他の国々を寄せつけない空軍力の利用、海軍力と誘導ミサイルの補助使用、あらゆる可能な諜報活動の統合、通信・情報技術の最大限の利用をはじめとする新しい標準方式への移行を遂げることになる。陸軍とその地上部隊は、空海軍に対して、とりわけ低リスクでどんな標的も効果的に攻撃できるようにするために情報及び諜報活動に対して、従属するものになった。戦闘初期に地上部隊が投入されることは少なくなり、空海軍と情報部は作戦上及び技術的に協調させる任務を与えられ、動きやすい小集団で配備される。こうした新しい戦略や技術は、米軍の兵士をあらゆる敵の脅威から守り、兵士にふりかかるリスクを事実上ゼロにして戦争を行うことを可能にするとされた。ベトナム戦争後、米国の国民は戦争によって多くの死者が出ることを忌避するようになっていたのである。それゆえ、唯一可能な戦争は自国の兵士が死ぬことのない戦争である。RMAはそれに応えるものであった。新しいミサイルや通信・情報技術を開発し、米軍兵士は安全なところから操作するだけで敵を攻撃できるのに加え、正確な爆撃が可能になるため、敵側の意図せざる死者数も最小限に抑えることができるとされた。

しかし現実にはRMAで想定されたことが実現できているとは言い難い。民間の巻き添え被害（付帯的損害）はあいかわらず高く、「味方からの誤爆・誤射」によって死亡する兵士の数にしても米軍に比べて連合軍兵士が多い。

冷戦のただ中、米国はベトナム戦争で、ソ連はアフガニスタンで、軍事力や技術の面で圧倒的に格下の敵に負けた。ベトナムやアフガニスタンは敵に対してゲリラ戦で対抗したのである。軍事力で圧倒的な優位に立つ者たちがここから学び取ったのは、単に軍事力で敵を打ちのめすだけでなく、社会的・政治的・イデオロギー的・心理的手段を駆使して敵を管理する対反乱戦略である。とはいえ、これを実行に移し、やり切ることは難しい。多方面にわたる支配を完璧に行うことは困難を極める。

これは主権権力がつねに抱えている問題でもある。支配する側の権力は、つねに支配される側の同意また は従属を必要とし、これがないかぎり自己の支配体制を築けない。支配者は被支配者たちに依存しているのだ。そのため主権権力はつねに限界を抱えており、この限界は同意がいつ抵抗へと転化するかわからないところに現れる。それゆえ、非対称的な対立においても、完全な支配という意味での勝利はありえないということである。達成できるのは、せいぜい暫定的で限定的な管理と秩序の維持にすぎず、しかもこれには恒常的な取り締まりと保全が必要になる。対反乱活動はフルタイムの任務になるのだ。

対反乱活動に従事する者たちの敵は、単一の国民国家ではなくネットワーク状の敵である。これは現代の対テロ戦争における敵にも共通して見られる傾向である。現代の世界秩序を脅かす敵は、主権を持つ中心化された主体ではなく、分散的ネットワークとして存在する。米国はかつての自国の失敗を教訓にした戦略を現代の敵に適用しているのである。

分散型ネットワークの本質的な特徴は、たえず内と外との間の安定した境界を揺るがすことである。ネットワークがつねにいたるところに存在するということではなく、ネットワークの存在と不在が不確定であるということである。ある瞬間には偏在すると思った次の瞬間には消え去ってしまう。このような「標的を欠く」ネットワークはつねにフラストレーションをかきたてる。中心も安定した境界も持たないものなど攻撃しようがない。さらに恐ろしいのは、ネットワークがいつどこに、どんな形で現れるか予測がつかないことである。このために軍は常時、予測できない脅威と未知の敵に備えねばならなくなる。ネットワーク状の敵と対峙することで、旧来の権力形態はパラノイア状態に陥り、機能を破壊される。このようなネットワーク状の敵に対して米軍がとった戦略は、みずからがネットワークになることである。

労働の変容――非物質的労働の登場

ネグリ＝ハートは、戦争の変容とパラレルに進んだ、経済的生産における変化に注目せねばならないと言う。「非物質的労働」の出現である。非物質的労働とは、情報や知識やアイディア、またイメージや関係性や「情動」といった非物質的な生産物を産み出す労働であり、しかも、この労働が産業社会で主導権を握るようになってきている。どのような経済システムにおいても複数の労働形態が共存する中、つねに或る一つの労働形態が他のもの対して主導権を行使することになる。

一九世紀から二〇世紀にかけて、工業労働は農業などの他の労働形態に比べ量的には少数派にとどまっていながらも、グローバル経済においては主導的な立場を占めていた。少数派ではあっても、農業や鉱業、さらには社会そのものまでが工業化を余儀なくされてしまったという意味で、主導的な立場にあったのである。単にその機械的な営みだけでなく、工業労働が刻む生のリズムとそれが規定する労働日が家族や学校、軍隊をはじめ、すべての社会制度を徐々に変質させていったのである。

しかし二〇世紀末の数十年間では、工業労働に代わって非物質的労働が主導権を握ることになる。非物質的労働は問題解決や象徴的・分析的な作業、そして言語的表現といった、主として知的ないしは言語的な労働を指し、アイディア、シンボル、コード、テクスト、言語形象、イメージその他の非物質的なものを生産する。ここで注目すべきその特徴は、「情動労働」である。「情動」とは心的現象である感情とは異なり、精神と身体の両方に関連するものである。喜びや悲しみといった情動は、一定の思考の様態と一定の身体の状態を表現し、有機体である人間の現在の生の状態を明らかにする。したがって情動労働とは、安心感や幸福感、満足、興奮、情熱といった情動を生産し、操作する労働を指し、こうした情動労働の重要性が先進諸国においては増してきているのである。例えば雇用者が被雇用者に対して、好ましい態度、性格、「向社会的」行動を求め、強いることにそれは表れている。好ましい態度と社会的スキルを身につけた労働者とは、情動労働に熟達した労働者ということなのだ。情動労働的側面は他の労働形態に影響を与え、情動労働的スキルはどの労働現場でも求められるようになっている。

さらに、非物質的労働は労働時間と余暇時間との区別をなくしてしまい、従来の労働日という概念を無効にしてしまう。工業労働のパラダイムでは、労働者が労働に従事するのは、もっぱら工場での労働時間にかぎられていた。しかし生産すべきものが問題の解決やアイディア、関係性の創出ということになると、労働時間は生活時間全体にまで拡大する傾向を帯びる。アイディアはオフィスの机の前に座っているときだけでなく、シャワーを浴びたり夢を見ているときにも思いつくものだからだ。

「フォーディズムからポストフォーディズムへ」という標語が掲げられながら、現代は工場労働者に見られるような安定した長期雇用を特徴とする経済から、フレキシブルで移動性が高く不安定な労働関係を特徴とする経済へ移行したと言われる。フォーディズム的な労働関係を生み出した経済の近代化が生産と交換の大規模システムを中心にしたのに対し、ポストフォーディズム的な労働関係をもたらした経済のポスト近代化は、小規模で柔軟なシステムを生み出した。ポスト近代化全体を貫く基本的な経済イデオロギーとは、一枚岩的な生産システムや大量の交換は効率性を阻害するがゆえに、効率を上げるには迅速に反応する生産システムと特化した戦術にターゲットを絞る、差別化されたマーケティング計画が必要だとする考え方である。

しかし、実際には「フレキシブル」とは、労働者が様々な異なる仕事内容に適応せねばならないという意味であり、「移動性が高い」とは労働者が頻繁に職を転々と変えねばならないという意味であり、そして「不安定」とは、安定した長期の雇用を保証する契約がなされないという意味である。

非物質的労働が持つ以上のような特性は、現在、他の労働形態に影響を与え、同様の性質を持つよう強いている。したがって、非物質的労働がいまや主導的な立場を獲得しつつあるというとき、世界の労働者の大半が非物質的な労働に従事し、非物質的な財を生産しているということではないのである。農業はこれまで数の上ではつねに優位を占めてきたし、工業も数としては減ってはいない。非物質的労働は世界全体の労働からするとあくまでも少数派であり、しかも支配的な先進諸国に集中している。

一五〇年前当時、工業労働は地球全体の生産のほんの一部分を占めるにすぎず、ごく一部の地域で行われていたものにすぎなかったにもかかわらず、他の労働形態に対し主導的な立場にあった。これと同様に、いまや、非物質的労働が主導性を発揮し、他の労働形態や社会そのものに自己の特性を強いるのである。旧来の工業労働に典型的に見られる生産組織は、組み立てライン特有の直線的な関係性であったが、非物質的労働の生産組織は、分散型ネットワーク特有の無数の不確定な関係性である。情報、コミュニケーション、言語、アイディア、知識などを生産することを目的とするなら、それらがどのように生産されるかを考えればよい。非物質的労働ではネットワークが生産組織の支配形態とならざるを得ないのだ。したがって、生産の技術的システムはその社会的編成と密接に対応するようになる。このような変化の下、それに応じて搾取の形態も変化する。

非物質的労働が主導するような状況の中での搾取とは、もはや個別的または集団的な労働時間で測られるような価値の収奪ではなくなってくる。今日では、労働の時間的統一性を、価値を測るための基本的な尺度にすることはまったく意味をなさない。たしかに資本主義的生産において労働は価値の基本的源泉であるということは変わりないが、現代の労働における時間性の変容によって、これまでの考え方で労働の価値を捉えることはできなくなってしまっているのだ。非物質的労働が主導的立場に立つことで、労働日や生産時間は根本的に変化し、工場生産におけるような規則的なリズムや、労働時間とそれ以外の時間との区別はもはや消滅してしまった。さらには、労働市場の下端の労働者は、生計を立てるためにいくつもの仕事をかけもちすることを余儀なくされている。労働者はいたるところで四六時中労働せざるを得ない状況にあるのだ。

農業や鉱業などの物質的な生産は社会的生活手段を生産する。もちろん近代的な社会生活はこれらの商品なしには成立し得ない。これに対して非物質的生産は、社会的生活手段ではなく、いわば社会的生そのものを生産する。そして、その生産物は社会的生全般にわたるネットワークを駆使しながら、協働的な労働によって生産される。それゆえ、今日の搾取されるものとは、われわれの社会的生全体なのである。しかも三六五日すべてが労働日となり、二四時間すべてが労働時間となり、いわば社会全体が工場と化してしまった状況の中では、われわれはいつどこにいても、つねに搾取されているということなのだ。

こうした事態を突破するためにネグリ＝ハートはさらなる概念を提示する。〈共《コモン》〉である。

〈共《コモン》〉とは何か

〈共《コモン》〉とは第一に、空気、水、大地の恵みなどの自然の賜物、つまり物質世界のコモン・ウェルス（〈共〉的な富）を指す。言うまでもなく、〈共〉的な富は、本来、人類全体の遺産であり、人類がともに分かち合うべきものである。第二に、知識や言語、コード、情報、情動などの社会的生産の諸結果である。これらは社会的相互作用や、さらなる社会的生産にとって必要になるものである。

しかし〈共〉はわれわれの周りのいたるところにありながらも、きわめて見えにくい状況になっている。それは、今日の支配的なイデオロギーによってわれわれの目が曇らされているからだ。とりわけ、この数十年、世界中の国々で新自由主義的経済政策がとられる中、〈共〉の民営化＝私有化が進められ、情報やアイディア、さらには植物の種にいたる文化的生産物までもが私有財産となっている。もちろん、これは是正せねばならない事態である。しかしそこで対置されるのは、公的なものである。要するに国家やその他の行政機関に管理運営させ、何らかの規制をかけるのである。これは言ってみれば社会主義路線である。われわれが「私」か「公」かという排他的二者択一しか残されてない中、〈共〉は見えないところに隠されてしまった。

しかし実際には世界の〈共〉の大半は人々に共有され、すべてのひとがそれを利用し、発展させてきた。例えば言語は情動や身振りと同様、大部分は共有物であるが、もし実際に言語（単語、フレーズ、発話）が特定の人間に私有化されたり、公的所有物になったとすれば、言語の持つ表現や創造、コミュニケーションの力は失われてしまうだろう。

非物質的労働の生産はまさに〈共〉に基盤をおく。非物質的労働は、それ自体が生産のための相互作用やコミュニケーション、協働を直接生産する傾向がある。情動労働はつねに直接的に関係性を構築する。アイディアやイメージ、知識の生産は共同で行われるだけではなく、新たに産み出されたものの各々がさらに新しい共同作業を引き寄せ、それを始動させる。そして言語の生産は、自然言語であれコンピュータ言語であれ、つねに協働的であり、つねに新たな協働作業の手段をつくり出す。このように非物質的労働において協働の創出は労働の内部にある。

〈共〉は、非物質的労働の前提でもあり、結果でもある。新しい知の生産はわれわれの〈共〉的知識を基礎にする。どんな形の言語であれそれが革新されるとき、その言語を使用している共同体を基礎にしてなされ、どんな情動もそれが生産されるときには、既存の情動的関係性を土台にする。また新しいイメージの創造が可能なのは、われわれにとって〈共〉的なものである社会的イメージが自分たちの中に蓄積されているからだ。こうして生産されたものが新たに〈共〉に付け加わり、今度はそれが生産のための土台になる。しかも、〈共〉は生産の途上過程にも現れる。生産過程そのものが〈共〉的なものであり、共同作業とコミュニケーションを通じて行われるからだ。

非物質的労働によって生産される財は、われわれの生全般の中で産み出される。それゆえ、かつてのように測定された時間量をもとに価値理論を構想することはもはやできない。ということは、搾取も時間を尺度にして理解することもできなくなったということである。価値が〈共〉から産み出されるなら、搾取もまた〈共〉の収奪として捉える必要があるのだ。いまや〈共〉が剰余価値の生じる場となったのである。

搾取とは、〈共〉の一部または全体が私的に領有(横領)されることである。生産された関係性やコミュニケーションは本来〈共〉であるにもかかわらず、資本はその富の一部あるいは全体を私的に領有しようとする。情動、言語、アイディア、知識、問題解決能力など、協働で生産されたものが私有化されるのである。

アルチュセールも再三繰り返しているように、搾取があるということは階級があるということであり、階級があるということは搾取があるということである。主体性は生産という実践の中で産み出されるとマルクスは言うが、労働者の主体性は、搾取の経験と結びついた敵対性においても創出されるのである。

人間の革新的・創造的能力は、資本に搾取されてしまう生産的労働をつねに凌駕する。とりわけ今日のように非物質的労働が主導的立場を占め、生産そのものがわれわれの生全般を生み出すようになっている時代にあっては、資本といえどもこのすべてを搾取し切ることはできない。つまり、われわれは資本の横暴をのりこえていく新たな〈共〉を産み出すことができるということである。新たな協働やコミュニケーション、様々な生の形態、そして社会的諸関係という〈共〉を産出するのだ。

マルクスの時代から、労働は資本に敵対し、生産活動を停止させるためにストライキやサボタージュといった形で資本に脅威を与えていた。しかし、資本にとって労働力はなくてはならないものである。つまり労働者を搾取しなければ、自己の生命も途絶える。だから、労働者を圧し潰し、排除することは完全にはできない。たしかに搾取という概念は資本主義的支配関係の問題を明らかにするものであるが、しかしだからといって労働者は無力な犠牲者であるばかりではない。それどころか富の源泉である彼らは大きな潜在力を宿らせた存在である。みずからの隷属状態から解放されるためには、その状態から身を引くことである。これは資本に対抗するときに大きな政治的な武器となるだろう。

四つの鎖につながれた主体

二〇一一年、世界各地で大衆叛乱が巻き起こった。移動することを拒否し、定住的な運動であったという共通点を有する民衆運動が、なぜ同時期に世界中で起こったのか。その社会的・政治的条件とはどのようなものなのか。これに応えるために、ネグリ＝ハートは、現代の危機の中でわれわれがまとっている四つの主体的形象を掲げる。

その一つが、「借金を負わされた者」である。今日、われわれは普通に生活を送るにしても学生ローン（奨学金）、住宅ローン、自動車ローン、医療ローンなど様々な形で借金せざるを得ない状況にある。社会のセイフティネットは「福祉」システムから「負債」システムへと移行した。借金が社会的ニーズを満たす主要な手段となったのである。

負債はわれわれを管理する。消費に規律を課し、耐乏生活を押しつけ、生きていくだけで精一杯の状況にわれわれを追い込むのである。それに加え、借金は仕事の仕方を決定づけてしまう。奨学金を借りて大学を卒業すれば、返済するために是が非でも正社員にならねばならず、住宅ローンを借りれば、失業しないように努力せねばならない。

負債は人々に労働倫理を植えつけ、休まず精を出して働かせるという効果を持つ。負債は、「借りたものは返さねばならない、返さなければ他人に迷惑をかける、そんな人間は人間失格である」などといった道徳を振りかざし、人々を責任と罪悪感に縛りつける。人々は自分の背負った負債に責任を感じ、負債が生み出した生活の困難に罪の意識を感じる。負債はひたすら生の貧困化や疲弊化を深めることになり、主体性の持つ潜勢力をそぐことしかしない。負債者を貶め、罪の意識と惨めさの中で人々を孤立させる。

かつては大量の賃労働者がいたが、現在では大量の不安定労働者たちがいる。賃労働者たちは資本に搾取されていたが、そのことは自由で平等な商品交換という神話によって隠されていた。しかし、いまではそのような神話すら成り立たなくなっており、債権者に対する債務者という階級関係だけがある。

主導権を握る労働形態が工業労働から非物質的労働へと移ることで、社会が一つの工場になった。資本主義的生産が社会全体の労働力を資本主義の管理下におくほど拡大したのである。資本はわれわれの生産能力、身体、精神、コミュニケーション能力、知性、創造力、相互の情動関係等々を全面的に搾取するようになってきている。

このような転換に伴い資本家と労働者の間の関係も変化している。かつての資本家は工場を監督し、労働者を指示し、規律化して利潤を生み出すということを行っていたが、今日の資本家は労働者から遠いところにおいて、労働者は自律的に富を生産している。資本家は利潤ではなく主に「レント」を通じて富を蓄積する。「レント」とは地代、不労所得である。今日多くの場合レントとは金融の形をとり、金融機関を介して保証されている。

こうした事態が到来することで、今日の搾取は、主として交換ではなく、負債に基づくようになった。言い換えるなら、今日の搾取は、九九％の人々が一％の富裕層に仕事とカネを負い、服従を強いられるという事実に基づいているということである。

負債は労働者の生産力を曖昧にするが、その従属関係を浮き彫りにする。かつての搾取は労働時間によって測ることができたが、労働時間と生活時間との境界がかぎりなくなってしまった今日、労働者の生産力はこれまで以上に隠蔽される。借金を負わされた者は、生き延びるために自分の生活時間をまるごと売らねばならないのである。こうして負債を負わされた者は、生産者ではなく消費者の側面を強く持たされることになる。

もちろん借金を負わされた者は日々生産しているのだが、しかし彼らが働くのは負債を返済するためなのだ。消費するのだから、負債を返す責任があるということである。したがって、かつての「平等な」交換という神話とは対照的に、債務者‐債権者の関係には、資本主義社会の基礎にある不平等が如実に現れている。

この搾取から負債への変容は、資本主義的生産の変容に対応している。つまり、レントによって支配された秩序への変容である。レントを手に入れる者は、富の生産の現場から離れたところにおり、そのため搾取の残酷な現実や生産的労働の暴力、そしてレントを生み出す際に引き起こされる苦痛を知ることがない。ウォール・ストリートからは、彼らが得る価値は、膨大な数の人々からの搾取によって成り立っていることが見えない。

今日では、失業者、非正規労働者などの不安定労働者ばかりでなく、安定した正規雇用者もみな貧困状態に追いやられている。彼ら彼女らの貧困を特徴づけているのは、負債の鎖である。借金を負わされることは今日では一般化してしまい、さながらかつての隷属関係が回帰しているのではないかと思わざるを得ない。借金を負わされた者は、みずからが陥っている悲惨な借金地獄から這い上がることができず、打ちひしがれる毎日をすごさざるを得ない。彼ら彼女らは目には見えない鎖に縛りつけられている。自由になるためには、鎖を断ち切らねばならない。

第二の形象は、「メディアに繋ぎとめられた者」である。今日では様々なメディアが存在し、われわれの周りには情報が過剰なまでにあふれており、われわれも種々のメディアに自由にアクセスできるようになった。かつてならば、情報を一方的に照射されるのみで、こちらからアクセスすることができないとか、メディア機器の使用に際しても不平等が存在するとか、結果として大手のメディア会社から伝えられることを無批判的に鵜のみにし、体制に操られてしまうなどということが問題になっていたが、いまや異なった形でメディアをめぐる問題が現れている。

メディアに繋ぎとめられた者は、情報、コミュニケーション、表現の過剰によって抑え込まれてしまっている者たちである。人々は何かにとり憑かれたように、ブログをせっせと書き、ウェブを頻繁に閲覧し、様々なソーシャル・メディアに参加する。われわれは、みずから進んでメディアに隷属し、その虜になり、鎖に繋がれる。

非物質的労働が主導権を握る時代にあっては、こうした現象は起こり得ることだろう。とりわけ先進諸国の多くの労働者にとって、ソーシャル・メディアは仕事から解放してくれるものであるのと同時に、仕事に縛りつけるものでもある。スマートフォンやワイヤレス接続があれば、どこにでも行け、どこでも仕事を続けることができる。つまり、どこへ行こうがつねに仕事中であるということなのだ。メディア化は労働と生活の区分をますます曖昧なものにする主要因なのである。

とはいえ、メディアに繋ぎとめられた者たちは受動的ではない。たえず参加を呼びかけ、好きなものを選択させ、自分の意見を述べることを促すメディアに能動的に参加する。これに対しメディアの方も対応してくれる。その結果、メディアにつねに注意を払っていなければならない。彼ら彼女らはメディアに注意を奪われた者たちなのである。メディアを媒介にしなければ人間関係を持ち､保つことができない者たち､メディアの隷属者たちである。

二〇一一年の世界各地の闘争は、コミュニケーションに関する真理を再発見させた。フェイスブック、ツイッター、インターネット、その他のコミュニケーション・ツールはたしかに役立つが、これらのメディアはどれも、現場で交わされる身体的なコミュニケーションにとって代わることはできない。こうしたコミュニケーションこそ、集合的な政治的知性と行動の基盤となる。各地の闘争に参加した人々は、そこにともに存在することを通して新たな政治的情動を創出する力能を再発見したのである。

第三の形象は、「セキュリティに縛りつけられた者」である。空港のセキュリティゲートを通り抜け、身体も所持品もスキャンされる。特定の国々に入国するためには、指紋を採られ、網膜をスキャンされる。失業者になり、勤労福祉制度に頼ることになれば、別種の綿密な調査にさらされ、その後職を得るための努力、働く意欲、就職活動の進展ぶりなどが記録される。病院、官庁、学校といった組織はどこも独自の調査体制やデータ保存システムを持っている。さらに街を歩けば監視カメラに記録され、クレジットカードで買物をすれば購買履歴が記録され、インターネットで検索すればその足跡を追跡される可能性があり、携帯電話の通話の傍受も簡単にされてしまう。セキュリティ技術は近年急速に進歩し、われわれの生活の隅々にまで浸透している。

われわれは四六時中監視され、そこから逃れることができない。まるで囚人のようだ。フーコーは、監獄は近代の社会モデルであると述べていたが、まさに社会全体が監獄化してしまった。これは比喩ではなく、米国では犯罪率は比較的一定に保たれているにもかかわらず、収監者数は戦後最も少なかった一九七〇年代初頭に比べ五倍以上に増加している。過去数十年にわたり次々と監獄が増設されているにもかかわらず、監房はいまも入りきれないほどのひとであふれかえっている。

われわれはセキュリティの対象であるのと同時にその主体でもある。監視されるのと同時に、怪しい者がいないかたえず用心し続けねばならないという呼びかけに応じて、つねに目を光らせている。なぜか。恐れであある。恐れを抱いているから、われわれはつねに監視の呼びかけに自然に応え、このような状況を受け入れてしまう。監獄には囚人と看守がいるが、セキュリティが貫徹された社会においてわれわれは両方の役割を担わされているのだ。

セキュリティの名の下で各人の人権は侵害され、そのことに誰も異議を呈さない。まさに「例外状態」である。例外状態においては、法の支配や民主主義的な機能は一時的に停止される。そう、現代は戦争が常態化した時代である。つまり例外状態が日常化した世界である。なぜこのような事態が生まれたのか。

一つには新自由主義政策が世界を支配したということがあるだろう。新自由主義経済の根源的蓄積の新たな特徴として、労働者の不安定性、柔軟性、可動性の増大があり、そこに過剰人口の多様な階層がつくり出される。つまり失業者や潜在的な失業者が大量に産出されてしまうということである。こうした者たちは、秩序維持を望む者たちの目には「危険な階級」として映る。危険な階級は、犯罪に手に染め、秩序を乱し、ことと次第では体制顚覆を企てるかもしれない。こうしたことに不安を覚える者たちが、セキュリティ強化に協力するのだろう。

さらに、昨今の経済的・金融危機によって、別種の恐怖が人々の中に広がっている。それは失業する恐怖である。失業すれば、生き延びられなくなり、借金を返せなくなる。失業しないよう、つねに上司に忠実に従い、理不尽なことがあっても耐え忍び、勤勉に働く労働者であり続けねばならない。ストライキを起こすことなど、もっての他だ。

こうした恐れが社会全体を支配する中では、われわれは他の人々の自由を剥奪しかねない。悪いことをすれば処罰されるという支配権力と警察に対する恐怖、そして危険な他者や未知の脅威に対する恐れ、つまり一般的な社会的恐怖である。テロへの恐怖など典型だが、そこにおける恐怖の対象は漠然としたものにすぎない。漠然としたものであるから、いっそう恐怖をかきたてられる。それこそ、刑務所に収監されている方が安心できるかもしれない。収監されている方が、あり得る脅威はかぎられており、理解可能なものであるからだ。セキュリティが徹底された社会でわれわれが感じている恐怖は無限に広がり、幻覚や妄想との違いさえ分からなくなるほどである。

そして第四の形象は、「代表された者」である。日本も含めて、代表制民主主義はもはや――そもそもはじめから――機能していないどころではなく、民主主義を実現する上で妨げになっている。困窮した者が大勢を占めていても、国政は苦しみにあえいでいる者たちを救おうとせず、大企業と富裕層のためだけの政治を進める。選挙によって代表者として選ばれたはずなのに、いったい誰を代表しているのかが分からない政治家ばかりが存在する。

選挙に出馬することなど、選挙資金のない者にははじめから不可能な話である。出馬できても、資金を潤沢に持っている富裕層の候補者に圧倒的な差をつけられ、当選はほぼ不可能である。選挙に勝ち、政権を握るという目標にたどり着くためには買収するか、買収されるしかない。

そもそもグローバリゼーションの時代にあっては、代表制はもはや失効しているのである。代表制のシステムはもともと国内レベルで構築されたものである。しかし、いまや政策協定や事業契約は、グローバル・ガバナンスの構造の内側で調印され、署名され、保証される。つまり、それらのものが、国民国家の代表制の手の届かないところで決められてしまうのである。国家の中に生きる人々の生全般を左右するような政策協定や事業協定が、国家を超えたところで決められてしまうのだ。もはや代表制は、政治には届かない、無力なものになってしまっている。そうした中、代表される者であるわれわれは、もはや積極的に政治に参加することなく、気がつけば社会の中で一人孤独に貧困と闘うしかない状況にとり残されてしまっている。

反転の好機

しかし、あきらめる必要などない。借金を負わされ、メディアに繋ぎとめられ、セキュリティに縛りつけられ、代表される者たちは、叛逆するための力量を持っており、みずからに負わされている負の側面を反転させて、様々な支配関係を打破していけるのである。二〇一一年からはじまった闘争がそれを証明しているのだ。

負債の重みに打ちひしがれ、とり憑かれたようにスマートフォンやパソコンなどのメディアの奴隷になり、自宅を監獄化してしまったとき、ひとは資本主義の危機がどれほど個人を孤立させ、人間の情熱を歪めているかを実感する。そのとき自分が孤独であり、可能性を奪われてしまっていることをはっきりと認識するのだ。

　とはいえ、周りを見渡せば、ともに生きる条件を生み出していることにも気づくだろう。危機の中での主体の四つの形象は、むしろわれわれが集合的に存在する条件を示しているのだ。個々人の特異性からなる力能は貧弱にされ、縮減されてしまい、その結果、われわれの人生は陰鬱で悲惨で、互いに無関心で差異のないものになってしまっている。だが、われわれは、いまここで、ともに存在している。〈共〉を産み出す好機、抵抗を創出する好機がここにある。

　特異性に生成変化することである。現段階ではわれわれは四つの形象の下、同一のものに還元されてしまっている。これから離脱するためには、かけがえのない特異なものへと変わることである。特異な者は叛逆する者である。もう、現状には従わない、奴隷であることとは決別すると決断した者が特異な者である。決断そのものが特異なのだ。他者が私に代わって決断することもできないし、私の決断そのものは宇宙にただ一つしかない出来事である。決断した者同士は「ともに存在する」ことに目覚め、「ともに存在する」ことを選択するであろう。孤独の中でうちひしがれた過去の自分に引き戻されないように、同じ決断を敢行した他者とともに生きるのである。特異化のプロセスは、ともに存在する状態に向かって開かれた自己肯定、自己価値創造、主体的な決断として具体化されることになる。どんな政治運動もこうした契機を媒介にして誕生する。

　拒絶することである。主体化のプロセスはまずはここからはじまる。われわれはもう借金を返したりしない、家から立ち退くこともしない、緊縮措置には応じない。その代わりにわれわれが望むことは、搾取された富を再び自分たちに取り戻すことである。

　借金の返済を拒否することは、これまでわれわれを苦しめてきた社会的紐帯や法的関係の鎖を断ち切り、道徳的抑圧から解放され、アトム化され孤独の中に打ち捨てられた状況から脱し、新たな社会関係を創出するためである。貨幣が社会関係の凝縮物であるなら、借金の返済を拒否することは、貨幣の権力と、貨幣がつくり出す束縛を粉砕すると同時に、それをともに実践する仲間たちとの結合し、相互の支え合いを創出することである。金融による束縛ではなく、社会的紐帯によって結ばれた関係を新たに打ち立てることである。

われわれの間のこうした相互依存関係は、すでに新しい経済状況の中に準備されている。非物質的労働の中での生産は、〈共〉を基盤にして新たな〈共〉を創出することである。協働と生産上の相互依存は〈共〉の条件であり、われわれを互いに結びつける社会的紐帯が生産手段になっているのだ。非物質的労働、あるいはそれに影響を受けた他の労働形態に従事している者も、日々の労働の中ですでにして〈共〉の中に生きているのだ。

メディアに繋ぎとめられることを拒否すること、そして新しいコミュニケーションの方法を見出すことである。情報提供なり告発はたしかに重要なことであるが、それだけでは不十分なのだ。政府の犯罪的行為を知れば民衆は立ち上がり、変革に向かうだろうと考えることは、あっけなく失望へと変わるだけだ。ウィキリークスによって公開された様々な資料に目を通したとしても、彼らは同じ政治家に投票し、同じ政治家を政権につかせ、つまり現行社会を再生産するだろう。情報だけでは不十分なのだ。ここには真理が、闘える理由、確信をもたらしてくれるものが必要なのだ。

そのためには、孤立しているのをやめ、自分自身を他者との関係の中で再建し、自分を〈共〉的な言語に対して開かねばならない。例えば、デモにおいて政治スローガンを創造し、拡散することである。占拠運動で生まれた「私たちは九九％だ」というスローガンは、社会的不平等という現実を白日の下にさらし、公的な場での議論のやりとりを劇的に転換させた。

そして、恐れることを拒否することである。権力がどれほど強力なものであろうと、権力はわれわれに依存し、われわれが抱く恐れを糧にしている。権力が存在するのは、われわれがみずから率先して権力関係に参加しているからである。それゆえ、われわれが恐れることをやめたとき、いまある権力関係は崩壊する。とはいえ、この状況の中では恐れることをやめることは容易ではない。それゆえ、必要になるのは真の自由と真のセキュリティを創出することである。

二〇一一年、エジプトのカイロのタハヒール広場を占拠し、ムバラク体制打倒のために泊まり込み闘争を展開していた人々に対し、政府・警察は連日暴力をふるっていた。この不当な行為に対し人々はもちろん抗議し、自己防御の策を講じていた。そのとき人々はこう発したのである。「もうこれ以上恐れたりしない！」そしてムバラク体制は打倒された。

彼ら彼女らが同じ場所に集い、ともに存在していたからこそ、これができたのである。権力は、自分に従属する者たちが真のセキュリティをともに構築することで恐れを克服し、みずからを恐れから解き放ったとき、もはや生き延びることができなくなるのである。

〈共〉の創出としてのコミュニズム

世界各地で起こった近年の大衆叛乱、占拠運動の中で人々は何を実現し、何を獲得したのか。〈共〉を創出し、〈共〉を再獲得したのだ。

それらの運動による最初の決定が、抵抗と叛逆であるということは事実だ。ただし、そこで中心をなすのは、アクティヴィストたちがともに行動するための、〈共〉的な土壌の構築を先取りし、促進するような決定——アジテーション活動やデモ、泊まり込み抗議運動、等々——なのである。こうした〈共〉的な土壌の構築こそが、運動を支えるすべての集団的想像力の基盤をなすのである。

このプロセスにとっての条件は、たんに他者たちと「ともに存在する」ことだけでなく、他者たちと「ともに行う」ことでもあり、こうした実践を通じて、決定を行うための方法が浸透し、人びとはそこから学ぶのである[28]。

コミュニズム（共産主義）が〈共〉を産み出すことであるとするなら、一連の闘争の中ではすでにコミュニズムが実現されていたのである。コミュニズムは未来に想定されたものとしてだけではなく、いま、ここにもある。祝祭としてのコミューンが現れ、日常世界と断絶した別の世界が実現されたとき、そこにコミュニズムが立ち現れるのである。おそらく、世界各地の占拠運動に参加した人々は、それを体感したはずである。そうであるなら、共産主義者がなすべきこととは、こうした運動を推進し、世界各地にコミュニズム的なものを打ち立てることである。よく知られたマルクス＝エンゲルスの言葉がここでもこだまする。

共産主義というのは、僕らにとって、創出されるべき一つの状態、それに則って現実が正されるべき一つ

(28) Michael Hardt and Antonio Negri, *Declaration*, pp.67-68.（マイケル・ハート＋アントニオ・ネグリ『叛逆——マルチチュードの民主主義宣言』、一二五頁）

の理想ではない。僕らが共産主義と呼ぶのは、現在の状態を止揚する現実的な運動だ。この運動の諸条件は今日現存する前提から生じる[29]。

（29）Karl Marx / Friedrich Engels, *Die Deutsche Ideologie*, 1845-1846.（カール・マルクス／フリードリッヒ・エンゲルス『ドイツ・イデオロギー』廣松渉編訳・小林昌人補訳、七一頁、岩波文庫、二〇〇二年）

終章　はじめから、はじめねばならない

マルクスはアルチュセールを魅了した思想家であることは言うまでもない。だが、もう一人、終生アルチュセールを惹きつけた思想家がいる。マキャヴェッリである。

アルチュセールはマキャヴェッリに魅了された。なぜか。マキャヴェッリは「はじまりの理論家」であるからだ。アルチュセールは言う。「現に、マキャヴェッリが新しさについての理論家であるのは、ひたすら、彼がさまざまなはじまりについての、はじまりというものについての理論家である（略）からなのである[1]。」

権謀術数、目的のためなら手段を選ばないひと、いわば政治思想史の流れの中で〝悪〟のレッテルをはられ続けてきたマキャヴェッリ、アルチュセールはこの思想家に魅了された。しかしアルチュセールだけではない。多く者がマキャヴェッリの魅力の虜になった。あのメルロ＝ポンティでさえ、彼の魅力の磁場に吸い寄せられつつも、しかしそのとき、困惑する。「いったい、どのように彼を理解すればよいのだろうか……[2]。」

（1）Louis Althusser, *Écrits philosophiques et politiques, TomeII*, p.46.（ルイ・アルチュセール『哲学・政治著作集Ⅱ』、六六七頁）

（2）*Ibid.*,p.45.（同前、六六六頁）

マキャヴェリの魅力は同時に「理解しがたさ」として表出する。

それゆえ、アルチュセールはマキャヴェッリのこの「理解しがたさ」の解明へと進み出る。「この一撃、この不意打ちはなぜなのか。なぜに考え込ませるのか。抗っても彼の思考がわれわれの中に持続していくからである。なぜに考え込ませるのか。われわれの思考を乱してわれわれを不意につかんでしまうそのことによってのみ、この思考は、われわれの中に持続していけるからである。かぎりなく近くにありながら、不意にそれにつかまれることなくしてはわれわれがけっして出会うことのない思考、唖然とさせるというあの驚くべき力をわれわれの上に振るう思考として、それはわれわれの中に持続していく。何がわれわれを唖然とさせるのか[3]。」マキャヴェッリの思想が持つこの「唖然とさせる力」に挑むこと。それはマキャヴェッリの魅力の解明へとつながる。

「孤独」、アルチュセールはマキャヴェッリのおかれた状態をこう表現した。「マキャヴェッリの孤独」——この言葉自体いわく言いがたい魅力を放ちわれわれを捕らえるが——この言葉にアルチュセールのマキャヴェッリに対する思いが凝縮される。そう、マキャヴェッリは「孤独」の中にあるのだ。

マキャヴェッリは政治について語った。国家について論じた。「国内割拠とそとからの侵略にさらされている統一なき国イタリアにおける、国民国家樹立の条件という政治的問題をみずからに問うこと、これが彼の関心であった[4]。」マキャヴェッリが目指すのは、未だ国家ならざるイタリアに統一をもたらすこと、イタリアの地に国民国家を樹立することである。マキャヴェッリはこれを孤独の中で追及したのである。もち

（3）*Ibid.*,p.314.（同前、四〇九頁）
（4）*Ibid.*,pp.314-315.（同前、四一〇頁）

ろん、それまでにも様々な国家論があっただろう。時代ごとの「勝利者」が語り継いできた国家論が存在したに違いないが、しかしマキャヴェッリはそれについて語らない。マキャヴェッリは他の国家論とは無縁である。事実、彼は先行する国家論に与しなかった。一切口を閉ざしたのである。「政治について語る際には必ずアリストテレスとキケロとキリスト教の言葉で語られた時代にあって、この沈黙は公然たる断絶に等しい[5]。」だが、そうであるがゆえに『君主論』は有名になったとたん、マルクスが『イデオロギーのプロフェッショナル』と呼んだ者たちからの厳しい非難にさらされた[6]。」

マキャヴェッリは孤立していた。彼の思考と格闘してきた者はたえずいたが、彼の思考の中で考えた者はいなかったからである。十七世紀以後、ブルジョア階級のイデオローグたちは、それ以降支配的になる一つの政治哲学をつくり上げた。自然法哲学である。自然法哲学は、マキャヴェッリの思考も含めたあらゆる政治哲学を埋もれさせていった。「法的イデオロギーに根差す準概念、主体としての個人の権利を元に、この哲学はつくり上げられ、それは、法的イデオロギーが人間主体に授ける属性（自由、平等、所有）から、実定法と政治国家との存在を理論的に演繹しようとした[7]。」

社会契約論、例えばルソーである。ルソーにおいては、最初の約束＝法はまさに自然（状態）から生まれてきた。それは人間たちの生存を唯一可能とするものであり、人間にとって、これほど自然なものはない、と。「はじめに自然状態があった、それは戦争状態へと続き、やがて戦争状態は、国家と実定法とを誕生させる社会契約で終息する。完全に神話的な歴史＝物語だが、それは耳に快い。国家の中で生活する人々に、それ

（5）*Ibid.*,p.48.（同前、六六九頁）
（6）*Ibid.*,p.74.（同前、六九三頁）
（7）Louis Althusser, *Solitude de Machiavel*, p.318.（ルイ・アルチュセール『マキャヴェリの孤独』、四一五～四一六頁）

は、要するに、国家の起源には、いささかの恐怖もない、そこにあるのは自然と法であると説明するからである。国家は法的なものにほかならず、法のごとく純粋で、法のごとく、人間の本性＝自然の中にある。国家ほど自然的かつ人間的なものがあろうか[8]。」

これに対しマキャヴェッリは法の言葉を話さない。国家は法と自然から生まれたのでない。思索の目的が国家の持続と一人ひとりの国民に属すほど国家が強くあることに照準が定められるのなら、国家の誕生の秘密について正確に語らねばならない。だから、彼は法の言葉を話さない。「いかなる国家を構成するにも軍隊が欠かせない」、「国家の出だしには残酷さが必要である」と。「そこで行われる政治は宗教に帰依することはないが、何としても宗教を利用せねばならぬ」、「政治は道徳的であるべきだが、道徳的でなくあることもできねばならぬ」、「政治は憎しみを買ってはならぬが、怖れは吹き込まねばならぬ[9]」と語った上で、権利、法、道徳については、従属的な席につける。

マキャヴェッリは法の言葉を話さない。隠蔽されようとも、国家は暴力から生じるものなのだ。軍隊の存在は、それゆえ欠かせない。忌避されようとも、それが現実である以上、暴力を、軍事を語らねばならない。ブルジョア・イデオロギーは、暴力の否定という形で、この現実をひた隠す。なぜか。民衆が暴力と軍事について語り、彼らの手に握られることを恐れるからである。これによって自分たちの支配体制が転覆されることを、新しい支配者が登場することを恐れるからである。

善悪の観念は時とともに変化する。その時代の思想はその時代の支配階級の思想であるかぎり、支配者た

（8）*Ibid.*,p.319.（同前、四一六〜四一七頁）
（9）*Ibid.*,p.320.（同前、四一七頁）

ちが変われば、善悪の観念も変わる。しかし、時代を超えて貫かれるものがある。善は体制維持に奉仕するもの、悪は体制転覆につながるものであるという観念である。もちろんその内容は時代ごとに変化するだろう。しかしどの時代の支配者たちも、現状を可能なかぎり永らえることを目論見、体制に奉仕することは善いことであり、その善は永遠であると主張するだろう。支配階級にとってみずからの体制を築き、それを維持するには、こうしたイデオロギー操作は不可欠なのだ。しかし、それも所詮彼らがでっち上げたものにすぎない。マキャヴェッリはこの罠にはめられた。自由、平等、所有権を賛美しない彼の思想は、悪しき思想である、と。そしてわれわれもこのレッテル張りに追従してしまう。イデオロギーは閉鎖性を特徴として持つ。或るイデオロギー空間の中にいる者は、みずからの考えはあまりにも自明であるゆえにイデオロギー的であるなどという疑念を一切抱くことはない。イデオロギーには外部はない。これによってマキャヴェッリは孤独の中に追いやられた。

しかし、マキャヴェッリ自身、善悪をめぐるこうした事情については熟知していた。彼にとって問題は「善か悪か」ではなく、その彼岸へと向かうことである。まさに、現実を覆い隠すイデオロギーをのりこえて、善が打ち立てられる場に到達することである。

そもそもマキャヴェッリにとって、既成の国家論などどうでもよい。彼にとって「統一なき国イタリア」における、国民国家樹立」を成し遂げることが問題であるなら、人々を篭絡し、国家樹立の瞬間の真実を明らかにしようとしない既存の国家論は役に立たない、必要がない。「君主によって統治されていようが、共和制をとっていようが、教皇領であろうが、いかなる既存の国家によっても、イタリア国民国家の建設なる政治的使命は成就されない。既存の国家はすべて古いからである[10]。」ならば、問わねばならない。どのように国家は誕生するのか、と。

もちろん、ルソーに影響を受け法の言葉を語るヘーゲルも同断だ。そもそもヘーゲルには「政治」がない。アルチュセールは言う。「ヘーゲル的発想にもとづく政治など、金輪際、見られたためしはない[11]。」対してマキャヴェッリには「政治」がある。ヘーゲル自身、マキャヴェッリに魅了されたが、肝心なところを掴み損ねた。「ヘーゲルとマキャヴェッリの出会いにおいては、ヘーゲル哲学だけからは出てこないような何かが起こっている。政治を考え、議論し、語るあるやり方から出てくる何かが[12]。」

マキャヴェッリもヘーゲルも政治について語る。ところが、両者の間には根本的な隔たりがある。「政治をそれ自体として考えるのではなく問題の位置および歴史的任務の定義というかたちで考えること[13]」、これがヘーゲルには欠落し、マキャヴェッリにはある。

「円環」、ヘーゲル自身もみずからの哲学をそのように示しているが、アルチュセールもヘーゲル哲学をそう特徴づけた。しかし、それでは政治が存在する余地がない。政治が実践である以上、「はじまり」がなければならない。しかし、円環では「はじまり」がつかめない。円環は示されたとたん、すでに終わっているのだ。

(10) *Ibid.*, p.315.（同前、四一〇頁）
(11) *Ibid.*, p.214.（同前、二七八頁）
(12) Louis Althusser, *Écrits philosophiques et politiques, TomeII*, p.50,（ルイ・アルチュセール『哲学・政治著作集Ⅱ』、六七一頁）
(13) *Ibid.*, p.51.（同前、六七二頁）

ヘーゲルをのりこえようとしたマルクス、肝腎なのは世界を解釈することではなく、変革することであるとするマルクスには、「はじまり」がある。最終審級で決定力をもつのは経済的階級闘争であり、それは国家権力掌握をめざす政治的階級闘争へと延長されていく。「それゆえ、土台の階級闘争が上部構造の階級闘争に接合していく（または接合していかない）仕組みはこれだ。しかし、これですべてでない。そう指摘することで、マルクス主義的トポス論は、歴史過程の中のどこの部署に就くべきかと問う人に、こう指示を送り返す。君の占める場所はこれ、それゆえ、事態を変えるために君が移動していかなくてはならぬ先はこれだ[14]。」

政治は実践であり、現実への介入である。「政治的に考えるとは、思考によっては除去されない現実のなかの矛盾として考えるということだ。矛盾を除去するのは現実であり、現実は、必然的だが予測不可能な生起、場所と時間と人物を指定しえない生起である。生起するのは、一般的条件しか規定しえない政治的出会いの具体的形態である。かくして政治実践の席は設けられた。距離を考え、距離を維持するこの理論のなかである。その席を設けたのは、引き裂かれた理論的諸概念の絡み合いであり、規定と未規定、必然的なものと予測不可能なもののあいだのずれである。思考されるこのずれ、思考によっては解消されないこのずれが、理論そのもののなかに現前する歴史と政治実践に他ならない[15]。」

ヘーゲルにおいてもマルクスにおいても「矛盾」は歴史展開の原動力である。変化は矛盾の中から生起する。矛盾がなければ、〝いま〟が続くだけである。しかし、ヘーゲルにおいては、矛盾はすべてのりこえられ、

（14）Louis Althusser, *Solitude de Machiavel*, p.214.（ルイ・アルチュセール『マキャヴェリの孤独』、二七九頁）
（15）Louis Althusser, *Écrits philosophiques et politiques, TomeII*, p.239,（ルイ・アルチュセール『哲学・政治著作集Ⅱ』、七五一頁）

解消される。しかも、単一の原理によってのりこえられるべくしてのりこえられるよう予め設定され、さらには、ことはすべて「思考」の内で処理される。かくして、歴史の展開は、一般的なものとして、まさに法則として語ることが可能となる。

それに対してアルチュセールがマルクスに見た矛盾は、必ず起こるが、どこでどのように起こるかは予測不可能である。しかも、そののりこえも約束されておらず、どのような要素が、どのような組み合せで生じるかは、まさに状況次第だ。「矛盾」は思考が現実との対応関係で極限に達したことを知らせるから、「矛盾」なのであり、それは「思考」を凌駕する。思考と現実との間に整合性がもたらされたとき、矛盾は解消される。それゆえ、思考の外部にある実践、政治の登場が要請される。政治実践は逃げ去る現実をつかむために、状況に応じてみずからのあり方を変化させる。だから、レーニンは言っていた、「具体的状況の具体的分析」と。状況はその時々に特異な出来事として出現する。政治実践は状況のリズムに合わせて展開される。

マキャヴェッリはこれを熟知していたのだ。「マキャヴェッリは最初の状況の理論家であり、状況という概念を意識的に考えたのではなかったとしても、また、状況という概念を抽象的かつ体系的な反省の対象にはしなかったとしても、少なくとも、絶えず、執拗かつ非常に深いやり方で、状況のなかで考えた最初の思考者である。つまり、状況について、不確定な特異ケースという概念をもち、その概念のなかで考えた最初の思考者である[16]。」

状況はつねに揺れ動き、不確定であるゆえに、認識の地平では容易には捉えられない。だから、認識対象である状況の中にみずからを投企し、その中で考えるのだ。すなわち、実践である。そのとき、思考も状況

（16）*Ibid.*,pp.60-61.（同前、六八一頁）

に合わせて変化する。「状況のもとで考えるとは、文字どおりには、ケースが生み、課す問題に従うことである。国の一体性という政治問題、イタリアを国民国家へ構成するという政治問題が、そのケースである。ここで、項を逆転させねばならない。マキャヴェッリが状況にかかわる語群で国の一体性問題を考えているのではなく、状況自身が、否定的だが客観的な仕方で、イタリア国の一体性問題を提出しているのである。マキャヴェッリが行うのは、ただ、状況というケースが客観的、歴史的に提出する問題を、自分の論理的位置の中に記録することにすぎない。単なる知的比較を通してではなく、実在する階級の諸力の突き合わせと、不均等に発展するそれらの諸力の関係を通して、最終的には、それら諸力の不確定な未来を通して[17]。」

ヘーゲルにとっての政治的捕捉は〝現在〟を捕らえることだった。それに対しマキャヴェッリは未来を捕らえる。〝現在〟はつねにその瞬間ごとに過去になり、過ぎ去る。円環の中ではすべてが現在であるから、あらゆる時間を捕捉することが可能となる。しかし実際、出来事は予測不可能である。予測可能な「未来」は、「未来」という名の過去にすぎない。マキャヴェッリの未来は不確定である。なぜなら、状況が、歴史そのものが不確定であるからだ。だが、状況が不確定であっても、たじろいではいられない。状況に身を投じるとき、状況がわれわれに政治問題とその目標、そして解決策を指定する。「状況とは、諸要素の単なる目録や多様な事情の列挙ではなく、それらの矛盾システムなのである。このシステムが政治問題を提出し、それの歴史的解決策を指定し、歴史的解決策を事実上の政治目標、実践的任務にする。／そのときから、同じ瞬間と運動のなかで、状況のすべての要素が意味＝方向を変える。それらは、歴史的目標を目指す闘いのなかに置かれ、現実の、あるいは潜在的な力となるのだ。そして、それらの関係は力関係となる。それらは力関

(17) *Ibid.*, p.61.（同前、六八一頁）

係として、到達すべき政治目標から見た関与度によって評価される。このとき、問題の一切は、いかなる形態のもとに肯定的諸力を集めるか、となる[18]。」

マキャヴェッリは魅力的である。なぜなら、新しいからだ。「彼が新しいこと、彼が創設者であり、歴史における一つのはじまりであるということ、彼がみずからの思考を支配的イデオロギー全体に抗して獲得したこと、それだけでマキャヴェリは私たちを魅惑し得る[19]。」マキャヴェッリは、あらゆるブルジョア・イデオロギーに与しない。それゆえ、自前で理論を創り出さねばならなかった。まったく新しい理論を、である。彼は、ブルジョア・イデオロギーによって覆い隠された真実を露わにする。われわれの現状を支配するイデオロギー空間を突破していく。だから、われわれは彼に魅了されるのだ。マキャヴェッリは、誰も成し遂げていないことを成し遂げようとし、ともに成し遂げることをわれわれに呼びかける。孤独の中で、何もないところからはじめようとする。「はじまりから、はじめねばならない[20]。」この孤独に耐えられる者が、魅力的なのだ。

アルチュセールは「はじまり」にこだわった。「はじまり」について語れるのは哲学のみであるとし、「はじまり」に定位し、「はじまり」について語ることだけを哲学者として引き受けたのである。しかし、それでもやはり、なぜ「はじまり」なのか。

(18) *Ibid.*,p.62.（同前、六八二頁）
(19) *Ibid.*,p.49.（同前、六七〇頁）
(20) *Ibid.*,p.123.（同前、七三七頁）

それはおそらく、アレントも言うように、「はじまり」とは革命のことだからなのかもしれない(21)。

(21) Hannah Arendt, *On revolution*, p.21, Viking Penguin, 1963.(ハンナ・アレント『革命について』清水速雄訳、二七頁、ちくま学芸文庫、一九九五年)アメリカ革命に肯定的な評価を与え、スターリン治下ではあれ、ソ連を全体主義の一つと見なし、マルクス主義に対し批判的な立場をとる共和主義者のアレントをここで持ち出すのは違和感を覚えるかもしれない。だが、革命後の社会のあり方がどのようなものであれ、しかしロシア革命もフランス革命やアメリカ革命と同様にまぎれもなく「革命」であり、「革命」と見なされてきたというこの事実を踏まえた上で、どうしてそれらの出来事は、クーデタや単なる暴動ではなく「革命」と呼ばれるのか、何をもって「革命」と呼ぶに値するのかという「革命」一般の意味を解明することがまずはアレントにとって問題だったのであり、これを、当時主流となっていた、ロシア革命から逆照射してそれ以前の「革命」を考察する方法とは異なる仕方で模索することである。「革命」という概念は、歴史的に変遷しながらも、近代以降は、自由の観念と新しい「はじまり」の経験とは切り離せないものとして考えられてきたとアレントは言う。自由の経験は、古代ギリシア・ローマでは一般的ではあったが、ローマ帝国の没落から近代の勃興に至る数世紀では、新しい経験であり、それは何か新しいことを「はじめる」ことができる人間能力の経験でもあった。これら二つのものの一致によって近代の革命を出現させた巨大なパトスが生まれたのである。「革命」とは単なる「変化」ではなく、必要なものとしてありながらもしかし暴力だけでは説明できない。新しい「はじまり」としての「変化」が起こり、暴力がまったく異なる統治形態を打ち立て、新しい政体が形成され、抑圧からの解放が自由の構成を目指していく場合にかぎり「革命」と呼べる。だが、アレントにとって最大の関心は、そこにおける「自由」とは何であり、その自由の構成のされ方、そしてそこから生まれる革命後の社会のあり方である。こうした考察をもって、「はじまりとしての革命」の名に真にふさわしい革命とは何かということになるのだろうが、米国の現状を見れば、アメリ革命を肯定しながらマルクス主義による革命を否定することは、現代のわれわれには与するのが難しい主張のように思われる。では、どうするか。われわれに残された課題である。重要なのは、新しいことを「はじめる」ことができる民衆の能力とそのパトスをまずは肯定し、それに未来の希望を託すことであり、アルチュセールとアレントがともに使う「はじまり」という言葉にはこうした思いが込められていると思われる。

参考文献一覧

■ 欧文文献

[A]

Alain Juranville, *Lacan et la philosophie*, Presses universitaires de france, 1984.（高橋哲哉・内海健・関直彦・三上真司訳『ラカンと哲学』、産業図書、1991 年）

Alenka Zupančič, *Ethics of the real*, Verso, 2000.（冨樫剛訳『リアルの倫理』、青土社、2003 年）

Althusser, Louis, *Pour Marx*, Maspero/La Découverte, 1965/1996.（河野健二・田村俶・西川長夫訳『マルクスのために』平凡社、1994 年）

—————— *Lire le Capital*, Maspero/Presses Universitaires de France, 1965/1996.（今村仁司訳『資本論を読む』上・中・下、ちくま学芸文庫、1997 年）

—————— *Lénine et philosophie*, Maspero, 1969.（西川長夫訳『レーニンと哲学』、人文書院、1970 年）

—————— *Philosophie et philosophe spontanée des savants*, Maspero, 1974.（西川長夫・阪上孝・塩沢由典訳『科学者のための哲学講義』福村出版、1977 年）

—————— *Positions*, Editions sociales, 1976.（西川長夫訳『国家とイデオロギー』福村出版、1975 年及び一部西川長夫訳『自己批判』福村出版、1978 年）

—————— *L'avenir dure longtemps*, Stock/IMEC, 1992.（宮林寛訳『未来は長く続く』河出書房新社、2012 年）

—————— *Sur la philosphie*, Gallimard, 1994.（今村仁司訳『哲学について』筑摩書房、1995 年）

—————— *Écrits philosophiques et politiques, Tome I / II* , STOC/IMEC, 1995.（市田良彦・福井和美訳『哲学・政治著作集Ⅰ』、市田良彦・福井和美・宇城輝人・前川真行・水島一憲・安川慶治訳『哲学・政治著作集Ⅱ』、藤原書店、1999 年）

—————— *Ecrits sur la psychanalyse*, STOCK/IMEC, 1993.（石田靖夫・小倉孝誠・菅野賢治訳『フロイトとラカン』、人文書院、2001 年）

—————— *Sur la reproduction*, Presses universitaires de france, 1995.（西川長夫・伊吹浩一・大中一彌・今野晃・山家歩訳『再生産について』、平凡社、2005 年）

—————— *Psychanalyse et sciences humaines*, STOCK/IMEC, 1996.（『精神分析講義』信友建志・伊吹浩一訳、作品社、2009 年）

—————— *Solitude de Machiavel*, Presses universitaires de france, 1998.（『マキャヴェリの孤独』福井和美訳、藤原書店、2001 年）

Arendt, Hannah, *On revolution*, Viking Penguin, 1963.（清水速雄訳『革命について』、ちくま学芸文庫、1995 年）

[B]

Bachelard, Gaston, *La philosophie du non*, Presses universitaires de france, 1940.（中村雄二郎・遠山博雄訳『否定の哲学』、白水社、1998 年）

Bataille, Georges, *L'histoire de l'erotisme*, Gallimard, 1976.（湯浅博雄・中地義和訳『エロティシズムの歴史』、ちくま学芸文庫、2011 年）

——————— *La limite de l'utile*. Gallimard, 1976.（中山元訳『呪われた部分有用性の限界』、ちくま学芸文庫、2003 年）

——————— *Théorie de la religion*. Gallimard, 1976.（湯浅博雄訳『宗教の理論』、人文書院、1985 年）

Bernard Baas. *Le désir pur, Peeters* Louvain, 1992.（中村雄二郎監訳、中原拓也訳『純粋欲望』、青土社、1995 年）

Bernard Baas&Armand Zaloszyc, *Descartes et les fondements de le psycanalyse*. Navrin Osiris, 1988.（中村雄二郎監訳、中原拓也訳『純粋欲望』、青土社、1995 年）

Bernard Baas. *De la chose à l'objet*, Peeters vrain, 1998.

[D]

Descartes, René, *Meditationes de prima philosohia*, 1641.（山田弘明訳『省察』、ちくま学芸文庫、2006 年）

[F]

Frege, Gottlob, *Grundlagen der Arithmetik*, 1884.（野本和幸・土屋俊・中川大・三平正明・渡辺大地訳『フレーゲ著作集 2　算術の基礎』、勁草書房、2001 年）

Freud, Sigmund, *Drei Abbandlungen zur Sexualtheorie*. Gesammelte Werke V, 1905.（渡邊俊之訳「性理論のための三篇」、『フロイト全集 6』、岩波書店、2009 年）。

——————— *Das Unbewußte*. Gesammelte Werke X, 1915.（新宮一成訳「無意識」、『フロイト全集 14』、岩波書店、2010 年）。

——————— *Trieb und Triebschicksale*. Gesammelte Werke X, 1915.（新宮一成訳「欲動と欲動運命」、『フロイト全集 14』訳、岩波書店、2010 年）。

——————— *Jenseits des Lustprinzips*. Gesammelte Werke XⅢ, 1920.（須藤訓任訳「快原理の彼岸」（『フロイト全集 17』訳、岩波書店、2006 年）。

——————— *Massenpsychologie und Ich-Analyse*. Gesammelte Werke XⅢ, 1921.（須藤訓任・藤野寛訳、「集団心理学と自我分析」、『フロイト全集 17』、岩波書店、2006 年）。

——————— *Die Verneinung*. Gesammelte Werke XIV, 1925.（石田雄一訳、「否定」、『フロイト全集 19』、岩波書店、2006 年）。

[H]

Hardt, Michael and Negri,Antonio, *Multitude*, 2004.（水島一憲・市田良彦監修・

幾島幸子訳『マルチチュード』上・下、日本放送出版協会、2005 年）
———————— *Declaration*, 2012.（水島一憲・清水知子訳『叛逆 —— マルチチュードの民主主義宣言』、日本放送出版協会、2013 年）
Heidegger, Martin, *Sein und Zeit*, Max Niemeyer Verlag, 1927,（熊野純彦訳『存在と時間』、岩波文庫、2013 年）
Henri, Lefebre, *La proclamation de la commune*, Gallimard, 1965.　アンリ・ルフェーブル『パリ・コミューン』上・下、河野健二・柴田朝子・西川長夫訳、岩波文庫、2011 年。

[J]
Julien, Philippe, *Pour lire Jacques Lacan*. E.P.E.L. 1990.（向井雅明訳『ラカン、フロイトへの回帰』、誠信書房、2002 年）

[K]
Kant, Imanuel, *Kritik der praktischen Vernunft*, 1788.（熊野純彦訳『実践理性批判』、作品社、2013 年）

[L]
Lacan, Jacques, *Ecrits*, Seuil, 1966.（佐々木孝次・宮本忠雄・高橋徹・竹内迪也訳『エクリ』Ⅰ・Ⅱ・Ⅲ、1972 年・1977 年・1981 年、弘文堂）
———————— *Le Séminaire I. Les écrits techniques de Freud*, Seuil, 1981.（小出浩之・鈴木國文・小川豊昭・小川周二訳『フロイトの技法論』上・下、岩波書店、1991 年）
———————— *Le Séminaire Ⅲ. Les psychoses*, Seuil, 1981.（小出浩之・鈴木國文・河津芳照・笠原嘉訳『精神病』上・下、岩波書店、1987 年）
———————— *Le Séminaire X.L'éthique de la psychanalyse*, Seuil, 1986.（小出浩之・鈴木國文・保科正章・菅原誠一訳『精神分析の倫理』上・下、岩波書店、2002 年）
———————— *Le Séminaire XI.Les quatre concepts fondamentaux de la psychanalyse*.　Seuil, 1973.（小出浩之・新宮一成・鈴木國文・小川豊昭訳『精神分析の四基本概念』、岩波書店、2000 年）
————————*Le Seminaire X.L'Angoisse*. Seuil, 2004.（小出浩之・鈴木國文・菅原誠一・古橋忠晃訳『不安』上・下、岩波書店、2004 年）

[M]
Marx , Karl, / Engels, Friedrich, *Die Deutsche Ideologie*, 1845-1846.（廣松渉編訳・小林昌人補訳『ドイツ・イデオロギー』、岩波文庫、2002 年）
Michel Foucault, *Surveiller et punir —naissance de la prison*, Gallimard, 1975.（田村俶訳『監獄の誕生 —— 監視と処罰』、新潮社、1977 年）
———————— *L'archéologie du savoir*, Gallimard, 1969.（慎改康之訳『知の考古学』、河出文庫、2012 年）

[N]
Nasio, J.-D. *Cinq leçons sur la théorie de Jacques Lacan*, Editions Rivages. 1992.（姉歯一彦・榎本譲・山崎冬太訳『ラカン理論　5つのレッスン』、三元社、1995年）。
――――――― *Enseignement de 7 concepts cruciaux de la psychanalyse*, Editions Rivages. 1988.（榎本譲訳『精神分析の7つのキーワード』、新曜社、1990年）

[S]
Sartre, Jean-Paul, L'Existentialisme est un humanism, Galimard,（伊吹武彦訳『実存主義とは何か』、1955年、人文書院）

[Z]
Žižek, Slavoj, *The sublime object of ideology*, Verso, 1989.（鈴木晶訳『イデオロギーの崇高な対象』、河出書房新社、2000年）
――――――― *The plague of fantasies*, Verso, 1997.（松浦俊輔訳『幻想の感染』、青土社、1999年）
――――――― *For they know not what they do*, Verso, 1991.（鈴木一策訳『為すところを知らざればなり』、みすず書房、1996年）

■ 日本語文献

[あ行]
市田良彦「アルチュセールのアクチュアリティ」（今村仁司との対談）『現代思想』（1998年12月号）
上野修「アルチュセールとスピノザ」『現代思想』1998年12月号
大庭健『「責任」ってなに』、講談社現代新書、2005年。

[か行]
笠井潔「デモ／蜂起の新たな時代」『情況』「思想理論編」第1号、情況出版、2012年。

[さ行]
新宮一成『無意識の病理学』、金剛出版、1989年。
―――『ラカンの精神分析』、講談社現代新書、1995年。

[た行]
高橋哲哉『戦後責任論』、講談社学術文庫、2005年。
立木康介『精神分析と現実界』、人文書院、2007年。

[な行]
西川長夫『パリ五月革命　私論』、平凡社新書、2011年。

[は行]
廣松渉『物象化論の構図』、岩波書店、1983 年。

[ま行]

丸山圭三郎『欲動』、弘文堂、1989 年。

向井雅明「精神分析にとって身体とは」、『imago』第 5 巻第 12 号、青土社、1994 年。

――――「ジャック・ラカンの理論的変遷（一）」、『思想』No1013、岩波書店、2008 年。

――――「ジャック・ラカンの理論的変遷（二）」、『思想』No1017、岩波書店、2009 年。

――――「ジャック・ラカンの理論的変遷（三）」、『思想』No1038、岩波書店、2010 年。

――――「ジャック・ラカンの理論的変遷（四）」、『思想』No1050、岩波書店、2011 年。

――――『考える足』、岩波書店、2012 年。

――――『ラカン入門』、ちくま学芸文庫、2016 年。

※引用文献はすでに訳のあるものは基本的にそれを使用するが、訳語の統一等適宜変更を施した箇所もある。訳者の御寛恕を請いたい。また引用箇所の強調は断わりがないかぎりすべて原典のものである。

〔著者紹介〕
伊吹浩一（いぶき・ひろかず）
哲学・倫理学・フランス現代思想。専修大学・和光大学非常勤講師。
1967年生まれ。
著書に『武器としての現代思想』（サイゾー）。共訳書にルイ・アルチュセール『再生産について──イデオロギーと国家のイデオロギー諸装置』（平凡社ライブラリー）、ルイ・アルチュセール『精神分析講義』（作品社）、アントニオ・ネグリ『革命の秋《とき》』（世界書院）、ジャック・ランシエール『アルチュセールの教え』（航思社）など。

はじまりの哲学
アルチュセールとラカン

2022年1月7日　初版第1刷発行

著者：伊吹浩一
発行人：松田健二
発行所：株式会社 社会評論社
東京都文京区本郷2-3-10
電話：03-3814-3861　Fax：03-3818-2808
http://www.shahyo.com
組版：Luna エディット .LLC
印刷製本：倉敷印刷 株式会社